21世纪的
韩礼德语言学思想

【英】韩礼德 **著**

赖良涛 赵清丽 汤 斌 **译**

【美】卫真道 原编

彭宣维 张艺琼 主编

Halliday in the
21st Century

上海交通大学出版社
SHANGHAI JIAO TONG UNIVERSITY PRESS

内容提要

本书是《韩礼德文集(第11卷)》的中文译本,主要收集系统功能语言学创始人韩礼德在21世纪以来所发表的具有代表性的12篇论文,分为三个部分。第1部分阐述什么是适用语言学理论;第2部分审视这样的理论如何被应用于语言研究及实践;第3部分详细地阐释了语言的表意力量。本书集中体现了韩礼德先生在21世纪以来的主要学术思想,充满了一位语言学家的真知灼见,对于国际系统功能语言学以及我国语言学界的发展具有重要的指导和启示意义。

本书有利于我国语言学、翻译学、哲学以及其他社会科学的研究者了解系统功能语言学的最新发展,同时为从事语言文字相关工作的实践者提供借鉴。

图书在版编目(CIP)数据

21世纪的韩礼德语言学思想／(英)韩礼德
(M. A. K. Halliday)著;赖良涛,赵清丽,汤斌译;
(美)卫真道(Jonathan J. Webster)原编;彭宣维,
张艺琼主编. —上海:上海交通大学出版社,2023.6
ISBN 978-7-313-28656-7

Ⅰ.①2… Ⅱ.①韩…②赖…③赵…④汤…⑤卫…
⑥彭…⑦张… Ⅲ.①语言学—文集 Ⅳ.①H0-53

中国国家版本馆CIP数据核字(2023)第083743号

21世纪的韩礼德语言学思想

21 SHIJI DE HANLIDE YUYANXUE SIXIANG

著　　者:[英]韩礼德(M. A. K. Halliday)
译　　者:赖良涛　赵清丽　汤　斌
原　　编:[美]卫真道(Jonathan J. Webster)
主　　编:彭宣维　张艺琼
出版发行:上海交通大学出版社　　　　　　地　　址:上海市番禺路951号
邮政编码:200030　　　　　　　　　　　　电　　话:021-64071208
印　　制:常熟市文化印刷有限公司　　　　经　　销:全国新华书店
开　　本:710 mm×1000 mm　1/16　　　　印　　张:19
字　　数:289千字
版　　次:2023年6月第1版　　　　　　　　印　　次:2023年6月第1次印刷
书　　号:ISBN 978-7-313-28656-7
定　　价:98.00元

本书出版得到韩礼德—韩茹凯语言学国际基金资助，
谨此鸣谢！

译者前言

韩礼德教授(1925—2018)是现代语言学史上最伟大的语言学家之一。他终生致力于语言学理论与实践研究,其创立的系统功能语言学已经成为当今国际学界最具影响力的语言学流派之一,表现出极强的适用性。作为一名坚定的马克思主义者,先生明确提出其目标是发展马克思主义的语言学,其提倡的马克思主义语言学理念与我国国情高度吻合,并已在我国根深蒂固,开花结果。先生的《功能语言学导论》《英语的衔接》《作为社会符号的语言》等经典英文著作由外语教学与研究出版社引进出版,《韩礼德文集》第1~10卷已经翻译为中文,由北京大学出版社出版,在我国学界产生了深远影响。作为在系统功能语言学领域求索的年轻学人,能有机会把《韩礼德文集》最后一卷即第11卷翻译成中文,与国内同仁分享,是我们的极大荣幸。

本书主要收录了先生自21世纪以来在学术刊物发表或在学术会议上宣读的12篇论文,主要体现了先生在21世纪的重要学术思想,译名定为《21世纪的韩礼德语言学思想》。翻译过程中,三位译者分工如下:赖良涛负责统筹,并翻译全书序、致谢、第一部分"适用语言学理论"中的编者导言、第1~4章以及第三部分的第11~12章;赵清丽负责翻译第二部分"语言学理论之应用"中的编者导言以及第5~8章;汤斌负责翻译第三部分"论物质与意义"中的编者导言以及第9~10章。译稿初稿完成后,再由三位译者交叉审校,最后由赖良涛负责统稿。

先生的论著博大精深,本书也不例外。本书既有学科理论的宏观论述,也有语言系统和实例的深入分析;先生在阐述过程中还常常信手拈来、旁征博引,因此本书囊括了语言学、文学、翻译学、物理学、生物学、信息科学、人工智能、哲学、历史学、社会学、教育学等各学科领域的知识。为了使译文既忠实再现原著风貌,又方便国内读者理解,翻译过程中译者遵循的体例见下文。

首先,在确保译文清新流畅的情况下,尽可能采用直译,努力做到既忠实于原著的思想内容,也忠实于原著的文体风貌,同时还尽可能保留原著的小句内和小句间的组织顺序,从而体现原著论证的发展脉络。用先生的话来说,就是在概念、人际、语篇三个元功能维度上都尽可能与原文对等。

其次,原著中引用了大量的英语、汉语以及其他语言的语篇和词句用例作为语料,其处理如下:正文中作为语料引用的英语语篇和词句,保留英语原文以反映语料分析原貌,但在后面加上汉语译文以方便读者理解;附录中作为语料出现的英语语篇保留原文;正文和附录中引用的汉语语篇和用例直接保留原文;个别希腊语与拉丁语以及其他语种用例保留原文,同时在后面注明汉语译文。

最后,原著中涉及大量的专有名词,其处理原则如下:所有地名、国名都翻译为中文名,但对某些没有统一中文译名的地名,首次出现时在译名后用括号加注英文名,比如斡难河(the Onon)、撒芬山(Zaphon)等,而后统一用中文名;外国出版社因缺乏统一的中文译名,首次出现时在中文译名后加注英文原名,而后统一用中文译名;原著中出现的大量人名主要是外国语言学以及相关学界的学者姓名,也包括作为语料引用的部分作家和历史人物姓名,这些人名首次出现采用中文名,后面用括号加注其英文原名,比如丁尼生(Tennyson),而后统一采用中文名(某些大众熟知的外国人名直接采用中文名,如牛顿、伽利略等);此外还有一部分人名是我国古代或现代学者或相关人物,这部分人名回译为其原来的中文名,比如赵元任、王力、铁木真等。译者在本书最后提供了一个主要人名和术语中英文对照表,以供读者参考。

译稿得以顺利完成并出版,首先要感谢韩礼德—韩茹凯语言学国际基金的大力支持,感谢中国英汉语比较研究会功能语言学专业委员会原会长彭宣维教授以及张德禄教授、黄国文教授和杨忠教授给我们提供这个极好的机会。其次要感谢马丁(J. R. Martin)教授、胡壮麟教授、朱永生教授、杨信彰教授等众多国内外系统功能语言学领域的专家长期以来对三位译者的培养、关心和支持。最后要感谢参与全文校对的三位女士,她们是广东外语外贸大学的付悠悠博士、上海交通大学外国语学院的翻译专业硕士宋翔宇和戴语秋。她们一丝不苟的校对工作保证了译文的准确度,同时她们提出的不少建设性意见也帮助译者优化了译文的流畅性和可读性。

译稿付梓之时,正值先生仙逝四周年。我们谨以此译著深切缅怀这位睿智的语言学家。先生虽然已驾鹤西去,但他给我们留下的宝贵精神财富以及孜孜不倦的治学精神将永远激励我们前进。

译 者

2022 年 10 月

致 谢

我们对原书出版方允许我们翻译并出版本书中各论文与章节表示感谢。各论文与章节的原始出版信息如下，同时也在各章开头加以注明。

"口语语料库：语法理论之基础"选自《语料库语言学的最新发展》，洛多皮（Rodopi）出版社，2004 年，第 11—38 页。经洛多皮出版社许可重印。

"意义研究：适用语言学发凡"选自《语境中的意义》，孔蒂努（Continuum）出版社，2008 年，第 7—23 页。经布鲁姆斯伯里（Bloomsbury）出版公司许可重印。

"论语篇与话语，信息与意义"选自《选择与语篇群》，南丹麦大学语言与传播研究所，丹麦欧登塞，2011 年。

"为何我们需要理解语言规律"选自第一届跨学科语言学大会（ILinC）上的发言，英国贝尔法斯特女王大学，2011 年。

"书面语言、标准语言、全球语言"选自《世界英语手册》，卡赫鲁（B. B. Kachru）、卡赫鲁（Y. Kachru）和尼尔森（C. B. Nelson）主编，布莱克威尔（Blackwell）出版社，2006 年。经威利（Wiley）出版社许可重印。

"灵芝：系统功能语言学与翻译"选自《中国翻译》，南京大学出版社，2009 年第 1 期，第 17—26 页。

"将语言学理论付诸运用"选自美国应用语言学协会 2010 年大会上的发言，乔治敦大学，2010 年。

"确定选择：意义与翻译语篇中的对等之探索"选自《适用语言学》，马哈布博（A. Mahboob）和奈特（N. K. Knight）主编，孔蒂努出版社，2012 年。经布鲁姆斯伯里出版公司许可重印。

"论语法作为初级向高级意识发展的驱动力"选自《语言发展：人类种系与个体发展的功能视角》，威廉姆斯（Geoff Williams）和卢金（A. Lukin）主编，孔蒂努出版社，2004年，第15—44页。经布鲁姆斯伯里出版公司许可重印。

"论物质与意义：人类经验的两个领域"选自《语言学与人类科学》，卫真道（J. J. Webster）主编，伊奎诺斯（Equinox）出版社，2005年，第59—82页。经伊奎诺斯出版社许可重印。

"语词中的高山：把自然之建筑识解为意义"选自印度尼西亚国际系统语言学大会上的发言，东爪哇玛琅市布拉维贾亚大学，2009年。

"语言进化：表意史的系统功能反思"选自第37届国际系统功能大会上的发言，不列颠哥伦比亚大学，2010年。

原　序

作为《韩礼德文集》的主编，我对韩礼德（M. A. K. Halliday）先生在语言研究方面的广博学识深感叹服。他长期投身于对语言的研究中，终身在上下求索。自文集第 10 卷于 2009 年出版以来，韩礼德教授对语言的真知灼见相继出现于他在各种场合所发表的论文之中，这促成了第 11 卷的编辑出版，我们把它命名为《21 世纪的韩礼德语言学思想》。

2012 年，安娜贝拉·卢金（Annabelle Lukin）、大卫·巴特（David Butt）和我有幸去韩礼德和韩茹凯（Ruqaiya Hasan）教授在悉尼的家中拜访，并与两位先生交谈，讨论他们在用系统功能方法推动语言研究方面做出的开拓性贡献。

交谈中韩礼德教授表示希望语言学继续帮助揭示语言的奥秘，并能继续坚持他一直努力遵循的基本原则。正如他在香港城市大学韩礼德语言智能与应用研究中心启动仪式上所说［参见第 2 章"意义研究：适用语言学发凡（2008）"］，他的指导原则之一是寻求发展"适用语言学"。在第 7 章"将语言学理论付诸运用（2010）"中，他对适用语言学描述如下：

> 按照我的理解，适用语言学是用来处理问题并努力答疑解惑的理论——但不是由专业的语言学家提出的问题与疑惑，而是由以某种方式关心语言的其他人提出的问题与疑惑，无论他们的提问专业与否。这样的人大量存在，如教育家、翻译家、法律和医学专业人士、计算机科学家、文学与戏剧领域的学生等，适用语言学所要处理的正是他们对语言的"看法"，至少要弄清什么样的问题会被问到，无论我

们能否为这些问题找到答案。

为什么采用"适用"(appliable)一词,而不采用"应用"(applied)或者"可用"(applicable)一词? 韩礼德回答道[参见第 8 章"确定选择:意义与翻译语篇中的对等之探索(2012)"]:

> 我使用"适用"一词是因为"应用语言学"已经发挥了某种与"语言学"(指"语言学本体"或理论语言学)对立的功能,而我反对这种对立;我想要的是能把二者统一的单一概念。我不用"可用"一词是因为该词往往意味着某事物"可用于"某种特定的活动领域,而我想要一个概括性术语,表达某事物有被应用的潜能——能在应用的语境中进化。

本卷第一部分的几篇文章阐述什么是适用语言学理论,第二部分的文章审视这样的理论如何被应用于处理涉及语言的研究或者实践问题。

在那天下午的座谈中,韩礼德教授强调的另外一个基本原则是:语言是"具有巨大潜力的基本人类资源;这种潜力是隐含的,部分是因为人们着实没认识到他们实际上对它有多么依赖"。这种力量是表意力量,即把我们所经历的周围物质世界加以识解并把识解结果与他人交流的力量,在此过程中,我们与我们谈话对象之间的社会关系被演绎出来。本书第三部分各章更为详细地阐释了语言的表意力量。

数年前,当我第一次读到韩礼德教授为《语言学与人类科学》杂志创刊号所撰写的论文[参见第 10 章"论物质与意义:人类经验的两个领域(2005)"]时,我不仅叹服于其雄辩的言辞,更叹服于他对语言之巨大力量的深刻理解与洞察。

> 看来意义作为信息量子(比特,或者"量子位")就是世界的起源,而信息量子仍然是物质的终极成分。随着物质发展成生命,再发展成有

血液生命、温血生命以及有大脑的生命形式,意义又在更高水平上出现,这次是作为可感受的特质而不仅仅是量子出现。关于此类意义——在生物领域、最终在人类领域中的意义——的科学是符号性的;由于语言是意义的前沿,语言学就是符号学的前沿。如果信息确实是宇宙的基本原料,那么物理学终究会被发现是一种语言学。

能略尽绵薄之力来编辑一位睿智学者的第 11 卷文集,实属我的荣幸。这位睿智的学者如今还在继续为人类洞察语言的表意潜力带来可适用的真知灼见。

卫真道

2013 年

目　录

第 1 部分

适用语言学理论

编者导言①

　　适用语言学理论是为解决语言工作者面临的实践和研究问题而塑造的一门理论。

　　"口语语料库：语法理论之基础（2004）"（亦见于《韩礼德文集》第 6 卷）一文中，韩礼德认为口语语料库对于口语以及整个语言的理论研究都"至关重要"。即时口头语言不仅仅"在加工时离有意识的注意距离最远"，而且"与不断发展的社会符号语境最为错综复杂地交织在一起"。对非自我监控状态下即时口头语言的研究可以补充有意识状态下所产生的书面语言或者通过观察"我们能够通过内省回忆起来的内容"而获得的语言知识。韩礼德提出口头语言"是语义发生的主要源泉"，认为口语研究优先于书面语研究，把口语语料库称为"我们构建语言的词汇语法层理论——以及语言整体理论——的首要资源"。虽然我们承认以有利于量化研究的方式表征口语存在许多挑战——比如加入音韵特征，把其结构本质以"舞蹈序列中的各种动作"而非以成分等级中的各种成分来呈现，不借助于转录方式等——但这"并不意味着我们无需去尝试"。

　　"意义研究：适用语言学发凡（2008）"为韩礼德于香港城市大学韩礼德语言研究与智能应用中心成立仪式上的发言。韩礼德把其指导原则描述为致力于建立一门"适用"语言学，并把适用语言学定义为"一套综合的、理论强大的语言模型，且由于其综合性和强大性，它能用以解决现代社会中必须以某种方式与语言打交道的各类人群所一直面临的各种问题，包括研究问题和实践问题"。语言研究之应用是否"智能"，首先要看其是否以"对人类

①　本书编者导言均由卫真道撰写并由本书译者翻译。

语言的本质、功能、时空组织的理论化理解"为基础,其次要看其理论——作为"战略工具、问题解决机制以及行动指南"——是否"能为其应用所塑造、修正和拓展"。

在"论语篇与话语,信息与意义(2011)"一文中,韩礼德把语篇解释为"作为语言过程的话语",而话语被解释为作为社会文化过程的语篇。把话语作为语篇加以分析,是把情景语境中的语义实例与其蛰伏的潜势相联系,而语义潜势被呈现为部分构成其口语或书面语的词汇语法(至少是词汇语法)之描述。

"为何我们需要理解语言规律(2011)"宣讲于贝尔法斯特女王大学召开的一个会议上。此会议的主题是"跨越边界:语言研究在学术界和其他领域的影响"。韩礼德认为"语言毫无疑问是人类特有的",并指出"语言以及语言研究的意义在于其是人类知识的基础"。由此,我们努力去理解语言在人类特有的语言表意能力进化中所扮演的角色时,语言研究成为"意义理论的精髓"。

第1章
口语语料库：语法理论之基础(2004)[①]

1. 引　　言

当卡琳·艾墨(Karin Aijmer)教授邀请我在此次会议上发言时，我有些底气不足，因为我从各种学术职务上退休已经 15 年了。虽然我一直凭着兴趣追踪最新学术发展，但肯定不能佯装跟得上时代步伐——特别是由于我属于前面的那个时代，那时人们还能有望成为语言研究的通才，而如今这几乎是不可能的。但我仍然感到十分高兴，因为如果说有一个话题能特别打动我的心，那无疑是口语语料库蕴含的巨大潜力。这或许是如今人们能期待从中发现新见解的主要源泉。

我一直对口语抱有很大的兴趣，因为在我看来口语是语义发生的主要源泉，而且意义创造和表意潜势扩展就发生于口语中。但直到录音机出现，我们才拥有了捕捉口语并使其明晰化的手段。由于我自己的语言教师生涯始于录音机发明之前(至少始于唱片公司再也无法阻止录音机的生产之前)，我努力训练自己把会话如实地记录和保存下来，但显然这对于所能编辑的语料库的规模有很大的限制。为了积累足够多且能被大规模管理的口语语料，我们需要第二个伟大的技术革新，即计算机。在为计算机化的语料库喝彩时，我们不应该忘记是录音机打破了声音壁垒(即捕捉语音的障碍)

---

① 　首次发表于：艾墨(Aijmer, K.)和阿尔滕堡(Altenburg, B.)(编)(2004)，《语料库语言学的最新发展》(*Advances in Corpus Linguistics*)，阿姆斯特丹：洛多皮出版社，第 11—38 页，也收录于《韩礼德文集》第 6 卷。

并使得口语研究成为可能。具有讽刺意味的是,如今语音录制技术十分发达,我们能偷听几乎任何场景的任何口语对话,于是我们设立了道德委员会和隐私保护机构来遏制我们偷听的权力或者防止我们滥用偷录的对话。〔在此我对斯瓦特维克(Svartvik)和夸克(Quirk)表示敬意,我一直把他们的成果作为开放的即时对话语料加以利用。〕

本章的主要研究问题是:通过使用尽可能大的计算机化语料库,我们能获得关于口语以及(更为重要的是)关于语言整体的何种知识?我的发言题目意味着我们可以从中学到很多(我原来的题目说的是"语法学之基础",这也许可以更为有力地表达这个观点),即口语语料库确实是语法学的基础,其中"语法学"(grammatics)指对词汇语法的理论研究,而语法学又置于语言整体理论之中(这个术语必须加以解释,因为人们总是混淆作为语言结构成分的"语法"和作为对该成分进行系统描述的"语法")。在这个意义上,口语语料库是我们构建语言的词汇语法层理论以及语言整体理论的首要资源。

在我看来,理论和数据之间的对立,即在数据收集和理论建构之间界限分明的对立是站不住脚的。还记得在读艾萨克·牛顿的《光学》时,我暗自思忖,如果牛顿在观察光通过不同的介质并测量其折射率时,心里默念"我只是一个数据收集者,可以把理论建构的工作留给其他人",物理学不知道会变成什么样。更早期的物理学家因为当时缺乏技术手段而无法进行翔实的观察和测量,被迫在缺乏足够数据的情况下建构理论。伽利略和牛顿已经能够通过实验来进行观察,但这并未使他们把观察和理论——把拓展知识边界的不同阶段之间——相互对立。在录音机和计算机出现之前,语言学家的境遇类似于文艺复兴之前的物理学家:他们不得不进行创新,不得不在无法接触他们最需要依赖的现象时构建自己的数据库。如今语言学家可以期望超越前科学的时代了;但如果我们认为数据和理论是两个相互割裂的领域,或者把学术领域分为数据挖掘和理论建构两个对立的领域,我们的语言研究会受到极大阻碍。

当然,语言学家也不是一点数据都没有。他们一直拥有丰富的书面语篇,其源头为古时遗存下来的极具文化价值的语篇。在欧洲,这已经在基于语篇的学者和理论学家之间激起了争论,此种争论被辛辣地反映于中世纪晚期关于奥克托雷斯(the Auctores)和阿提斯(the Artes)之间发生的"七艺之战"寓言中。然而"奥克托雷斯"象征着把语篇视为范本(把作者视为权威)的观念，即把书面语言视为有价值的客体，而不是视为可以用作证据的样本。这也反过来体现了书面语言的本质，即它是注意力集中时产生的语言，是自我意识和自我监控的话语。这并不否定书面语篇的数据性，而仅仅意味着书面语篇只告诉我们书面语言的特征，因而我们从书面语言来推测语言整体的潜势时必须十分谨慎。毕竟口语在人类种群中首先进化出来，并在人类个体中首先发展起来，而且至少在电子化时代到来前，人们在其一生中使用口头语言比书面语言的频率高得多。

2.　口语与书面语

在语言学的大部分历史进程中，语言学家没有选择余地。把语篇当作数据研究意味着对书面语篇进行研究；书面语篇不仅被用作窥探书面语言的窗口，而且被用作窥探语言整体的窗口。新技术的出现使得情况发生了变化。我们现在可能会想说：现在我们可以研究书面语篇来揭示书面语言的规律，也可以研究口头语篇来揭示口头语言的规律。

那么我们从何处得以揭示语言的规律呢？有一种观点认为：可能不存在语言这种东西，只存在说出来或者写出来的言语；于是我们把两者分开描写，分别建立一套语法，认为两者相结合就能揭示我们需要知道的一切规律。对口语与书面语语法是相同还是相异的问题，大卫·布拉泽(David Brazil，1995)、杰弗里·利奇(Geoffrey Leech，2000)、迈克尔·斯塔布斯(Michael Stubbs，2000)等学者进行了大量讨论。显然这个问题没有唯一的正确答案，答案的产生依赖于具体语境和目的，依赖于建立语法的出发点。与此类似的观点是认为"不存在语言这个东西，而只存在……"，无论是只存在"各种方言""具体语域""个体说话者"还是"具体言语事件"，都大同小异。此观点表明了一种以反对"一统"之名而疏远理论的倾向，虽然其本身也表明了某种思想观念和理论上的姿态[参见 Martin(1993)对民族方法学的评论]。在以限制语言学理论的终极范围为目标的各种努力中，把口语和书面语相割裂的努力看上去最为合理,但这却使"语言"无法得到解释,使我们对语义学的研究显得乏力,而这尤其妨碍了我们对语言表意能力的理解。

也许在现代社会将口语和书面语看作两个独立符号系统的观点最为合理,因为现代社会是一个印刷时代,口语与书面语之间相对隔离——虽然民族国家的口头"标准语言"已经有些混杂了。当语篇以电子化方式书写并以时间序列方式呈现于屏幕之上时(越来越多的口语演说针对的是陌生听众),口语与书面语逐渐倾向于相互融合,两者之间的区别也变得越发模糊。即使没有这种融合,我们也有理由把一门语言,比如英语,视为包含口语与书面语变体的更为抽象的实体。这些变体的存在也没什么奇怪之处;语言本来就是一个可变系统,口头与书写的变量只是许多变量中的一个,其特别之处只在于这个变量涉及不同模态。正是视觉静态书写模态与听觉动态口语模态的差异赋予口语语料库以独特的价值——当然口语语料库自身的独特性就更不用说了。

我想在当前语境下没必要花费时间和精力去处理"口语缺乏结构"这么一个荒唐的观点。这个观点一直在妨碍口语研究,使我们无心关注口语。口语在各方面都和书面语一样具有高度的组织性,否则它无法发挥其功能。书写时你可以删除所有笔误、放弃所有草稿,只留下终极成品提供给读者,但说话时你却做不到。于是最早转录口头对话的学者(假借忠实于数据之名)得意洋洋地指出其所转录语料中出现的各种迟疑(hesitations)、错误起步(false starts)和回溯(backtrackings)现象,并以此证明口语质量低劣——而他们早就在意识上承认此观点了。实际上这严重歪曲了口语的根本特性;更为"忠实"的转录应该以通常的书写形式,包括通常的标点符号进行。在保持客观的幻觉下,这种把口语简化为书面语并把这些捏造的奇异特征强加于口语的做法,突出强调了口语的细枝末节而妨碍了通过口语对语言开展严肃的研究。(但我想这并未妨碍其进入语料库语言学的殿堂。)

3. 口语与语料库

首先,语料库为口语发挥的作用与它为书面语发挥的作用一样,即积累大量语篇并加以处理使其能为研究所用。有些类型的口语十分容易获取，比如广播电视访谈、法庭诉讼等，这在最早的柯林斯-伯明翰大学国际语料库(COBUILD)中已经得到体现，其库容高达 2 000 万词(其中包含 1 800 万词书面语语料和 200 万词口语语料)。伦敦-隆德(London-Lund)语料库(我想在那时就已经独自)收集了大量的即时会话语料，其中许多语料随后发表于前面所提到的英语会话语料库(The Corpus of English Conversation)中(参见 Svartvik & Quirk，1980)。罗纳德·卡特(Ronald Carter)和迈克·麦卡锡(Mike McCarthy)在诺丁汉大学建立的剑桥-诺丁汉话语语料库(CANCODE)包含 500 万词的自然口语语料。规模类似的语料库还有位于悉尼的悉尼科技大学-麦考瑞大学(UTS-Macquarie)语料库，其中包含了工作场所口语语料，这为苏珊·艾金斯(Suzanne Eggins)和戴安娜·斯雷德(Diana Slade) 1997 年出版的《随意性会话分析》(*Analyzing Casual Conversation*)一书奠定了基础。到 20 世纪 60 年代，在利兹市由山姆·斯派瑟(Sam Spicer)主持的纳菲尔德外语教学材料项目(the Nuffield Foreign Language Teaching Materials Project)中，已经出现了极具价值的儿童口语语料库，其中有的语料以成人访谈儿童的形式呈现，有的以儿童间对话的形式呈现。20 世纪 80 年代，罗宾·福赛特(Robin Fawcett)在入职(当时的)威尔士理工大学计算语言学工作室不久，就建立了小学生语言数据库。

　　这些只是我所知道的在全球范围内以英语以及许多其他语言开展的口语语料库研究的一些例子。据我所知，这些项目的共同点在于其口语语篇不但以口语形式储存，同时也往往被转写成书面语。英语口语转写存在许多各不相同的惯例。还记得大约 20 年前召开的一次随意性会话语法工作坊上，我们讨论了当时在用的 8 种转写体系(Hasan，1985a)，而现在肯定有更多体系在使用。我未能看到人们系统地去讨论(虽然此种讨论是有必要的)这些不同的转写体系蕴含了口语的何种本质，他们给口语强加了何种秩序(或者认为口语缺乏何种秩序)——或者更概括地说，把口头话语转写成书面语意味着什么。

　　在英语中我们谈论把口语"削减"为书面语，从而隐喻性地暗示某些东西丢失了。我们的确丢失了某些东西。我们知道极具意义的口语音调和节奏特征很大程度上不复存在了。具有讽刺意味的是，许多转写体系——我做调查时存在的大部分转写体系——抛弃了书写形式中的标点符号系统，而标点符号是可以体现某些韵律特征的。当然标点符号不直接标明韵律特征，因为书面语在进化中获得了自己的生命，而如今的书面语通常体现了语法结构上的韵律维度和成分组构维度之间的某种折中。但标点符号确实提供了许多韵律信息，这一点任何人在大声朗读书面语篇时都可以意识到。以不把模型强加于数据为借口拒绝在转写中使用标点符号毫无道理——这好比有人坚持只使用黑白色调来再现具象派艺术以免把色彩强加于鲜花或者宫廷女子的着装上。标点符号的缺失只是进一步夸大了强加于口语的糟糕印象。

有些录音转写包含了韵律信息，这分为两类。一是类似斯瓦特维克和夸克的方式［源自夸克和克里斯特尔（Crystal）在 20 世纪 60 年代的工作成果］，其中详细记录音高、音响、节拍等韵律信息。另一类（类似我本人的做法）只标注那些被证实了在意义表达中发挥功能的语调、节奏等系统特征——这些特征是语法选择的具体体现，正如在声调语言中这些特征是词汇选择的具体体现一样。使用此种方式转写，是因为我想表明这些只出现于口语中的系统不仅规律性地出现以表达可预测的意义，而且融合于其他公认的语法系统（那些由形态、语序或者词类选择所标示的语法系统）中，正如这些不同的语法系统相互融合一样［附录 1 中的语篇 1 至语篇 4 列举了一些转写惯例，其中语篇 1 大约在 1960 年转写于磁带录音；语篇 2 转写于斯瓦特维克和夸克 1980 年的语料；语篇 3 是语篇 2 的拼写版（某种程度上的"削减"版）；语篇 4 转写于格里姆肖（Grimshaw，1994）的语料］。

我们的标准拼写法所蕴含的口语话语信息是有缺陷的。由于口语语料库的主要功能之一是呈现这些发挥作用的韵律性系统，在我看来此类语料库所采用的任何转写方式应该至少以某种系统性的方式将这些韵律特征纳入其中。这些特征并非可有可无的额外之物。至少在某些语言中，也可能在所有语言中，语调和节奏都以完全系统性的方式表达意义。

拼写式转写所遗漏的信息十分明显，但其所加入的信息就没那么明显了。拼写法会把自身意志强加进来，这是书面语言独有的意志，表现为成分性的组织形式，而这并非口语的真实特征。词语之间变得界限分明，界限的起始与终结常常被武断确定；标点符号本来用以标示韵律展开的模式，如今却被用以区分更大的语法单位（实践中标点的用法相互之间有很大差异，有些作家仍然更倾向于把它用作韵律标示工具）。诚然，口语也具有组构性（compositional），比如书面语中的句子就源于自然口语中的小句复合体。但口语的构件不太像成分等级中的成分，而更像舞蹈序列中的各种动作；书面语句子在起始时就明确了其目标走向，但口语的小句复合体在起始时目标走向并不明确。（语篇 3 以例子说明了第二点。）

书面语也在聚合轴施加自己的意志，决定哪些形符（token）属于同一类符（type）。此时"把口语削减为书面语"的效果很大程度上取决于书面脚本的性质。这在组合轴上已经产生了变异，因为不同脚本会加入不同的组成（constituency）形式。在汉语以及越南语中，空格所分隔的是词素（morpheme）；在欧洲语言中空格所分隔的是词，虽然在词是什么方面存在很大的变异空间；在日语中空格所分隔的是词素与音节的混合体，虽然你能大致说出哪个词素标志着哪个新词的起始。在聚合轴上，汉语作为一种形态性脚本是最为确定无疑的，对于哪些标志属于同一类型没有任何怀疑空间。英语和法语虽然在原则上使用拼音性脚本，但也表现出强烈的形态性趋势，其在形态音系界面上所出现的许多同形词通常由书写系统来区分。这种书写系统掩盖了口语中的不确定性，以至于像 mysticism（神秘主义）与 misty schism（模糊的裂痕）、icicle（冰柱）与 eye sickle（眼形割刀）等同音词在口语中只有细微的节奏差异，但在书写形式上却相差甚远——詹姆斯·乔伊斯（James Joyce）巧妙地把这点用作其语义表达资源（但只是书面语的资源）。即使像俄语、意大利语等使用音系脚本的更为纯粹的语言，其书写系统也会对语言的规律性进行强化，对其语篇加以约束使之不被形式多样的语义变异所影响，而这些语义变异对其口语的丰富性和效力贡献颇多。

把口头话语，特别是即时会话转写为书面形式以便观察并把观察所得作为语言理论建构的基础，这是有很大问题的。转写是一种翻译，而翻译是一种形式转化。建设大规模的口语语料库并加以标注阐释不可避免地会让人们对这种形式转化的真实本质提出质疑。

4. 口语的特征

我将简述语料库研究中曾经调查过的一些特征,并论及这些特征对研究语言整体属性的启示。我把这些特征归为 7 个方面,但并不遵循某种系统性的顺序,而只是以由易到难的顺序展开。

1) 随意性会话的模型

在《随意性会话分析》(Eggins & Slade,1997)一书中,艾金斯和斯雷德对词汇语法、语义、话语和语类四个层次上的模型特征做了研究。结果发现前两个层次在人际领域(人际元功能)中体现了高度的模型化特征,尤其在语气和情态上更为明显。在语类层两个人发现了故事(story-telling)-聊天(chat)连续体,而观点(opinion)与闲话(gossip)位于两者中间。沿此连续体所排列的 10 个语类中,两人成功归纳出了叙事(narrative)、轶事(anecdote)、说教(exemplum)、讲述(recount)、观察/评论(observation/comment)、观点(opinion)、闲话(gossip)七个语类的结构。其余三个语类中,对于笑话(joke-telling)语类,两人缺乏足够的研究数据,取笑(sending up)和聊天(chat)则被认为"无法以通用特征来描述"。她们基于口语语料的分析表明随意性会话绝非缺乏结构性秩序。

2) 模型组构与重构

在其不久前发表的"语言与创造性:来自英语口语的证据"(Carter,2002)一文中,卡特突出强调了口语,尤其是随意性口语的创造性潜能。他谈到了口语的"模型组构与重构",特别强调对话过程中发生的模型组构:一个说话者(speaker)设立了某种词汇语法模型,其中涉及惯用搭配、习语、套语或者众所周知的陈词(proverbial echo);答话者(interlocutor)以此为基础做出应答,但随后却发生偏离,并以不同的词汇语法措辞把它重构为某种新模型。这通常不会局限于某个二人回合(exchange),而可能跨越一长段对话,涉及好几个说话者;但这也可能很快就发生了,正如卡特从

CANCODE 语料库中所截取的两个例子所示：

【两个学生正在谈论他们共同好友的房东】

A：Yes，he must have a bob or two.

A：是啊,他肯定有点钱。

B：Whatever he does he makes money out of it just like that.

B：他做任何事情都要从中赚点钱,就那样。

A：Bob's your uncle.

A：Bob 是你的叔叔。

B：He's quite a lot of money，erm，tied up in property and things. He's got a finger in all kinds of pies and houses and stuff.

B：他有很多钱,投在了房产和各种事情上。他喜欢在房子和各种事情上都要插一手。

【两个从事社会工作的同事正在谈论另外一个喜欢过多掺和个人私事的同事】

A：I don't know but she seems to have picked up all kinds of lame ducks and traumas along the way.

A：我不知道,但她似乎喜欢一路管各种身心受伤之人的闲事。

B：That—that's her vocation.

B：那个——那个是她的生活方式。

A：Perhaps it is. She should have been a counsellor.

A：也许是的。她应该去做私人顾问。

B：Yeah but the trouble with her is she puts all her socialist carts before the horses.

B：对啊。但她的问题是她总是把她的社会主义事业本末倒置。

3) 单词与短语中的模型

这一点我与迈克尔·斯塔布斯的观察似乎有些矛盾。在《单词与短语：

词汇语义学的语料库研究》(Stubbs，2000)一书中,斯塔布斯认为"语言使用的很大一部分是程式化、规约化和习俗化的",至少在口语中是如此。当然,要想我们两人的观点都成立的话,一种方法是证明口语主要由程式化的东西构成,其中偶尔夹杂着一些创造性的闪光点。但我觉得这不是让两种特征保持一致的正确方式。在我看来,往往正是在"程式化、规约化和习俗化"特征的使用中说话者的创造性才得以展现。(这一点我后面再倒回来谈。)正如斯塔布斯(Stubbs，1996)在其早期成果中有所预见、并在其最近关于扩展词汇单位(extended lexical units)的研究中所显示的,只有通过积累大量的口语语料我们才能打开通往这些根本规律的通道;如果这些规律可以通过此种方式来呈现,那么它们必然存在于这些口语语料中。要使偏离某范式有点意义,该范式必须已经预先存在。

4）语法中的模型

迈克尔·斯塔布斯给他的书取的副标题是"词汇语义学的语料库研究",苏珊·霍斯顿(Susan Hunston)和吉尔·弗朗西斯(Gill Francis)的书名为《模型语法：英语词汇语法之语料库驱动研究》(Hunston & Francis，2000),前者名为"词汇语义学",而后者名为"词汇语法"。我在其他地方讨论过霍斯顿和弗朗西斯这本书。在我看来,她们的成就在于非常成功地以翔实的方式(以高得多的精密度)把语法拓展到了词汇与语法的中间地带;这与理论语法没有任何冲突,至少从我对理论本质的理解来看是如此;实际上她们使用了大量已有的语法范畴。语法的这个部分包含一个非常复杂的精细范畴体系,没有语料库的帮助难以探究。这同样需要有一个口语语料库,因为这些模型最可能在口语中得以演化和持续更新。

5）评价的语法

艾金斯和斯雷德谈到人际意义在多种随意性会话中的核心作用,并在分析过程中加以展示。我们对人际元功能的理解尤其得益于马丁的贡献,包括他的《英语语篇：系统与结构》(*English Text: System and Structure*，1992)、多篇论文以及与彼得·怀特(Peter White)合著的《评估语言：英语评价系统》(*The Language of Evaluation: Appraisal in English*，2005)。马丁特别关注"评价"领域，包括鉴赏、情感、判断、分级等系统，由此说话者得以表达其个人观点、喜恶以及他们对其言辞内容的介入程度和方式。这些语义特征过去一直难以研究，部分是出于思想观念上的原因——过去这些特征未被视为系统性的意义成分，但同时也是因为它们是由令人迷惑的混合式词汇语法资源体现出来的，包括形态、韵律（语调和节奏）、各种封闭和开放词类、结构中的成分顺序等。马丁发现这些意义实际上是语法化的，也就是说它们在使用时具有系统性。为了证明这点你需要接触大量的数据，而且必须主要是口头话语数据。这并非说评价在书面语中不显眼——它们挺显眼的，即使常常以隐晦的方式凸显（参见 Hunston，1993），而是说其系统潜势在口语中体现得更充分。

6）"非标准"模型

对那些有悖于书面语规范的语法模式加以指责具有悠久的历史。这自然是因为语法学主要是在书面语研究中发展起来的（缺乏文字体系的文化往往发展修辞理论，但不发展语法理论），同时也因为语法学家像词典编纂家一样被视为民族语言品格的守护者。我想这个观点此处无需多言。但正是因为在书面语中有些模式不出现，所以我们需要口语语料库来揭示它们。此处并非指为报刊记者所钟爱的大众化"语法错误"，这些现象即使没有语料库的帮助也很容易编造出来，并且我怀疑关注餐桌礼仪语言是英语特有的现象，也许法国人也类似，我听说过此事。我指的是那些更有趣、更具生产力的创新表达，它们在口语中不为人注意地出现，但却还未进入书面语——而且往往难以在有意识的思维状态下顺利表达，如下文我自己的发现所示：

It's been going to've been being taken out for a long time [of a package left on the back seat of the car].
它已经被拿出来很长一段时间了[指放在车后座上的一个包裹]。

All the system was somewhat disorganized, because of not being sitting in the front of the screen [cf. because I wasn't sitting...].
整个系统都有些乱套了，因为当时没坐在屏幕前[比较：因为当时我没坐……]。

Drrr is the noise which when you say it to a horse the horse goes faster.

"嘚儿驾"这个声音当你吆喝给马听时,马会跑得更快。

Excuse me—is that one of those rubby-outy things [pointing to an object on a high shelf in a shop]?

打扰一下——那是其中的一个破玩意吗[指着商店里一个放在高架子上的物体]?

And then at the end I had one left over, which you're bound to have at least one that doesn't go.

最终我留了一个,而你一定至少有一个,那是不行的。

That's because I prefer small boats, which other people don't necessarily like them.

那是因为我更喜欢小船,而其他人未必喜欢。

This court won't serve [cf. it's impossible to serve from this court].

这个大厅不行[比较:不可能从这个大厅获得服务]。

7) 语法复杂性

多年以前我开始计算词汇密度,这被我定义为每个级阶性(非嵌入)小句中的词汇项(实词)数量。我发现口语与书面语之间有一个重要的差异:在书面语样本中其平均值为每个小句 6 个词汇项左右,而在口语样本中为 2 个左右。当然不同语域会有很大差异。吉恩·尤瑞(Jean Ure)发现一系列语篇类型的词汇密度沿一个连续体分布(Ure,1971)。然而她计算的是语篇中词汇词项占所有词汇总数的比例,其结果也有所不同,因为口语表现出更强的小句性特征(使用更多但更短的小句),而书面语表现出更强的名词性特征(使用更少但更长的小句)。迈克尔·斯塔布斯因使用计算机化的语料库而采纳了吉恩·尤瑞的模式,这是有充足理由的,因为采用我的方法必须识别小句,因而需要一个复杂的解析程序。但基于小句的计算方法对口语与书面语之间的对比来说更有意义。

另一项同样有趣的发现我之称为"语法复杂度"，通过小句复合体中包含的级阶性小句数目来量化。小句复合体指任何在结构上相关联的级阶性小句序列，是对书面语中的句子在口语中的模拟（当然也是书面语句子的本源）。即时性口语中的小句复合体往往变得特别长且特别复杂（参见附录1的语篇3和语篇5）。我们如果对小句复合体包含的并列和从属关系加以分析，就可以理解其复杂性。这类现象在书面语中十分罕见，而在口语中它们往往出现在对话中某个较长的独白性话轮里（也就是说，它们由对话触发，但却由单个说话者建构，而非跨多个话轮建构）。由于对话通常包含许多非常短小的话轮，其中每个话轮只包含一个小句，而且常常是不纳入复杂结构中的零句，因而对此类对话的语法复杂度均值进行计算毫无意义。可以断定的是，某个小句复合体越复杂，其越可能出现于口语而非书面语中，但是只有在对自然发生的口语进行更多的语料库研究之后才能得出更为充分的结论。

5.　口语语料库面临的问题

现在我们来谈谈当语料库语言学家试图更加深入地探究口语的神秘特征时所面临的一些问题。我已经提到了其中一个有问题的领域，即以书写方式来表征语音的问题，此处我想再多谈些想法。如我所言，录音转写存在许多不同的惯例，而所有惯例都以这种或那种方式使口语有所扭曲。

虽然韵律标记缺失是一个明显而严重的缺漏，但却能以这样或那样的方式补救。再过几十年，也许人们就发明了语音识别系统，能在音系层上给韵律特征（语调与节奏模型）赋值（即能把这些特征识别为有意义的选择）；同时我们也可以探究那些已有技术可能性但对词汇语法和语义用处较小的特征的值，即可以基于对音频、音幅、音长等基本参数的分析在语音层上对口语进行标注。

如我所述，更严重的问题是过度转写，特别是使语音带上虚假奇异色彩的过度转写，由此口语被弄得看起来十分古怪，其中重复、错误起步、清喉咙声音等特征也被一本正经地转写到语篇中。遗憾的是这种做法十分普遍，它不仅使话语蒙上了一层虚假的奇异色彩——人们也许可以告诉自己忽略这一点——而且更令人担心的是，它把那些口语常常仰仗的、实际上充满意义的说话特征淹没于杂乱的噪音之中，比如言语方向的迅捷变化、艾金斯和斯雷德所谓的"被遗弃的小句"结构、音系和形态上的嬉戏、其他富有创新的表意片段等等。诚然这些特征与纯粹错误之间的界限难以分清，但这并不意味着我们无需去尝试。可能的话，我们可以去尝试在自己不注意的情况下，给自己录制一段持续时间较长但却十分随意的会话，再看看这段忠实记录自我话语的录音中，哪些有趣的细节你会删除，哪些会保留下来。

即使我们抱着世上最好的意愿、使用世上最好的技术来转写，还是有一个根本性问题存在。口语不是用来书写的，任何视觉表征都会以这样或那样的方式对其加以扭曲。这个问题与编舞者试图给舞蹈做标注一样：当你想传授一套复杂的动作，或者想为将来的舞者保留下某位编舞者特定版本的芭蕾舞时，这些标注可用以辅助记忆。但你不会通过研究这些转录的书写符号来分析一段舞蹈。自然许多口语表达模型也可以在书写形式上看到；但还有许多其他模型我们无法看到——连续与断续的类型、节律的变化、音色（发音品质）上的副语言特征、各种程度的确定性/不确定性、赞同/反对等 ——为此我们需要直接去分析口语语篇。想要自动处理这些特征，我们的能力尚有不足。

另一个主要问题在于语言本身的特性，这是所有语料库研究所面临的问题，但对于口语来说尤为严重，我们可以称之为词汇语法困境。仔细审视词汇语法连续体[我接受这种一体化观点，以反对砖块加抹灰似的词汇加句法规则的观点；此观点由迈克尔·斯塔布斯（Stubbs，1996）基于辛克莱（Sinclair）和我的方法原则而明确提出]——如果我们沿着连续体从语法端往词汇端看，则词汇端的现象最容易处理，因而语料库的发展方向是以词汇化的方式来组织，通过单词，即词汇语法项的书写形式来处理的。所以语料库主要被词汇学家而非语法学家用作其工具。

原则上来说，语料库对于语法研究必不可少且大有裨益，正如其对词汇研究的必要性和意义一样。这一点我想已经基本被大家接受了。只是把语法研究清楚要难得多。像英语这样的语言中词汇可以在连续体的各处发挥作用,既有 the(这、那)、and(和)、to(向、到)等语法词项,也有 sun(太阳)、moon(月亮)、stars(星星)等词汇词项,以及 behind(在后面)、already(已经)、therefore(因此)等介于两者之间的词项。这些词项的出现很容易检索、计算和语境化。然而 sun、moon、stars 等词项把其大部分意义都表达得一目了然,但 the、and、to 等词项传递给我们的潜在信息却很少。如果我们直接去观察这一类词,会发现它们传递给我们的信息常常显得微不足道。连续体语法端的模型所具有的一个讨厌的特征就在于越容易辨识的模型越无关紧要。

正是在这个方面口语给基于单词的研究体系提出了一个特殊问题:与书面语相比,口语通常显得语法化程度更高。相较于书面语,口语在组织其表意潜势的方式上更倾向于选择语法系统。这一点我们已经在对比词汇密度与语法复杂度的两种语义复杂性处理方式时认识到了:书面语倾向于把更多的信息置于词汇中,因而更容易通过词汇搜索的方式来检索。看看下面的几组例子(并参见附录 1 语篇 6 中所引用的例子):

Sydney's latitudinal position of 33° south ensures warm summer temperatures.
悉尼南纬 33°的位置保证了其温暖的夏季气候。

Sydney is at latitude 33° south,so it is warm in summer.
悉尼位于南纬 33°,所以夏季温暖。

The goal of evolution is to optimize the mutual adaption of species.
进化的目的是优化物种的相互适应性。

Species evolve in order to adapt to each other as well as possible.
物种进化是为了尽可能好地相互适应。

如果你研究 cause(原因)这个意义的表达形式,就可以发现英语书面语中有一整套把此意义加以词汇化的动词——比如 cause(原因)、lead to(导致)、bring about(引起)、ensure(引发)、effect(结果)、result in(造成)、provoke

(引起)等动词——并可以把它们与两边(通常是名词化)的原因和结果同时检索;类似地还可以发现 be the cause of(是……的原因)、be responsible for(是造成……的原因)、be due to(由于)等表达形式中相关的名词与形容词。我们要花费格外多的精力才能在语料库中检索到通过小句连接方式体现此类关系的实例(主要是口语实例),此类实例中,cause 的意义通过 so(所以)、because(因为)、as(由于)等并列或从属连词来表达。这至少有三个原因:(i) 这些检索项往往是多义的(且与语言中的其他成分自由搭配);(ii) 原因与结果都成了小句,因而分散得多;(iii) 在口语中语义关系与参与者成分往往都具有更高的语法化程度,且通常以 it、them、this、that 等衔接指称词项的形式出现,必须通过长距离搜索才能找到它们的指称来源。因而与书面话语相比,在口语话语中建立一套关于因果关系的语料库语法需要花费长得多的时间;其他语义范畴的情况也与此类似。需要注意的是,这并非因为这些语义范畴在口语中不存在;相反,在口语变体中语义关系的表达往往更加清晰。当你需要把书面表达形式转换成口语时,就会发现这些书面语形式含有较多歧义。这些问题多数是由这些语义关系的体现形式,即更为语法化因而也更隐晦的体现形式所导致的。

相同现象的另一个方面、但属于英语所特有的方面,在于物质过程通常被去词汇化。这个效果导致 gash(砍伤)、slash(猛砍)、hew(砍劈)、chop(剁碎)、pare(削皮)、slice(切片)、fell(砍伐)、sever(切割)、mow(割刈)、cleave(劈开)、shear(剪切)等词都被 cut 所取代。这与短语动词的偏好相关,这种偏好在类似时期非常盛行,但也标志着小句的过程成分向语法化方向发展的趋势。奥格登(Ogden)和瑞恰兹(Richards)在 20 世纪 30 年代设计基础英语时,通过依赖于短语动词构式,发现除了 18 个动词之外所有其他动词他们都不需要[他们会要求我说"可以废除(do away with)这 18 个动词之外的所有其他动词"];通过使用所选定的高频动词,他们可以改写各种不同语篇(包括圣经语篇)来支持他们的说法。如我所说,这是英语的独有特征;但我怀疑语言的书面变体倾向于使用更为词汇化的意义识解方式。

我觉得在语料库语言学中,特别是与口语语料库相关的部分中,需要努力找出某些方法来设计供语法学家所用的语料库——或者说,没人会局限于语法学家或词汇学家的单个角色来设计供词汇语法连续体中语法端的语言现象研究之用的语料库。毫无疑问,霍斯顿和弗朗西斯在其"模型语法"研究(Hunston & Francis,1999)中证明了语料库是拓展我们语法知识的基本资源。语料库驱动的语法需要语法驱动的语料库,这是有待我们去完成的工作。

6. 基于语料库与语料库驱动的方法

艾琳娜·托尼尼-博内利(Elena Tognini-Bonelli)在其专著《运用中的语料库语言学》(*Corpus Linguistics at Work*,2001)中把语料库语言学定义为"应用前的方法论",它采用经验主义方法对语言使用进行描述,置身于语境-功能的意义理论中,并充分利用新技术手段。在这个框架下,她发现新的语言事实导致新技术手段的使用,并进一步导致了新理论的建立。令人诧异的是,虽然她拥有如此前瞻性的视野,却对"数据的增加和计算方法的进步会引起哲学观上的重新定位"这件事感到奇怪,毕竟物理学就是这样发展的,其中数据的增加和测量的改进改变了人们对知识和理解的整体观念。在语言学中我们更可预期事情的确如此,因为认知和理解本身就是表意过程。口语语料库完全可能导致此类重新定位的事情出现。

与霍斯顿和弗朗西斯一样,托尼尼-博内利也强调"基于语料库"的描述与"语料库驱动"的描述之间的差异。我原则上接受这个区分,但有两个保留意见,或者说两条附加说明。第一,这个区分本身是模糊的,语法研究中有许多语料库运用方法无法准确地归入任何一方——比如人们刚开始时把某个语法范畴作为尝试手段,但随后用语料库分析结果来优化此范畴或者用其他范畴取而代之。[如果允许以我自己的研究为例,我会把我对"pain"这个词的语法研究(Halliday,1998a),以及佐伊·詹姆斯(Zoe James)和我开展的对归一性和主要时态的量化研究(Halliday & James,1993)置于两者之间模糊的中间地带。]由此就有了第二条说明:语料库驱动的语法并不能与理论相脱离[参见 Matthiessen 和 Nesbitt(1996)的"论理论中性的描述"]。正如我在另一篇文章"话语的语法基础"(Halliday,2001)中所述,霍斯顿和弗朗西斯的书中有许多地方依赖于语法理论。我不是说她们自己对此加以否认——她们一点也不反对理论；重要的是要把此类含义从"语料库驱动"这个观念中剔除出去；这个观念本身明显就是一个理论概念。

我觉得托尼尼-博内利自己也不相信理论中性的观点，但她的表述中也许透露出些许此等意味(Tognini-Bonelli，2001：184)："如果聚合体未被排除于此种语料库驱动的语言观中，也会被视为从属于组合体。因而语料库驱动的语言学首先是关于言语的语言学(a linguistics of parole)。"我想聚合体与组合体是描写的两个轴，对于两者我们都建立了潜在的理论范畴：结构是关于组合体的理论，而系统是关于聚合体的理论。系统理论中我们在聚合轴上建立了最抽象的理论描述；这么做是有理由的(关键是通过这个途径来映射语义更为容易，因为此时对规律的看法不再受结构性局限的约束)，但这并不意味着结构就不是一个理论建构物了。[弗斯(Firth)首先创立了系统-结构理论，但并未赋予系统以理论优先性；他在音系学中发展了系统的优先性，但其考虑完全不同。]因而我并不认为语料库驱动的语言学是关于言语的语言学——无论如何，关于言语的语言学这个概念本身是不是特别自相矛盾？因为一旦你从事语言学研究，你就已经超越了实例领域了。

我想到关于言语语言学这个概念的一种可能的解释：它是这么一种理论，解释的是为何有些实例(actes de parole)比其他实例受重视得多，换句话说，它是一种文体学理论。但语料库语言学隐含的原则是每个实例具有相同权重。实例的价值在于它是窥探系统的窗口，即窥探显现于语篇中的潜势的窗口。语料库使我们更准确地窥探、更接近潜在的系统——或者换句话说，潜在的语言(langue)。"语料库驱动的语法"是语法学的一种形式，也是语法学研究的主要源泉之一。

7. 口语的特征：最后一点说明

我一直假定口语语料库包含着大量"真实"数据，即自发、即时、自然的言语——这可能是指对话，虽然其中可能包含着许多冗长的独白片段。这并非因为这些作为语篇的话语有任何固有的优越性——如果有的话，在此文化中其蕴含的价值也很低——而是因为语言的根本特性，即其语义发生或意义表达的潜势在不带强烈自我意识的说话过程中展现得最为明显。这种说话过程正是系统模型的建立和维持之所在，其中全新的实例模型连续不断地被创造出来；实例模型也能变成系统模型，但并非借助只具例外性价值的单个实例（即我所谓的哈姆雷特因子）来实现，而是通过大量难以察觉、难以回想的言语实例的量化效果来实现。

为此，我认为对口语的量化研究应该享有高级别优先性，由此建立大规模频次模型，从而勾画出语言的特征架构，即建立起布拉格学派语言学家所谓的语言特征学(characterology)。其重要意义在于它能提供一个儿童学习母语的总体框架，并为语域中的系统化变异设定参数。其中说话者所意识到的其语言的功能变体其实是对词汇语法选择中概然性的重设。此类研究的经典之作是扬·斯瓦特维克(Jan Svartvik，1966)对英语语态系统变异的研究。正如内斯比特和普拉姆(Nesbitt & Plum，1988)对英语小句复合体的量化研究所示，斯瓦特维克的研究同时也显示了系统之间存在部分关联的重要特性。我假设语言的各种一般性语法系统往往趋向于两种概然性特征中的一种：要么概然性大致等同，要么出现大约一个数量级的扭曲；我曾解释过为何我认为这有道理(Halliday，1993b)。但这只能通过对自然发生的口语进行大规模量化研究来检验。必须明确的是，我认为这类分析不会取代对具体语篇中措辞模型的质性分析，但确实能为研究这些模型如何发挥作用带来新的启示。

通常人们认为，从语言整体进化和儿童语言发展的角度来看，人类语言本质上是对话性的。我没什么理由去质疑这点；其他灵长类动物（就像我们自己一样）会发出警告、炫耀或者其他情感符号而并不期待获得反馈，但这作为一个反对意见并不值得严肃考虑。对话又为独白性活动提供了场景，这在实例层面和系统层面都成立：独白以对话互动过程中延展性话轮的面貌出现，这点能通过规模适当的随意性会话语料库来证实。显然独白是许多系统变体的默认条件，比如人们进行布道、发表演说、撰写著作、广播讲话时；即使人们这么做在很大程度上是为了自我满足，但这么做的原因也只是有其他人倾听他们说话（或者至少听到了他们说话）、阅读他们的著作而已。

任何口语独白都可视为延展性话轮：要么是由（语境）系统赋予说话者，比如像会议论文一样；要么是不得不设立或争夺，就像随意性会话中的情形。说话者有许多技巧来掌控局面、延长其话轮。其中有些技巧正如艾金斯和斯雷德所说是语类性的，比如穿插一个笑话，或者讲述一段个人故事。但有一个十分有效的策略是语法性的，即使用小句复合体。其诀窍在于让听者意识到接下来还有另外一个小句，当然具体怎么做要视语言而定。在许多语言中两个主要的相关资源就是语调和连词。这其实是在词汇语法形式上——在措辞上——识解逻辑语义关系的两个主要机制。前面我把这些十分复杂的小句复合体视为非正式口语的特有现象，它们把听话者引入到动态变化的音系-句法连接模型中。这并不是说它们唯一的功能就是掌控局面；但它们能有所帮助，因为一般来说听话者确实会等待一个小句序列结尾的出现——他们想要打断该序列必须付出积极努力。

小句复合体真正所做的是使说话者能在构成语言表意潜势的多维语义空间内部和周围自由穿行，其中常常发生似乎令人迷惑的话题转向，比如从医生的预期转到待洗衣物成排的走廊，再转到让一个满怀希望的母亲崩溃的危险，同时还要与前面所说的所有内容保持连贯的逻辑关系（参见附录1的语篇3）。这里的逻辑是一种语法逻辑，而非形式逻辑；形式逻辑是精心设计下的语法逻辑的产物，正如书面语中的句子是口语中小句复合体精心设计下的产物。这种即时性的语义"编舞"现象我们极少看到，主要见于未自我监控的口语话语中，且典型地出现在穿插于对话中的各种独白里，但它却代表了语言的强大功能中具有重要意义的一个方面。

本章中我一直在努力说明为何我认为口语语料库是理论研究的关键资源：不仅仅是口语研究，它还是语言整体研究的关键资源。由于在持续的、非自我监控的说话过程中，我们能够通过内省回忆起来的内容与人们实际所说的内容之间表现出的差异最大，口语语料库为我们理解语言作为符号系统与符号过程的本质提供了新的维度。这个差异的存在不仅是由于即时口语的话语模式在加工时离有意识的注意距离最远，也是由于即时口语与不断发展的社会符号语境最为错综复杂地交织在一起。托尼尼-博内利认为一切语料库研究都隐含着一套有关意义的语境理论，这个观点在任何其他语境中都不如在非正式会话语境中具有说服力。韩茹凯和卡梅尔·克洛兰（Carmel Cloran）对母亲与三至四岁孩子之间自然发生的对话进行了语料库研究，结果显示研究不仅必须关注意义交换所发生的情景，而且必须发展一套语境层的理论模型作为其整体描述策略的一部分[Hasan & Cloran，1990(2009)；Hasan，1991，1992b，1999b；Cloran，1994]。当人们词汇语法中的语义发生潜能被用来影响物质和符号环境，把环境识解和再识解为意义时，人们的表意潜势就被激活了，由此也被持续不断地修正与延展。在此过程中，由于书面语经过了更为精心的设计，其要求更集中于词汇语法的表意能力上，而口语通常更为流散，往往在更大的范围内漫游于潜势网络的不同领域中。因而口语有可能提供更多证据来证明那些中等大小的"语法模型"和"扩展词汇单位"的存在，而语料库研究正在为此带来便利。这又有益于克服当前语篇研究的词汇途径与语法途径之间的断层，从而进一步丰富话语分析研究。

弗斯早在 1935 年就认识到了会话研究的价值，认为"在会话研究中我们会找到更好的理解语言本质与工作方式的钥匙"(1957：32)。他尤为感兴趣的是会话与情景语境的互动，即语篇中可用的各种选择时刻被缩减和扩张的方式。我个人对英语话语的分析始于 1959 年，那是我第一次录制口头对话以研究其节奏和语调。但首先建立计算机化口语语料库的是辛克莱，他采纳了弗斯的另一条建议——做搭配研究(参见 Sinclair，1966)。多年以后，当辛克莱基于 COBUILD 语料库的经验做回顾时，他写道："1961年决心建立会话语料库是我做过的最幸运的决定之一。"(Sinclair，1991：16)如今任何致力于对语言的词汇语法做出总体描述的语料库若未包括会话语料都难以立足。克里斯蒂安·麦蒂森(Christian Matthiessen)基于包含口语与书面语变体的语料库发展出了"基于语篇的框架"，即通过对语法中不同特征的量化研究来揭示语域变异在概然率上的变化特征。他的策略包括建立一个被部分分析过的语篇的语料库，并让它能根据持续进行的观察与理解进行修正。我一直觉得这类语法上的概然率，无论是整体性还是局部性的，都对"语言的本质是什么以及语言如何工作"的研究具有根本意义。

第 2 章
意义研究：适用语言学发凡（2008）[①]

1

今晚我在此处的任务是启动。我是语法学家，因而情不自禁地观察到动词"启动"（launch）是一个物质过程，一个"施效"的过程（也就是说，有两个参与者，即动作者与目标），其中动作者为人，目标为人造物，即用以穿越水体的人造物（一艘船）。下水启动过程在于把船从其建造场所转移到其工作场所，即从陆地转移到水上——这与两栖动物不同。两栖动物出生于水上而后移居到陆地，而船建造于陆地而后转移到水上，因而必须经历下水启动过程。但是如果我们说英格兰女王启动了一艘新豪华邮轮的下水过程，她可能做了某些物质性动作，比如把一瓶香槟扔向了这艘船；但她没有真的去推这艘船，或者说，她没有以物质性的方式去推这艘船，而是以符号性的方式去推它。她说了一些话——做了某些表意活动——而这成为这艘船下水启动的开始。因而对船而言，启动也可以是一个符号过程而非物质过程；这与启动一个中心就相差不远了，而这正是我现在要做的事。我以这种有些迂回的方式启动了我的讲话，这是因为意义的力量，即意义为符号活动带来重要结果的潜能，正是我们整个事业所追寻的目标。

---

① 首次发表于：卫真道（编）（2008），《语境中的意义》（*Meaning in Context*），伦敦和纽约：孔蒂努出版社，第 7—23 页。

此中心以本人姓氏命名，我感到十分局促不安，因为我感觉我配不上如此殊荣——但我也感到十分高兴，因为中心的创立者卫真道(Jonathan J. Webster)为其设定的目标与我一直努力遵循的原则十分吻合，即追求我所谓的"适用"语言学——这是一套综合的、理论强大的语言模型，且由于其综合性和强大性，它能用以解决现代社会中必须以某种方式与语言打交道的各类人群所一直面临的各种问题，包括研究问题和实践问题。

各位受卫真道之邀前来参加中心启动仪式的同事们都怀抱共同的使命：认真研究语言以发现语言在人类生活的各个领域中所扮演的关键角色。正如大家所注意到的，此次集会未被称为大会，而是名为研讨会。大会上我们把可能互不相识的——往往真的互不相识的——参会者聚集在一起，针对某个共同话题进行讨论交流。研讨会则把熟识的学者聚集在一起，就任何他们感兴趣的话题进行讨论交流——这意味着会有各种各样的不同话题。与陌生人交流需要花费格外多的时间，每个参与交流者都需要花费很多精力来确立其身份并附以凭证。我们无需如此；我们大部分人都已经彼此熟识，可以直接进入正题。我们源自多样的背景，包括不同的语言文化背景、不同的学术与学科背景、不同的思想观念背景，我们有不同的信仰体系与思维模式，甚至在两者之间进行转换的方式也不同。但我们相互尊重，并都对语言作为完成任务和解决问题的关键因素而心怀敬意。此外我们都深信必须建构语言理论以便从事语言工作并认真研究语言。或许我应该再加上一点，用我最喜爱的一位作家普里斯特利(J. B. Priestley)的话来说就是"认真而不拘谨"。我们中间有一位诗人，唐爱文(Edwin Thumboo)，我们可以向他请教来确认这点。

参加此次研讨会的学者们并非用不同路径来达成共同目标，而是采用相同路径来达成各不相同的目标。我们的焦点是主题性而非学科性的。我要如何来描述我们的共同主题呢？我认为，大家可以从语法角度来考虑事情——因为语法是意义的数学。如果这种说法听起来有些晦涩难懂，那么"从事语言工作"意味着你在面对某个特定任务时——可能是管理与传递信息、准备科学与技术课程、诊断医学疾病或者思考信仰冲突的根源——可以说"这是个语言问题；如果要理解或者干预这个问题，我需要把语言作为我的工作领域"。这意味着我们不是把语言当作处理某些其他事情的次要渠道,而是把它当作我们主要的表意资源,当作获得文化、审美、宗教体验,进行认知与学习,建构个人与社会身份并进行互动,以及维持身心健康和幸福的主要表意资源。所有这一切所隐含的原则在于语言是人类整体进化与个体发展的基本条件——因为语言是人类大脑的本质属性。

我想出于同样的整体考虑,我们也会想让其他人意识到通过语言来做事的重要性。但这里有个问题。在学校学习的过程中,你学习了很多语言技能,可能还学习了多门语言,但你没有学习关于语言的知识——你没有去研究语言学。于是多数成年人——我说的是受过教育的成年人,包括我们自己的同事,他们或许在其学科中已成为方家或者知识源泉——但对语言的印象大概还是小学三年级时老师传授的那样。碰巧我们中的一位同事吉奥夫·威廉姆斯(Geoff Williams)就曾在小学教育低年级阶段当过教师,并和其他教师一起工作过。他们给孩子们传授了一些语言学知识(为什么不传授呢? 毕竟孩子们已经在学习数学了),目睹了从六七岁开始,孩子们对语法的理解可以达到多么高的水平——有趣的是,随着年龄增长,似乎学习语法的难度也增加了,就像学习语言本身的难度也增加了一样。但是多数人从未接触过对语言的严肃讨论;因而虽然我们数学或物理学界的同事可以谈论"宇宙弦之快速振荡与极限规模云环所产生的局部引力"(the localized gravitational attraction exerted by rapidly oscillating and extremely massive cloud loops of cosmic string),会计师也可以举办"营业现金流非正常应计异象增加之证据"(evidence of the abnormal accrual anomaly incremental to operating cash flows)方面的研讨会,但如果我们谈到任何诸如"从属关系""非定谓小句"等复杂得令人生畏的概念时,我们会被赶下台,并被告知要剔除这些术语。

如今科学家不得不学习如何简化其语言,学习如何用外行人的话来描述他们自己及他们的学科所要谈论的话题。但能在多大程度上不加曲解地简化是有限制的。语言并不简单;语言的复杂性就是人类大脑的复杂性,假装语言比其实际情况要更为简单对任何人都毫无裨益。理论也不简单。理论意味着使聚焦深度远离能被直接感知的事物,并使用虚拟实体作为思维工具。任何"语言智能应用研究"都必须建立在对人类语言的本质、功能以及时空组织的理论化理解之上。

2

我必须从作为应用科学的语言学视角来看待语言，并对语言的某些属性做些评论。我已经引入了一个陌生术语"语法学"，但这只是为了避免歧义。我们十分一致地把"语言"与"语言研究"区分开来，并把语言研究称为"语言学"。但我们却用"语法"(grammar)这个词来同时指称作为研究对象的"语法"以及"语法研究"，这引起了很大混乱。汉语区分语言与语言学，也区分——或者说能够区分——语法与语法学。所以"grammatics"等于语法学，即语法研究。每个人都学习语法，因为语法是语言的中央处理器。语言学家也学习语法学，这正是那些孩子被证实能够学会的东西。这些孩子不仅能够学会语法学，也十分喜欢学习语法学，而且能够把它用作思维工具——这是结果导向教育的极好例子。

我必须把自己对语言的观察与对本中心关注点的讨论相结合，并特别顾及此次研讨会的参与者的兴趣所在。我将从对语言的一点观察开始。语言是一个符号系统，一个意义系统；不仅如此，语言还是一个意义创造系统，即意义表达或者"语义发生"系统。意义并非排列储存于某个地方，比如我们内部的心智或者外部的真实世界中的某个地方，等着我们去表达；它们是以语言的形式被创造出来的。（意义也许必须等待着被表述出来；但此时它们已经从语言中产生了。）我们的所有应用都可能以这样或那样的方式与语言的表意功能相关联。

许多人类活动领域都有工作待完成，而语言在其中占据着重要地位。其中有些领域数十年来一直属于应用语言学的研究范畴。我就以其中的两个领域，即语言教育与翻译作为开端来展开讨论。我将在汉语和英语两门相关语言持续相互接触的语境中展开讨论。

汉语和英语是世界上两门最为庞大的语言，但其庞大的体现各不相同。汉语拥有迄今为止数量最大的母语使用者：如果只计算普通话，其母语使用者约9亿；英语和西班牙语的排名紧随其后，这两门语言各自的母语使用者人数不会超过汉语总数的三分之一。但英语使用者人数最多，包括母语与非母语使用者;你无法计算其实际人数,但估计在 10 亿到 20 亿之间。英语是一门世界语言;它是国际性的,也是全球性的,被用于商务金融、旅游贸易、外交以及电子通信的各个层次。参与此次研讨会的应该会有"世界英语"研究的权威领军学者(用他自我介绍的话来说)——布拉吉·卡赫鲁(Braj Kachru),他为我们提供了理论基础来理解现代世界的社会政治条件中语言拓展疆域的过程以及与之相伴的符号力量。

作为国际语言,英语只是众多国际语言中的一门:我们可以算入阿拉伯语、马来-印度尼西亚语、印地-乌尔都语、斯瓦希里语、俄语、德语、法语、西班牙语、葡萄牙语——当然还有汉语普通话。但作为全球语言,至少在当前,英语独一无二:它是唯一的全球语言。但英语不会一直是唯一的全球语言,因为尽管日本人很早就在技术和世界贸易中取得了主导地位,他们却并未采取任何措施来使其语言国际化——如果说有任何措施的话,那这个措施实际上是积极阻止这类情况发生。中国人与此不同,他们正朝此方向努力:我听说中国政府最近宣布要建立一百所新学院——我想其名称将会是孔子学院——来教外国人学习汉语。各层次政府部门也开始关注汉语与英语相接触的关键领域。后者或许对我们来说较为陌生,因而我先谈谈后者。

中国生产数量巨大的以英语写就的材料,这些材料涉及从官方文件到公众告示再到包装标签、旅游手册等社会生活的各个层面。几乎所有材料都是从汉语翻译过来的——有的材料即使没有汉语原文,也是由中国人用英语写好的,背后承载着中国的意义。许多材料的英语质量低劣,或者难以理解,或者十分古怪,或者兼而有之。人们经常认为这是由词汇语法(句法和/或词汇)错误导致的;这类错误确实存在,还有一些印刷上的低级错误。但真正的问题在于整个措辞,甚至在于语义层面。以下是从地方旅游手册上节选的两个例子:

> Temple of Sunshine Stone，originally named "Lotus Temple"，is one of four famous temples in Xiamen. As a matter of fact，this temple is a rock cave. Its ceiling is made of rock and，therefore，it is also called "one piece of tile".

日光岩寺原名"莲花庵"，是厦门四大名寺之一。实际上这个寺庙是一处岩洞。其洞顶由岩石构成，因而也被称为"一片瓦"。

Gulang Island Concert Hall was built in 1984. The design of the hall is so good that at every seat music can be heard.

鼓浪屿音乐厅建于 1984 年。厅内设计十分巧妙，以至于每个座位都能听到音乐。

我将以上例子译为质量低劣的汉语来给大家感受一下其效果。

通常大家相信语言之间的区别在于语法和词汇，但它们表达的意义是一样的。这种观念在某种程度上把顺序颠倒了。诚然，不同语言的词汇各不相同；汉语和英语的语法及其句法结构实际上十分相似。两门语言的区别更多地体现于它们构建意义的方式。正如我所说，语言是表意系统；不同的语言能以不同的方式表达意义。这在科技语篇中造成的差异很小，因为科技的意义往往具有普遍性；但文化遗迹与旅游指南的语言可变性要大得多。无论这些错误的源头是什么，其效果都是灾难性的：其语言对本欲呈现的文化价值造成了破坏。埃里克·斯坦纳（Erich Steiner）也出席了本次研讨会，他是翻译理论的领军专家，其专业领域之一就是特定语域的翻译，也就是说，研究语类整体匹配的问题——比如文化遗迹英语与文化遗迹汉语的匹配。通常把英语用于中国此类语境中就犯了语域错误。在这个领域我们需要开展大量研究，比如研究汉语的语类变异、不同翻译语境中可接受度的限制、对等类型及其优先级等等，所有这些问题本中心都可以研究。

我再来谈前面提到的另一个话题，即教外国人学汉语的问题。在过去几十年中，对许多人来说，"应用语言学"就意味着对外英语教学（Teaching English to Speakers of Other Languages，TESOL），即面向非母语者的英语教学；如今我在《卫报周刊》上看到美国人说他们"极度需要"普通话，饱含极度热情的措辞（以及相同的"极度"用词）和苏联人 1958 年（原文如此）发射 sputnik（卫星）之后所用的措辞一样；我们也会需要 ChiSOL（Chinese for Speakers of Other Languages），即面向非母语者的汉语。我感觉这恐怕也会成为一个灾难性领域。先前我儿子在澳大利亚一所中学里学了两年汉语,但纯粹是浪费时间,不是因为老师不好,而是因为教学大纲不好;这导致除华裔学生外的其他学生都无法学好,而华裔学生此前已经熟知汉语的表意方式了。我自己也曾教说英语的人学习汉语,这是我的第一份职业;我要说的是如果学生想从一开始就学习汉字,那么许多问题就会出现了。在应付文字前,你必须先熟知这门语言,就像孩子的学习方式一样。中国孩子在开始学习汉字时已经在熟练使用汉语了,因而对外国学习者来说也应该这样。正如半个世纪前瑞恰兹所说,多数语言学习者都无法在一无所知的情况下同时处理该语言的形、音、义。

以我先作为学生而后作为教师的经验来说,学习汉字的时间越往后推则学习者表现越好。假设你在教一个为期三年的学习班,如果在时间过半后才开始教汉字,那么在三年期限结束时,与那些从一开始就要学习汉字的人相比,这些学习者不仅会学到更多语言技能,而且会认识更多汉字。一旦你语言交流流畅了,识字将不再是一个难题;但是如果交流不够流畅,你就难以学会汉字,而且更严重的是,汉字会阻碍语言技能的学习。

诚然,成人初学者需要书写,因而可以给他们提供拼写本。拼音会有所帮助,但需要标上重音;改良的拼音也许会更好,但我自己从未教过;最好用的是赵元任的"国语罗马字",其冗余度正好符合注音体系实际所需。拼音完美地适合于其设计初衷,即供中国人在中国用作注音系统。但拼音缺乏冗余度,在未标注声调使用拼音时尤其如此,其区分度太小,对外国学习者用处不大。悲哀的是,我很怀疑国语罗马字现在是否会被重新启用;如果我要开办一所汉语学校,我会使用这套注音体系。

对于青少年或者成年初学者来说,无论学习何种语言,他们都会发现最难跟上的老师是那些训练不够的母语使用者老师;这类老师对于外国学习者面临的问题毫无概念,而且可能受困于附加于语言的错误观点。这些错误观点往往会阻碍有效的语言教学。中国人在教其母语时有两个类似问题需要克服,即学会把语言与其书写体系相分离,并抛弃认为汉语独一无二的观念。诚然,汉语是独特的,因为任何语言都是独特的;但汉语并不比任何其他语言更为独特——普通话是东亚语言的典型样本,正如英语是西欧语言的典型样本。无论是否用汉字写下来,汉语还是汉语;汉字正好适合汉语是因为汉字词素不怎么变异——同理汉字也适合越南语,只是后来被越南语放弃了；但汉字不怎么适合日语（日语中的汉语借词除外），但日本人依旧欣然使用汉字。语言与其书写体系之间并无内在联系；世界上的多数书写体系都是借用而来的，并且历经多次修正后才发展成当前的形式，传播到当前的区域。

作为今天的汉语老师，我至少想要以下资源：第一，编辑和标注好的汉语口语语料库；第二，多重注音工具；第三，囊括不同语类的已标注的语篇语料库；第四，为外国学习者编写的字典和同义词词典；第五，师生通用的汉语参考语法；第六，包含不同地方口音的汉语口语录音材料；第七，汉字学习游戏（类似多年前我自己基于老旧的《幸福家庭》英语游戏卡设计的那种游戏）。如果想要在世界范围内进行汉语教学，以上要求应该是合情合理的。

3

以上谈到的两个领域，即英汉之间的翻译与语言教学，都需要进行英汉比较研究，从而使两门语言建立密切关系。我自己作为语法学家的工作始于汉语描写研究；更重要的是，系统功能语言学已在中国广泛传播，并被应用于描述现代汉语语法的许多方面。与此相关的领军学者中有四位今天也与我们一起出席了本次研讨会：北京大学的胡壮麟，他最先通过汉语研究为我们开辟了这条道路，并筹建了中国功能语言学研究会；清华大学的方琰，她将于 2008 年在清华大学组织召开第 35 届国际系统功能语言学大会〔此会在非正式场合被称为"系统功能奥林匹克"（Systemic Olympics）大会，详细情况请咨询方教授！〕；复旦大学的朱永生，他与胡教授一起撰写了最早的汉语版系统功能语言学概论；中山大学的黄国文，他领导的功能语言学研究所与本中心紧密联系，以便在研究与应用方面开展可能的合作。本次研讨会方琰和朱永生的论文都从系统功能视角论及汉语的体范畴，而黄国文与王瑾共同署名的论文则基于功能变体及其社会语言学语境来研究汉英语码转换。

语言学众多潜在应用领域背后隐藏的是语言研究的核心领域，特别是描写、比较、类型以及翻译研究；这些研究领域如今越来越依赖于以可计算形式呈现的大量数据——计算机化的语料库，以及计算语言学的方法论。英语与汉语都得到了详细描写，因而相关的语料库数据已经可以使用或正变得可以使用——但总是有更多工作需要去做，特别是对自然口语的描写，因为多数创造性或多数新表意潜势的创造往往都发生于自然口语中。同时仍然有许多工作有待完成，从而使语料库变得对语法学家更为友好。虽然最早的语料库被认为是语法研究的资源，但是单词检索比语法结构检索要容易得多，因而语料库发展成了词汇学家的工具，而语法学家不得不以具体单词的形式来提出问题并希望这些单词的检索能引导他们找到相关信息的来源。语法学家需要借助语料库来达成许许多多的目的：研究语法的量化模型、研究基于语类的语法变异、研究处于句法与词汇界面地带的系统等等。我希望本中心能够推动计算机往表意机器的方向发展。

我会在讲话结尾处再谈及此问题。但此处我要特意提及的是，我们中的许多同事很长时间以来在各种研究项目中一直采用计算方法来处理意义。本中心的卫真道主任采用中国香港法典平行语篇开展了一个基于实例的英汉翻译研究项目。约翰·贝特曼（John Bateman）曾花数年时间参与了日本京都帝国大学（现京都大学）的一个计算语言学项目。麦考瑞大学的麦蒂森与其同事吴灿中合作开发了英语与汉语版的多语比较与语篇生成方法，并与新南威尔士大学的照屋一博（Teruya, K.）合作，把日语也纳入此研究框架中。克里斯蒂安·麦蒂森还开发了一个"语篇概要"（Text Profiling）系统来给从语篇选出的语法特征绘图，从而能从语法频率的角度来描述一门语言中不同功能变体的特征。大约是从20世纪80年代开始，随着"五代"计算机的出现，计算机开始成为一个重要的研究工具来帮助我们找出更多的语言特征。以可计算形式呈现的两个大型系统功能语法模型也始于那个时期，包括威廉·曼恩（William Mann）主持的南加利福尼亚大学的彭曼（PENMAN）项目，克里斯蒂安·麦蒂森作为语言学顾问专家参与其中；以及福赛特在位于威尔士的卡迪夫大学开展的科米纳尔（COMMUNAL）项目。正是这些项目经历，使得系统功能语言学在随后的语言技术发展中占据了一席之地。

4

我所谈到的这些活动——语言教学、翻译、自然语言处理——如今都是我们所熟悉的应用语言学的领域,也是系统功能语言学得以发展的部分语境。我们说本中心将关注"智能"应用并不意味着所有这些前面的研究都是非智能的。对我来说,这意味着我们从这些经历中得到的启示是,你必须先有一个理论才能把它应用于实践中。在各种应用背后必须要有一套逻辑连贯的知识体系——但是出于同样的原因,这套知识体系也会被应用的结果所塑造、修正和发展。

那么什么是系统? 什么是功能? 什么是语言学? 研究语言学意味着去描写各种语言并建立语言理论,即以理论术语去解释语言。如果你从事功能语言学研究,这意味着你的解释是功能性的;但功能本身是一个复杂的概念。在最抽象的层次上,语言的本质与组织——语言的"架构",或者(从动态视角来说)其城镇规划与交通流量——通过参考语言所发展起来并服务于人类生活的最概括的功能来解释,更具体一点说就是语法内部的各种详细运作原理通过它们之间功能上的相互依赖与相互影响来解释。如果你从事系统功能语言学研究,这或许还意味着另外三件事情:第一,这些概括性的功能被理论化为"元功能",成为各不相同的表意模式,其中每种模式都对语言的整体结构做出自己的贡献,就像交响乐团中不同类型的乐器一样;第二,潜在的语言模型是"系统的"(systemic),表现为许多相互关联的系统组成的系统网络,这些系统共同定义了语言的表意潜势(即被视为一个资源库而非一套规则的语言);第三,语言具有逐步层次化的组织形式,其中的秩序关系表现为符号性的体现关系,而不是物质的、物理的因果关系,即语言的各个"层次"以价值与标记而非原因与结果的方式相关联。最后一点我将在后面再讨论。

正如任何其他领域一样,这样一套语言理论并非在出现时就已经是成品;它是逐渐演化而来的,得益于各方声音的贡献。当然它还会继续演化。作为能够帮助我们理解语言本质及其运作方式的抽象概念系统,它是一套科学的理论;而且随着新挑战的出现,它总是处于压力之下,比如正在描写的新语言,源于已描写语言的新语料库数据,在新应用中的新发现,特别是在语言技术应用中的新发现等等。对我来说,一套理论总是意味着一套策略工具,一套解决问题的机制,一套行动指南。我所谓的"适用"理论是能从应用经验中学习总结的理论(或者说我们从应用经验中学习总结,因为我们无法把它当作能自主学习的机制来使用)。比如在语言技术中,自 20 世纪 70 年代初维诺格拉德(Winograd)对系统语法进行改编以来,系统语法已经在语篇生成中使用了很长时间,而且我们从曼恩和麦蒂森、约翰·贝特曼以及罗宾·福赛特开发的系统中收获颇丰。最近,本次研讨会的发言人之一乔恩·帕特里克(Jon Patrick)把系统语法应用于文档分类领域,其项目初衷是识别贴在网页上的欺诈性赚钱计划,或者说"骗局"。该项目获得的积极成果还为拓展此类应用提供了新方法,或许可以纳入语法中更为复杂的系统中,包括马丁和彼得·怀特提出的"评价"人际系统。约翰·贝特曼注意到此方法的一个缺陷——这本身也是一个理论问题——组合体的表征或语言结构的分析根本无法实现自动化以执行所要求的任务。他说,这个问题"超出了所提供的语言资源的能力范围"。他或许是对的——他通常都是对的,但我想起两件早年的事,那时我被告知我的语法无法计算,而这肯定是错了。其中之一是 1956 年,当时我在分析一篇分别用英语、汉语和意大利语写成的语篇以用于剑桥大学的一个机器翻译项目;另一件事发生于 20 世纪 60 年代末,当时我在写一个系统网络来生成英语的动词形式。在下一代计算机出现之后,两件事中的这个问题似乎都不复存在了。期待这个问题会再次出现是毫无道理的。

在埃里克·斯坦纳的项目中,语法被用来处理翻译理论中的问题。大家注意到至少在某些语域中,译者往往把译文表达得比原文更为明晰:他们会把论证中的某些缺漏和含义补充进来。我们说译文更明晰时所用的标准是什么呢?明晰化过程中出现了哪些语言步骤呢?在这类计算研究中,比如在乔恩·帕特里克和约翰·贝特曼的研究中,我们在词汇语法和语义之间来回穿梭。实际上当我们研究意义时经常这么做;虽然在理论上我们意识到它们属于不同语言层次,但在使用理论时我们似乎并不把它们截然分开。

　　用何种方式、在多大程度上、在何处——甚至是否应该——把语义与词汇语法表征为不同层次一直是个问题。词汇语法把意义进行内部组织，使其成为一个自我调节的范畴系统；语义则把意义组织成为词汇语法与外部世界的界面——这个外部世界即人类经验与社会关系的生态社会环境。罗宾·福赛特一直是一位系统功能理论的领军思想家，他未把两者看作不同层次，而是把其区分映射到系统与结构的区分上，把语义学简化为语法中更为抽象的方面。但他的视角主要是句法性的，而我在面对语言整体的复杂性时需要把两者分开。有各种理由让你不得不把描写变得更为"厚实"：第一，是为了解释意义是在这两个层次上的不同系统空间中组织的，马丁和麦蒂森称之为"类型"与"拓扑"空间；第二，是为了解释所涉及的这两种不同类型、不同量级的结构；第三，或许最为重要的是为了处理隐喻，隐喻在所有表意策略中使用最为广泛（朱永生在本次研讨会的论文中谈到了这个问题）。隐喻是语义和词汇语法间的交叉耦合（先是解耦合，而后在不同的序列中再次耦合）；它是植入于语言架构中的基本特征，是马丁所谓的"层次张力"的伴随物。

　　意义研究的核心问题正是韩茹凯所强调的问题。在其早期对语言和言语艺术（关注语言如何获得极高的价值，比如在文学中）的研究中，以及观察母亲与学龄前儿童的对话以发现日常互动所蕴含的学习模式的大型研究项目中，韩茹凯不得不特别关注语境中的语义建构，包括语篇中必须建构的语境里面的语义建构，比如在文学作品中的语义建构；还包括在语言使用情景所"赋予"的语境之中的语义建构，比如婴幼儿时期的语言发展与运用中的语义建构。使用语言时——包括儿童不假思索的语言听说行为——人们以十分复杂的意义模型来运作，正如韩茹凯在其语义网络中所呈现的那样；但人们在有意识水平上所接收的意义概念过于简单与贫乏（因而"语义"表达的意思与它对功能语言学家来说所能表达的意思正好相反）。

　　韩茹凯强调语言智能应用研究往往要求对意义建模。克里斯蒂安·麦蒂森解释了这个要求是如何导致人工智能研究中"意义基块"的发展取代"知识基块"的。从每次都必须提供新概念清单和新语法描写的十分独特、专用的专家系统，发展到能适应涉及语言技术的各种任务的大规模可输出系统，这种取代是根本的一步。

正如麦蒂森明确所述，此类系统依赖于一套统一的"元理论"，即一套用以语言建模的元语言理论。这不可能是一个"合成语码"，即在折中主义的旗帜下点滴知识的拼凑物——虽然它经常声称自己是已摆脱了理论束缚的"常识"，但它其实往往反映了远低于我们的常识性知识所蕴含的认知水平。这个元理论将会提供——将会要求——一种对语言的综合视野：此种视野正如语言自身，能经常调整其视角与焦距，也会时常更新其与生活的联系、更新其表意潜势。

5

科学理论是相互联系的意义的系统——"符号系统"——其中的论据都是仅存在于符号层面的虚拟现象、虚拟过程和虚拟实体。它们的存在得益于语法隐喻资源；就像我们在"the conducting capacity depends on the width of the channel"（其导电能力取决于导电电路的宽度）中所看到的一样，其中所有动作和事件都被转化成或者都依赖于名词，比如 conducting（导电）、capacity（能力）、width（宽度），而所有事件之间的逻辑关系转化成了动词，比如 depends on（取决于）。所谓的"能力"是虚拟的事物；它不存在于物质世界中，但在理论的虚拟世界中是坚实、可靠的。

一种语言同样也是一个符号系统：它并非像物理系统一样由物质组成，而是由意义组成。语言是进化而来的系统：它并非由人类设计而来，虽然人们常常试图通过设计去对它加以干预。语言在人类中与人类大脑一起进化，就像高级意识所采用的形式一样。它是一个高度复杂的系统，涉及社会的、生物的以及物理的组织形式；它在社会生活语境中习得和使用，经由听说器官在大脑中以生物方式进行加工，显现为声波在空气中传播的物理过程。许多时候它蛰伏于我们的有意识注意水平之下。

一种语言也是一套理论。每种语言的词汇语法都是一套人类经验的理论，即一种组织与解释自然世界与我们自我意识的内部世界的方式。同时它也是对我们人际关系的一种演绎。人类大脑的复杂性源自我们与物质环境之间以及我们彼此之间关系的日益增长的复杂性，也是其中的一个方面；

于是，作为大脑进化的一部分，语言产生了。

在执行其任务（一项或多项）的进程中，即识解人类经验和演绎社会过程的进程中，语言进化出了许多特征。语言是非决定性的——它的范畴是模糊的，而不是清晰界定的。语言是概然性的——它通过趋向性而非确定性来运作。语言是不可量化的——虽然它的某些特征可以通过"信息"的形式测量，但其多数特征无法测量。语言充满了互补性——充满了一对对矛盾性的编码方式，要深刻理解其所表达的意思，就需要把矛盾双方都考虑进去。语言还是层次化的，被分成一系列的组织平面或"层次"。用术语来说，这些层次包括语义层、词汇语法层、音系层和语音层，即意义层、措辞层以及语音上的两个表达层。有些语言还有文字模式的表达层，体现为书写。但书写是次要的，在历史进程中只进化了两三次，而且正如我所说，语言与其文字脚本（script）之间没有内在的联系——多数语言的文字脚本是无数次借入与顺应的结果。

语言各个层次之间的关系十分复杂，但其中有一个连续的脉络，即体现关系。物理过程，即那些例示物理系统的过程发生于时间维度上，因而可以用因果关系来解释。符号过程与此不同；它们的显现当然也是物理的，因而处于特定的时间或空间中：口语在时间上展开，而书写过程在空间中进行。但符号过程的内部秩序并非基于时空关系，而是基于体现关系。意义体现为措辞，而措辞体现为语音或文字。其中每个步骤都是价值与标记的配对，或者用符号学术语来说，是"所指"与"能指"的配对。

由于人类生来就具有在几乎任何发生（或者未发生）的事情中寻找意义的能力，任何现象都可被视为符号的，就像医生把高烧视为流感的标记或者症候一样。流感并未引起发热；流感只是被显现或者说体现为发热。用语言学术语来说，流感是意义，是一套理论中的一个术语，一套人类身体状况理论中的一个术语。有了此种概念适配，本中心就可以顺利地与医学专家合作——特别是在病理显现为语言紊乱的情况下，比如失语症或阿尔兹海默症。

与语言紧密相关的还有其他一些符号系统，那些与语言一起在语篇构型中发挥"多模态"作用的符号系统，即各种类型的视觉图像，也可看作各种形式的视觉艺术。这些符号系统有时被认为独立于语言，但多数时间它们寄生于语言之上，就像胡壮麟分析过的 PowerPoint 报告一样。所有创造和接收此类图像的人同时也是语言使用者。所以虽然地图、平面图、示意图、图形、表格、曲线图等视觉辅助手段可以呈现未用语言表达的信息，即与措辞表示的信息互补，但语篇融合现象总是出现在语义层中，也就是说，在语言的意义系统中而非意义系统外。因而整体语篇可用语言学理论来解释——如果本中心意欲研究旅游指南、文化展示等遗迹性话语，这将是一个关键因素。

实际上体现性系统的问题处于语言智能应用研究的核心位置。大卫·巴特在本次研讨会提交的论文中谈到了这个问题。他指出此类系统的生命力，并强调除了我们的"系统思维"这个复杂性理论与管理的关键词，我们还需要认识到我们所处理的许多系统实际上是体现性系统。大卫·巴特和克里斯蒂安·麦蒂森两人在麦考瑞大学的社会生活中的语言研究中心（Centre for Language in Social Life）一直从事"系统安全"领域的研究。他们仔细考察了保健服务以及航空安全规程中的崩溃现象，发现在具有高度符号风险的某个点，系统易发生故障，其中的关键因素是"信息"——从系统功能的视角来说，即意义——的管理与传递。

6

换句话说，系统故障常常是语言故障——意义流动与反馈故障。那么我们是否可以说成功也常常是语言上的成功呢？意义被识解与交流，并被转化为适当的行动。我们应当能以此种方式来思考学习问题。如果学习取得成功，那么学习者的表意潜势得到了扩展，新的意义与原有意义融为一体（或许原有意义需要加以重组）；这些新资源会受到质疑，甚至挑战，而学习结果则依据某种成功标准加以判定。在日常学习中——常识性学习中——学习者通常自己管理其意义搜寻过程，并且自己判定结果成功与否；当这出现问题的时候——如果他们学习失败了我们会有巨大麻烦的时候——我们给学习者提供训练：我们为他们管理好意义，并由我们当裁判来评判他们的成败。与常识性知识不同，教育知识必须能被测评。

　　因而教育中"学习结果"的测评，无论是针对教学法的测评还是针对结果有效性的测评，都依赖于对所涉意义的分析意识。学生要想能加工所获得的知识，能把知识捡起来为己所用，能用所学知识来思考问题，就必须能够从语篇中读取意义。为此他必须把体现关系链延伸到语言之外，把处于语义界面另一边的语境考虑进来。此外他还必须能够同时从两端看问题，能够控制两种视角，即认识到语篇既是语境的体现，也在识解语境，换言之，他必须能使用语言来学习。吉奥夫·威廉姆斯考虑把语言的整体设计或者说架构明确地告诉学习者，作为供学习之用的"抽象工具包"的一部分。他考虑的是小学阶段，但或许我们可以在大学教育阶段也提出同样的问题。

　　系统功能理论一直关心的一个问题是把体现范围拓展到语言的核心层之外，从而把我的老师弗斯所谓的语言的"外部关系"也纳入此理论范围之中。为了理解语言实例，即作为语篇的语言，我们引入了情景语境，其中语篇扮演了一定角色。为了理解语言潜势，即作为系统的语言，我们引入了文化语境这个概念。文化语境不仅指语言进化所处的传统文化环境，也指定义了现代社区文化的各种相互交织的领域。要对意义进行计算，在意义基块之外还必须有语境表征。

　　曾任职于东京工业大学的菅野道夫（Michio Sugeno）是模糊计算的开拓者，也是"智能计算"的开拓者，智能计算是他对词汇计算的拓展和贡献。他多年的研究成果在实际领域中有着从模糊洗衣机到自动化公交系统等的众多应用。最近五年他在东京脑科学研究院任职，在基于语言的智能系统实验室中主持一个项目，项目名为"基于语言的大脑生成方法研究"。他采用系统功能模型，以可计算形式建构了一个措辞基块、一个意义基块以及一个"语境基块"，并将其作为研究人类大脑的本质与功用的方法。在我看来，菅野对词汇计算的解释实际上是意义计算。他认为如果当今计算机要进一步发展，就必须学会像人类一样思考。我把这种思维方式称为"语法性思考"，但本意是与"逻辑性思考"对比；实际上人们并非通过措辞而是通过意义来记忆、存储与推理。意义被识解为措辞的形式，意义正是以这种形式在社会生活中得到交流的。

　　研究意义使我们深入人类大脑，同时也把我们带到外在的人类社会，带到现代世界里从不停歇、变化无常的意义之中。唐爱文研究了卡赫鲁所谓的"外围圈"国家中的英语传播,其中英语已经融入这些国家的区域和地方文化之中;他在名为《没有所指的能指》的演讲中提到语言"变得中性化……缺乏浓重文化背景带来的活力和身份"(我想再加一点:缺乏绵延不绝的婴儿潮的洗礼)。我强烈感觉此处我想要区分国际与全球,区分"国际英语"与"全球英语"。作为英国英语北部变体的母语使用者,我十分清楚我已失去了自己的语境根基;这主要是因为我已变老,我的孩童时代早已不复存在。但英语已经把新的意义带到了它的故乡。由于本土英语的意义与印度、非洲、东南亚以及其他地方英语的意义之间的相互影响,英语通过类似隐喻的另外一个交叉耦合过程已经创造出了新的意义。国际化确实使其表意潜势得以扩展——虽然很少有人能像唐爱文一样掌握那么多的表意潜势。

全球化似乎与此不同。一方面全球化语言发现自己受制于大玩家群体,包括银行家、商业主管以及他们的经理人、说客、广告商等,即虚拟世界中的意义经纪人;在此虚拟世界中没有人在做任何事情,只有各种抽象事物,比如愿景、目标、结果、现金流、股东价值最大化、打赢反恐战争等。另一方面是小玩家组成的大众群体,他们使用英语,通过计算机和移动电话相互传递信息。这是一种完全不同的语体,灵活多变而且充满人际关系——但往往易被前一种语体的主导性意义所侵蚀。如今英语正面临此种情景,接下来也许就是汉语。毫无疑问,汉语能接纳所有这些新意义,而且已经容纳了足够多的新意义使其能参与全球化——虽然此类汉语话语尚未像英语一样完全被归化。我们已经看到了普通话在中国的多语与多言地区广泛传播,但这几乎没有影响到其表意方式;但是当汉语开始变得全球化时,它将会被再次语义化(resemanticized)。中国人将不得不适应他们的语言被外国人使用——被外国人拙劣使用的情况。

7

中文、翻译与语言学系是本中心的理想诞生地。它把中文、翻译与语言学的教学与研究项目相结合,而且其隔壁就是英语系。海外来访者也许无从感受此环境的不同寻常之处。中国有数不清的中文系和英语系,也有不少翻译系,但在语言学这个重要领域几乎没有独立建系。其语言教学未参考任何普通语言学理论或世界语言概况。据我所知,即使在中国香港,本大学之外的其他大学也只有一个语言学系,即香港大学语言学系。"汉语语言学"在中文系教,而"英语语言学"在英语系教;各门语言设置都自成一家,好像除此之外没有其他语言存在;其结果是语言描写也变得"扁平化"。我们可以把中国的情况与印度相比;在印度几乎所有主流大学都开设了语言学系,其中各门语言以及语言本体在其知识结构中都占有一席之地。

因而对我来说,在这样一个融合了中文、翻译与语言学的环境中工作是一种荣幸,此种环境中的一切都有助于本中心的成长。我十分庆幸自己能够一直将自己的学术生涯投入于意义研究之中——研究意义的各种不同解读,也庆幸自己能够一直投身于识解措辞的不懈奋斗之中,并由此理解措辞并与他人一起探讨措辞。多年前我写了一本探讨幼儿语言的书——《学习如何表意》(*Learning How to Mean*)。此书被翻译成一门或两门其他语言,但译者总是抱怨说书名无法翻译,因为在他们的语言里找不到与 learning how to mean 对等的说法。我要指出的是在英语里你也不能这么说;但我要表达这个意思,所以我就这么说了。为什么他们不能也同样这么做呢?译者可以阐释说明,就像埃里克·斯坦纳所展示的那样;但译者似乎认为他们未被允许进行创新,即使是为了与原文一致也不行。

一个经常出现的问题是如何通过措辞使你的意义首先让自己明白;但更大的问题是接下来如何使这些意义让别人理解。我通常更关注普通人提出的关于语言的问题,而很少关注语言学家提出的问题;这类普通人的问题从来就不容易找到答案——如果容易找到的话,他们就不会提出这类问题了;但至少这些问题本身还挺清晰,因为它们面向实际困难,而且还存在评价答案的标准,即是否有助于解决困难。如果答案无济于事,你只需放弃,或者反馈给工作坊进行设计优化。我曾经认为我的"基于级阶的翻译"(translation at ranks)是机器翻译的合理工作模型,但再也没有其他人持相同观点,于是十分遗憾,我放弃了。显然这不是一个好主意。这个想法不够清晰,无法进行检验或者加以讨论。

　　我在想是什么使我们的努力付出变得值得。我想到了三个因素,随后意识到它们都可以归纳为一个指导原则,即兼容并蓄原则。我不禁再次从语法角度来思考,因为这三个因素分别是概念、人际和语篇。其概念方面就是我所谓的综合性。我们努力去聚焦语言整体,包括意义与表达、系统与语篇、儿童与成人、地方与全球、反映与动作等各方面;这意味着在努力解决问题时你可以绕到背后去看这个问题,就像刚学会爬行的婴儿一样,你可以不断变换视角来看看自己的想法是否合理。其人际方面在于认识到邀请大家在各个水平层面上进行研讨的重要性,并使大家在此意义群体中感到自在——我总是要求会议组织者做到这点,因为初次参会者十分容易感到迷茫。其语篇方面在于信息共享,组织研讨可以使个体与群体参会者保持联系,并使其发现研讨的主题来源和信息焦点,以便在持续的思想交流中有所收获。

　　这是否意味着我们所有人都必须以英语进行交流,把英语作为学术活动的全球语言呢? 我希望并非如此。我常常鼓励同事们以其母语进行交谈和写作,尤其是当他们在谈或写有关其母语的问题时,从而使得(举例来说)汉语词汇语法研究论文的交流版本以汉语写就。我们中国的同事确实经常以汉语写论文,这有益于本领域的发展,因为这些文章能被不擅长英语的中国学者轻松读懂。但这也使得这些研究无法让不懂汉语的外国学者读懂。这个问题确实需要解决,或许可以通过把中国的功能语言学研究以英语或多语汇编的形式来解决;这也适用于以其他语言写就的研究论文。其中某些工作,比如摘要写作,如今完全可以实现自动化。

　　同时我对现在这样的学术聚会也十分喜欢;我们之中有着相同出发点但不同方向的意义研究者可以走到一起交流属于我们自己的意义,既彼此相互交流,也与其他感兴趣的各方交流。十分感谢卫真道把一切安排妥当,从而使本次研讨会得以顺利进行——也感谢香港城市大学及其代表前来参会并提供大力支持。期待在接下来的两天半时间里,参加本次启动仪式的各位嘉宾前来聆听各位发言人的发言,或者与他们就本中心的动议进行交流。谢谢大家。

第 3 章
论语篇与话语，信息与意义(2011)[①]

1. 语篇，话语与话语分析

1)

　　本章始于我个人历史的点滴，从我作为语法学家的角度来阐述我们日常生活中所体验的语言如何逐渐被引入语言理论的视域之中，而这又如何与我们生活的世界——无论我们把这个世界视为"知识社会""信息时代""数字时代"，还是资本主义全球危机时代——发生关联。作为语言学家，我们对于塑造着我们自身环境的话语提出了什么样的问题？

　　不久前有人问我"话语"和"语篇"这两个术语的问题：它们是否是一回事？如果不是，我如何加以区分？我回答说，它们指称相同的实体，但采用的视角有所差别。"语篇"被视为语言过程的话语(因而"语篇"是语言的"片段")，而"话语"被视为社会文化过程的语篇(因而"话语"是语言的"种类")(参见 Halliday，2008：77-78)。这意味着"话语"可能指不小于最小长度的语篇；此外，任何一段措辞都可能选用其中一个术语来指称。

　　在 20 世纪的欧美主流语言学界中，除了那些在文体学旗帜下把文学语篇作为语言现象来研究的(少部分)学者外，语篇并未被视为理论研究的对象。布拉格学派的语言学家重视语篇，在一定程度上视其为俄罗斯"形式主

---

　　① 选自《选择与语篇群》(*Choice and Text Group*)，南丹麦大学语言与传播研究所，丹麦欧登塞，2011 年 10 月 5 日。

义学者"的遗产;弗斯几乎是唯一把语篇作为其主要语言研究对象的理论语言学家。乔姆斯基派的结构主义语言学家认为我们这些努力去传承和发展弗斯这个观点的学者"囿于数据"从而对我们不屑一顾;在他们的方案里,语篇在语言的理论研究中没有立足之地。

2)

亚诺士·佩托伊(Janos Petöi)、托恩·范戴克(Teun van Dijk)等新生代学者力图把语篇引入研究视野,他们把其研究称为"语篇语言学"(text linguistics)研究。这在英语中往往被写作一个单词,仿照了德语中的Textlinguistik,因为早期的提议多数来自德国或者说德语的语言学家。借助"语篇语言学"之名,这些学者赋予它作为语言学[或者应用语言学——这已获得国际应用语言学学会(AILA)的承认]中独立学科的地位,但它仍然处于语言学的总体知识领域之中。到20世纪80年代,"语篇语言学"这个术语被"话语语言学"取代,1985年多位学者共同署名、托恩·范戴克编辑出版的论文集就冠以《话语分析手册》(1985)之名。

早期的话语语言学研究,包括范戴克自己的研究,都以形式句法为基础。但"话语分析"这个术语并不包含"语言学"一词;它宣称自己独立于语言学(那时默认是形式语言学),为语篇研究建立独立的学科地位。这种做法或多或少与"后结构主义"思潮的影响相一致——后结构主义是后现代主义的一种形式,提倡不计代价地避免"一统"。数据被视为有益,而一般理论则有害。这种反理论的观点被吸收到人文学科的其他领域中,比如民族方法论学者的研究中(参见 Martin,1993)。话语分析不再委身于语言学,而在语用学中找到了归属,雅各布·梅伊(Jakob Mey)所创办的著名的《语用学杂志》中也提到了这一点。在此大环境下,话语分析与关联、连贯、恰切、礼貌以及其他诸如此类的概念性框架的研究联系在一起。

3)

实际上《语用学杂志》把其研究领域定义为"语言学的语用学"(linguistic pragmatics),声称"通过为语言实践研究提供可能的理论基础,本杂志为拓展我们对人类互动的形式、功能、基础的认识提供了有益帮助";

该杂志还"努力缩小语言学与邻近学科"之间的距离。话语分析屹立于语言研究的七大（"以及其他"）领域之中——其中一个领域便是"普通语言学"。

人们对语用学与语言学之间的关系讨论众多，其中常问的一个问题是：它们是属于不同的独立学科，还是其中一个学科隶属于另一学科？雅各布·梅伊在为《语用学杂志》组建编委会时，诚挚邀请我加入编委会。我谢绝了邀请，因为我不确定语用学的研究目的何在。语用学难道不是关于语篇实例的语义学吗？如今许多研究内容显然可以归入这两门学科——无论是语言学还是语用学，即使两者所涵盖的话题有许多重合。话语分析在两门学科中的地位都十分显著。

话语显然可以从许多不同视角来分析。但在我看来，对话语的语言学分析是把语篇与语言系统相关联的分析——所用术语应该部分源自语篇所说或所写语言的词汇语法（至少是词汇语法）里的一般性语言学描述。这将给语篇的意义研究带来新视角。此视角区别于另一种视角，即只对作为研究对象本身的语篇加以评论而无视其背后的潜势——无视语篇本来可以去选但却没有选择的选项。

2. 作为变异的话语

1)

话语由语言建构，更具体地说，话语是语言的"实例"。我们谈论"书面话语"和"口头话语"，因而话语由作为措辞的语言构成，即由在词汇语法层呈现而使听话者能够以语音或书写形式所理解的语言构成。除了书面话语与口头话语这两个明显的区分，显然还有许多变异存在于不同的"话语类型"之间——话语类型是具有一定共同特征的语篇实例的集合。

我们把所熟知的此种变异称为"语域"，把其描述为"基于使用的变异"，从而有别于方言，方言是"基于使用者的变异"（Halliday et al.，1964）。在语域变异中，变异是对词汇语法某个或某些区域的概然率重置，以便使话语与所处语境中的某些方面相协调。我们可以想到一些明显的例子，比如祈使语气在教导性或程序性语篇中出现频率较高。但多数变异更为微妙、更为复杂，涉及不同特征组成的特征群——比如此处我们需要把祈使语气与某些具体的过程类型相结合（Matthiessen，2006，2010）。"话语语类"（discourse genre）这个术语暗示具有特定语篇结构——即从"普遍结构潜势"中做出某种选择[Hasan，1985b(1989)，1985c(1989)；Martin，2009]——的话语类型。许多其他术语也被用来对语篇进行分类，比如"活动类型"，其中的焦点是场景，特别是工作面试、法庭审理等机构性场景（Sarangi，2000）。

2)

第三种话语变异与语域或方言无关，而与故去的巴希尔·伯恩斯坦（Basil Bernstein）所谓的"语码"有关，并被拓展为"社会语言学的编码变异"[Bernstein，1971；Hasan，1973(2004)]。这种意义上的语码是与社会中各种区别性的"团体"（fellowships）（Firth，1950）相关联的话语-语义风格，比如乡民与市民的风格往往各不相同，年轻一代与年长一代的风格也各有差异。韩茹凯对这类变异进行了广泛研究，结果显示与语域及方言不同，语码是语义层上的变异。[1]韩茹凯与其同事卡梅尔·克洛兰研究了澳大利亚一个城市的家庭中母亲与孩子之间对话所显示的语义变异；她们对 22 000 个小句进行语义分析并使用统计工具来统计其方差，在话语的语义框架中的两个独立变量上发现了显著差异。其中一个变量是家庭的社会地位——工人家庭还是中产家庭；另一变量是儿童的性别——母亲和女儿之间的对话与母亲和儿子之间的对话有很大不同（Hasan，2009a）。

3)

正如指称各种主要学术运动的统称术语往往会经历的过程一样，"话语"这个术语的范围也逐渐扩大，超越了其原初意义而囊括语言之外其他符号模态的资源。有些资源比如表格、示意图、数字、曲线图等被纳入书面话语的语义流中，作为对措辞语篇的增补或互补；其他资源比如各种地图、平面图和图表则独立发挥作用。包含这类元素的语篇被称为"多模态语篇"，一般来说其中的非语言成分也用语言形式来解释（Baldry & Thibault，2006；Bateman，2008）。

至于其他所谓的模态比如图像，以及各种艺术形式比如绘画与音乐，我们需要一个更为明确的术语，比如"多符号性"(multisemiotic)(Matthiessen，2010)来指称。这些模态在某个时刻也许可以用语言来描述，但无法用措辞来解释或来体现。它们是不同符号系统的显现而与语言没有同位义(isosemantic)关系，需要根据其自身实际来建构理论。这并非说我们不能把语言学理论作为工具来研究它们；系统功能理论已被证明是分析和解释其他符号系统的强大资源。冈瑟·克雷斯(Gunther Kress)和范鲁文(van Leeuwen)的《解读图像》(1996)已经成为此领域中的经典。迈克尔·奥图尔(Michael O'Toole)的大作《展示艺术的语言》(1994)对绘画、建筑与雕塑做了精彩阐释，且现在已经有了新修订版(2001)，其中也借用了层次化、级、元功能等系统范畴，由此提出了一个根本性问题，即语言的功能理论能在多大程度上作为视觉艺术理论的基础。至于音乐，我们倾向于认为它与语言相差更远，但或许这是因为我们一直被迫把各种描写简化为书面语模态，即使在描写口头语言时也不例外。音乐的语义发生在与语言不同的视角；但范鲁文(van Leeuwen，1999)、麦克唐纳德(McDonald，2003)等对语言与音乐都谙熟的学者已经证明我们也可以对两者之间的关系进行富有成效的探讨。

3. 特殊话语?

1)

我们是否应该把话语分析从根本上视为适用于所有话语变体的同质性分析过程呢？我想答案必定是"应该如此"。至少一开始，如果话语分析的要旨就是把语篇与语言系统相关联，而不是不以系统为参照，只将某个语篇与其他语篇进行比较，那么无论语篇自身的本质与所属变体是怎样的，这个过程都是同质的。

在文体学的语境下自然而然就产生了这样一个问题：对于文学语篇我们是否需要一种特殊的分析方式？我给出的答案是"不需要"。英语文学用英语写就——这是其被称为英语文学的原因所在。同样,丹麦文学用丹麦语写就。所有的文学作品都是由作家的母语写就的,即使是以具有高度个人色彩的形式写就的作品也不例外——想想《芬尼根的觉醒》,虽然其风格特立独行,但其意义显然扎根于英语之中。我们分析一部文学作品时首先要把其当作语言上可理解的语篇来对待,即将其放在语言学的范畴体系中来分析,而不是以某种为此目的而专门设计的深奥概念为基础来分析。

话虽如此,但这并不意味着文学语篇就没有自己的独特特征。诚然某些文学语类有其独特的手法,但其他非文学语类也有其独特手法。言语艺术作品的区别性特征在于其语义的"二重表达"(double articulation)。文学研究者或多或少地认为这个特征是理所当然的。韩茹凯认为这是语言的一般理论的一部分,她提出文学语篇中有一个"符号表达"(symbolic articulation)层,该层表现为由词汇语法体现的语义选择模型;在此"上面"还有一个"主题"层,即更为深刻、抽象的主题或复合主题,表现为由符号表达所体现的语篇的蛰伏语义[Hasan,1985b(1989)]。因而虽然文学本身不要求有任何特殊的词汇语法分析技巧,但文学文体学确实在整体话语研究领域占有独特地位。

2)

同样,一般来说某个语篇获得文学地位并非由于其词汇语法存在某些特殊之处。然而在某些语类中,尤其是在更具诗性的语类中,盛行的隐喻——传统意义上的隐喻,即词汇隐喻——可以作为一类指示特征,表明这类语篇中的措辞及一致式意义的理解不能仅停留于表面,毕竟这是隐喻的要义所在。进一步来说,这也许意味着语法隐喻也可能负载着此类隐含信息(Halliday,2004b)。[2]

语法隐喻是科学语篇的标志性特征,而科学语篇以明晰的方式把人类经验理论化;此处同样存在特别之处。在某些方面,科学语篇(或许我们可以与言语艺术相类比而称之为"言语科学")确实与文学有相似之处,即在语义上科学语篇也存在类似的解释层("二重表达"层)。这并非说"符号表达"层之上有一个"主题"层,而是在"符号表达"层上有一个"理论"层。语言艺术与语言科学都致力于对人类经验进行更为抽象的识解,但经由不同路线——由人类大脑进化出来的不同思维策略——来实现。在已知的人类话语历史中,这两股思维潮流经常相互交融。[3]

3)

隐喻性话语往往获得很高的地位:它有些异乎寻常,远离常识性语言;隐喻及拥护隐喻之人在社会中的角色也具有某种特殊价值。语法隐喻尤其如此,而且又被模仿于其他话语语境之中。媒体中的广告人与舆论导向专家以哗众取宠之辞向顾客推销其产品;权力部门的官僚及其代理机构也利用科学话语的形式(尤其是语法隐喻)来宣示地位、行使控制权。我在其他著述中举了许多此类例子来说明虽然在科学语篇中语法隐喻能发挥某些具体的话语功能——建构语义高度浓缩的技术概念体系、逐步建立复杂的理性思辨序列——但在官僚语篇中其没有发挥任何语义功能;其发挥的仅仅是传递权威与地位的社会-政治功能(Halliday & Martin,1993;Halliday,2004b,尤其是第 4 章)。

4. 话语的权力与权力的话语

1)

话语分析的一个显著趋势(可能会使其区别于语篇分析的趋势)是,许多从事话语研究的学者在从事话语研究时都采用某个特定视角,对所选语篇抱有特定态度,对其作为话语分析者的任务持有特定观念。用时髦的话来说,他们有自己的打算。

此趋势从语篇的选择中可以看到,这些被选语篇常常表现出特定的社会-政治立场,比如种族主义、殖民主义或对某个先前或者当下话题的偏颇态度,而分析者对此持有异议。如果分析者从语篇中截取能彰显所欲分析的目标特征的部分内容,而不考虑此类特征在整体语篇中具有多大程度的典型性,这种做法可以变得具有误导性——虽然我们可以辩称这些特征的存在本身(比如性别歧视性的评论或者称谓)就揭示了作者或许未能承认的偏见。也许更严重的问题是,可能分析者只选取那些能支撑其论点的词汇语法特征。特别是如果分析仅仅以词汇选择为基础而忽略词汇在语法上的类联接的话,这就更成问题。

如果说话语分析常常带着某种有待证明的强烈信念,其原因或许是在过去几十年中人们更清楚地意识到语言的说服、欺骗以及各种形式的控制力量。诚然,原则上这已为大家所熟知,比如有许多久负盛誉的传统被用来训练律师为案件进行辩论、训练逻辑学家进行争辩、训练宗教导师和牧师来塑造人们的信仰。但直到20世纪,说服性语言的潜力才在政治与商业两个相关领域中展现得淋漓尽致:这首先体现在政治宣传中,其次体现在商业广告中。当然,两者都受益于大众传媒技术的发展。

2)

隐藏的语言权力离被操纵者甚至操纵者有多远?这个问题涉及两方面,一个是物质方面,另一个是符号方面。通信工程师发现不久前他们可以把消息以阈下方式投射到屏幕上,即使其强度低得和/或时间短得观察者都没意识到看见了该消息。我不知道这些技术已被证实的效果如何,也不知道它们在多大程度上在继续被使用。但更为重要的还是符号成分,即日复一日给我们提供的话语选择和表征。也许至少对身处澳大利亚的人来说,最明显的是那些作为"新闻"来播报的事件的选择。在电视网络上这取决于"什么是好的电视节目"——这意味着选择战争、凶杀、性丑闻、自然灾害、哭泣的受害者及其家属的特写镜头、体育等事件。往往一整版所谓的国内和国际新闻快报都由这些素材组成,而语篇只发挥微不足道的作用。

更为隐晦的是那些由福克斯新闻(Fox News)、有线电视新闻网(CNN)等电台和滚动新闻频道以语篇形式传播的带有偏见性的事件观点。这些媒体渠道成了当今公司资本主义的喉舌,其话语在政治上具有强烈的右翼色彩,在经济上则具有天真的市场驱动色彩。许多我们所谓的自由媒体,实际上只由两个财团控制,给我们提供换汤不换药的扭曲性话语,意图通过精心设计来潜移默化地说服人们相信除了这些话语给我们识解的"现实"之外,再也没有其他可见的现实了。

对"精心设计"一词需要谨慎对待。这类话语通常不是在有意识操纵的意义上被精心设计的——我们可以说,它并不是密谋策划的。然而在话语过程中进行密谋策划完全有可能。对我们欧洲人来说,最熟悉的例子是纳粹德国的话语,即蓄意编造出来以塑造纳粹主义价值观和意识形态的话语(Klemperer,2000)。据我所知,公司资本主义话语并没有经过如此有意的精心制作——这正是对其加以识别和抵制要难得多的原因。[4]

3)

当今时代的一个显著特征是话语研究中出现了"批评"性研究方法。"批评"这个词最早见于 20 世纪 70 年代末罗杰·福勒(Roger Fowler)和冈瑟·克雷斯在著作中对"批评语言学"(以及语言批评学)的阐述(Fowler,1982,1986;Kress & Hodge,1979),并在诺曼·费尔克劳(Norman Fairclough)对"批评话语分析"(Critical Discourse Analysis,CDA)的介绍中为人所熟知(Fairclough,1989)。"批评"一词此处具有多重含义,但却清晰地表明了通过仔细考察语篇以揭示其隐含的意识形态这种研究方法,而且似乎(或者通常被认为)暗示所揭示的东西以某种方式对社会构成危害——这导致威多森(Widdowson,2000:155)把它描述为"去发现不轨企图",也使得马丁(Martin,2004)提出反对意见而要发展"积极话语分析"。费尔克劳(Fairclough,2000)的研究极好地体现于他揭示了托尼·布莱尔(Tony Blair)领导的英国工党政府如何在"新工党"的幌子下巧妙利用语言资源。

费尔克劳、莉莉·乔利亚拉基(Lily Chouliaraki)等其他 CDA 范式的学者常常把他们的研究与功能语言学的范畴相关联,有时明确地与我们的系统功能语法相关联。但系统功能理论被更充分地应用于其他研究中,这些研究未冠以"批评"之名,而是以对语篇的词汇语法做细致分析为基础,比如安娜贝拉·卢金对新闻报道语域的研究(Lukin,2010;参考 Lukin et al.,2004)。

5. 信息社会

1)

我们现在身居何处呢? 我们被告知正生活于"信息社会",其中机械时代已被信息时代取代。必须承认,这是带有几分愤世嫉俗的后现代主义夸张之词。但显然当今的生活,至少在"地球村"中的某些地方,主要是由信息系统和信息技术为我们管理的。事情出错时总是被归因于"信息故障":不是机械故障,而是信息未能准确传递给需要访问信息的那些人或者未能被他们注意到。信息的可信度仅仅局限于信息的获取者和使用者。

信息是什么?很明显,对我们语言学家来说,信息由语言构成。信息能以许多形式编码和传递,也许最显著的是数学方式;但它最终总是能被简化为语言——作为语篇的语言,即话语。确实能吗?所有信息都能以自然语言的词汇语法来表达吗?诚然任何一套符号都能被赋予某种解读,比如英国学童常常学习(或者过去常常学习)背诵二次方程式的求解公式,即"方程式 $ax^2+bx+c=0$ 可以用 $[-b\pm\sqrt{(b^2-4ac)}]/2a$ 来解"。但我们能赋予它一个可用语言表达的意义吗?也就是说,我们能用非数学的语言表达方式来解释它吗?与其说信息由语言构成,即信息总是能以有意义的语言来表达,或许我们应该说信息由意义构成。

2)

另外一个用来描述我们当前状况的词是"数字时代",这个词或许尤其适用于信息技术环境(Wilsdon,2001:第 5 章)。据说我们中的 10% 左右,即那些"年长者",或许会被排除于信息时代之外。我自己就属于那 10%,我不仅年长,而且有数字障碍。但是否所有信息都是数字化的?或者至少可以被数字化?也许源自物理科学的观点会说可以——所有信息都可量化,可用字节来测量。这是否适用于语言呢?在表达层,即语音层与音系层(或者他们的书写形式)这也许可以,至少可以想象。但对于内容层呢?我十分怀疑。

我在其他地方(Halliday,2005b)曾经说过许多信息无法测量,并建议"信息"一词仅用来指代可以测量的那部分意义。信息技术——或者所有整体上囊括于"信息时代"的事物——都属于可以测量的部分吗?那些剩下的不能测量的部分又是什么?

我们可以宣称所有书面语篇无可避免都是数字的,因而一旦语言被写下，所有话语也随之数字化了。但是正如我们所知，语言中很大一部分意义从未被写下，包括语调、响度、节奏、音质、音色等所有特征；数量再多的类似表情符号的图形方式也无法记录所有这些信息。

　　3)

　　如果我们以元功能视角来看这个问题，可以发现"信息"偏重概念元功能而忽略人际元功能：这不仅是因为信息常常以书面形式表达，而且因为只有概念意义才被赋予了信息的地位。人际部分虽然对意义表达具有根本作用，但在信息和通信技术中未被公认或被重视。

　　这也许有助于解释某些高度技术化的文化中对概念意义统治地位的"反叛"。如今文学领域存在一种虚构历史的时尚，即围绕真实人物和事件编造虚构故事，模糊历史与虚幻之间的界限并编织人际冲突与情感的网络。语言学界则出现了评价研究的时尚——马丁选择此有利时机来展现他针对此人际意义的重要领域所提出的丰富而充满洞察力的见解，而如今任何话语研究领域的研究生论文都可能关注态度评价或个人介入的某个方面。这种"抗拒"公认的信息暴政的"反叛"之举引领我们通往意义的人际领域。

　　4)

　　与概念意义中较为数字化的系统相比，人际意义往往属于模拟系统。信息可以为真或为假；我们并不期待其完全为真或部分为真。错误信息也是信息，是不为真的信息；此外也有虚假信息，即那些故意插入交际渠道中的假信息。于是在意欲控制和阻止虚假信息流的人与那些力图技高一筹的人之间，以及在意图利用虚假信息实施犯罪行为的人与努力阻止此类行为的人之间，产生了螺旋式的竞争关系。传播虚假信息比揭露虚假信息要容易得多，正如马克·吐温所说："在真相尚未穿好靴子前，谎言就能传遍全世界。"

　　在话语中人们喜欢维持概念意义与人际意义之间的平衡；语法正是以此方式进化而来的，而这也是系统功能语言学的语言描述所隐含的原则（Halliday，2005：尤其是第 9 至 11 章）。在人类符号系统中，意义起源于概念与人际两者之间的相互作用,即对我们的"现实"加以识解的概念意义与对我们的社会生活加以演绎的人际意义之间的相互作用。从这个观点来看,"信息"有所偏向,这正如那些图像符号从语言手中接过任务来告诉我们如何组装家具和设备,或者如何在机场迷路时找到出路(有时这些符号还被饰以表示微笑或者皱眉的图画文字;但这只是在我们丰富的人际交流之外所补充的一些粗略漫画)一样。

6. 话 语 与 技 术

1)

人类大脑发明了计算机。因而大脑本身与计算机没有相似之处这件事并不奇怪;正如 20 年前埃德尔曼(Edelman,1992)所说:"大脑与丛林更相似。"正如特伦斯·迪肯(Terrence Deacon)所证明的,人类语言与人类大脑共同进化(Deacon,1997)。但既然计算机已经存在,如果它们能被训练,从而用来处理话语,那也大有裨益。

机器翻译的前景在最初的计算时期就被提出来了;1956 年我有幸受邀加入了剑桥大学的一个小组,小组由一位哲学家领导,小组成员还包括一名数学统计学家和一名遗传学家,大家致力于研究用计算机完成或辅助完成由一门语言到另一语言的翻译工作是否可行。我们的实验语篇是一篇关于杂交的短文,包括英语、意大利语与汉语三个版本。我们并未求助计算机,但对以可计算的形式表征话语这个问题进行了饶有兴趣的交流(Leon,2000)。[5]

到 20 世纪 80 年代,计算机已发展到能被语言学家用作工具进行语言研究的程度。除中国之外的其他地方机器翻译已经过时(原文如此);时髦的是计算语言学,然后是自然语言处理,包括语篇生成与分析(后者为人所知的名称是"解析")。系统功能语言学在其中一些尝试中发挥了重要作用,这些尝试中有两个大型项目:曼恩和麦蒂森在南加利福尼亚大学开展的彭曼项目,以及罗宾·福赛特在威尔士的卡迪夫大学开展的杰内斯(GENESYS)项目。两个项目都围绕系统网络来组织,且两者的后续项目至今仍然十分活跃(Mann & Matthiessen,1985;Fawcett & Tucker,1990)。

2)

与此同时,计算机在话语研究中的角色完全发生了改变;如今没人会在缺乏计算机辅助的情况下考虑开展话语研究。最为深远的影响体现在语料库研究中,其中计算机使得记录和处理无限多数量的口语与书面语篇成为可能,以至于如今语言学家拥有足够数据来支撑统计性的分析方法(Wu,2009)。这为用概然率方式描述语言开辟了道路——虽然在自动检索语法范畴实例方面仍然存在许多问题,而语料库对话语语法学家也还不够友好。

总体来看把话语研究融入理论语言学的道路已经打通了[参见Matthiessen,2006;也可参见麦蒂森(Matthiessen,2005)基于语篇的语言比较与类型研究]。也有证据表明基于计算机的话语分析在应用语言学各领域中的有效性,比如马尔科姆·库尔撒德(Malcolm Coulthard)对剽窃的研究(Coulthard,2000),以及乔恩·帕特里克所报告的自动语篇分类研究(Patrick,2008)。在后一项研究中,澳大利亚证券投资委员会设立了一项名为"骗局识别"(Scamseek)的项目来识别欺诈性语篇或者"骗局"(scam)语篇;研究者在识别"欺诈性"语义动机方面达到了很高的准确率,他们把从系统功能分析与传统计算方法中遴选的网络相结合,从而建立起语篇的语义和结构框架。

这项研究十分有趣,因为它展示了一种现在看来仍然不同寻常的合作方式,其中语言学家与其他专家——此处是计算机科学家——携手解决一个外部机构给他们提出的问题(也可参见 Butt,出版中)。许多计算机科学研究部门几十年来一直潜心于语言工作却从未听取语言学家的建议(甚至从未听说过语言学家),而许多语言学家与他们也无任何关联(但有些语言学家与他们有关联)。虽然语言学家很长时间以来一直都在开展与机器翻译直接或间接有关的项目,商业公司却在没有任何语言(或翻译)专业知识的情况下,通过试错法——发现可行的方法并不断累积——来开发并推出其畅销产品。他们的软件虽然远未达到理想水平,但确实常常能生成可接受的结果。我想,未来话语研究的应用(我所谓的"适用语言学"也涉及以这样或那样的方式来处理话语)可能采取合作模式,由语言学家、软件工程师和其他领域的专家共同参与进来。

7. 结　　语

当今意义与认知的本质正在发生变化。困扰我们的意义总量时刻都在增长,以至于我们面临着"信息过载"这个熟悉的问题,并越来越倾向于把责任交付给他人,比如交给技术专家和咨询专家来为我们"管理"信息(降低其专业程度),以及交给媒体人来为我们"编辑"信息(审查信息)。在学术界我们想要生存则不得不发表论文;因而文章写得越来越多,但被阅读的文章却变得越来越少。

意义的质量也在发生变化。我这里并非指好坏意义上的质量——这是一个主观判断的问题;我指的是意义是如何被创造和传递的。意义逐渐趋于模块化,它以小块打包的形式出现,而各教育层次的老师都发现学习者的注意力持续时间变得越来越短。学校的学生被告知要去思考,但却未被告知如何去找到需要思考的事情;大学院系被告知要打破学科界限从而变得"跨学科"——如果是指重新思考知识结构的话,这将会是一个意义非凡的目标,但这件事很容易以否认知识具有任何结构而告终。

作为一个以进化视角或者意义创造的个体发展视角来看待意义的语法学家,你会发现这种熟悉的发展过程,即每个结构都从开始具有使能性继而变成具有约束性的过程,是符号结构的典型特征。比如,在文学语类的进化中这个过程十分常见;在其他话语模式中我们也可预见类似过程。人类的自然反应或许是革命性的,即简单地摧毁现有结构并等待新的结构出现(但试图通过"精心设计"来创造新结构的努力往往令人十分失望)。这可能需要很长时间,而当下的问题在于我们常常发现自己时间仓促。

我们在政治和经济结构中看到这种使能与约束现象时会欣然接受,但这在社会结构中或许就有些勉强了。那么对于符号结构,即各种表意方式及与之相伴的话语模式,情况又如何呢?此处我们需要的是关于意义的一般理论——语言学家一直为之奋斗,但往往未能(像索绪尔一样)意识到这点。这种一般性的符号理论现在也已成为其他科学家之所需,或许尤为物理学家和进化生物学家所需(Davies & Gregersen,2010)。许多科学领域已牵涉其中,但语言学应该在此事业中处于中心地位。我们准备好引领这次对话了吗?

注释

[1] 其区别在于高级常量的本质。原则上来说,方言是在词汇语法和/或音系等形式层的变异,而语义则是高级常量;语域是在词汇语法与语义上的变异,没有高级常量。因而方言是做相同事情的不同方式,而语域是做不同事情的各种方式。此外,语码是在语义层上的变异,其中高级常量是"语境"。在韩茹凯的大规模研究中,语境表现为母亲与儿童互动的各种时刻,比如备餐与用餐之时,共同完成某项共享任务时,或者洗澡及准备睡觉时。

[2] 当一个学生被要求解释"make hay while the sun shines"(抓紧时机做事)这句话的意思时,如果他回答"create dry grass while the orb of day sheds its effulgence"(趁白日散出光辉时晒制干草),那么说明他未能认识到其中作为隐喻特征的语义重配。

[3] 欧洲文学的代表作之一是卢克莱修(Lucretius)的长篇五步诗《论事物的本质》。其中卢克莱修提到伊壁鸠鲁(Epicurus)关于物质本质的原子说。他还提出不再需要神仙。另一位具有科学精神的诗人丁尼生(Tennyson)在其所作的名为《卢克莱修》的诗中写道:"神仙啊,神仙! 若万物皆为原子,原子性的神仙怎会不可溶解,不循伟大法则?"卢克莱修的诗已经失传数个世纪,直到被一位博学的意大利僧侣在一座中世纪修道院中发现。

[4] 数年前我写过一篇文章指出我们的"解决"性语法使我们倾向于认为自己(我们人类)与其他生物不同甚至相冲突。毫无疑问,我们的语法以此种方式识解我们的经验在过去曾有助于我们生存。如今由于惊人的人口增长和无所不能的技术,关于人类与环境的此种观念变得对两者都有害。(这是说明符号系统从具有使能性变得具有约束性的另一个例子。)

[5] 但我无法说服我的同事以聚合体的方式来思考我们的语言,即用选择而非链接的方式来思考,或者至少尝试同时呈现两个轴。

第 4 章
为何我们需要理解语言规律(2011)^①

本章为"跨越边界:语言研究在学术界与其他领域的影响"的会议所作。会议由一个国际性的研究生团体发起,在贝尔法斯特女王大学召开。随着我们步入(或者说被告知已步入)新的"信息时代",知识不断被重构,跨界在当今也变得十分时髦。但我感觉"语言研究的影响"这个话题更引人注目,因为此话题我以前从未遇到过,所以觉得将其用作会议主题极具想法与前瞻性。事实证明确实如此。

从本质上来说我是一个语法学家,这要感谢我在中国的老师王力先生早年对我进行的短暂的深度训练。我认为语法是语言之语义发生的动力源泉,此处我所谓的语法不是指句法,而是指融为一体的词汇语法层。但从本质上来说我也是一个普通语言学家,就像王力先生以及我的另一位老师——伦敦大学普通语言学系的弗斯教授一样。如今我们很少听到"普通语言学"这个词;这个学科已经变得过于专业化。然而语言存在于各个地方,包括学术界以及其他领域;因而至少为了跟上语言发展的步伐,或者引导语言顺利发挥作用,语言学也必须无处不在。大学的当权者从来不知道应把语言学置于什么地位——语言学与他们的公司化管理体制格格不入。或许正如有人在贝尔法斯特所做的提议那样,语言学应该在大学的每个学院中作为一种特色与韵律存在。

本章面向的不是专业的语言学家,而是那些对语言——以及语言研

---

① 宣读于第一届跨学科语言学大会(Interdisciplinary Linguistics Conference,ILinC),英国贝尔法斯特女王大学,2011 年 10 月 14 日至 15 日。

究——作为人类知识之基础的根本意义抱有兴趣的人。这确实预设着某种普通语言学理论，但此理论是韩茹凯(Hasan，2007)所谓的"外向型"(exotropic)理论，即它不由研究对象定义，而是由研究对象(此处即语言)在事情中发挥的重要角色来定义。我在别处曾谈到过物理学家乔治·威廉姆斯(George Williams)所提出的观点，即我们人类生活于两个大相径庭的领域中：可用质量、热量、长度等衡量的"物质"领域，以及可用字节衡量的"信息"领域(Williams，1995；参见 Halliday，2005b)。物质领域在物理和生物科学中进行研究，某种程度上也在社会科学中进行研究；对这些科学门类加以区分的原因在于我们的物质领域由不同类型的系统构成。我们可以采取线性发展的方式对其加以排列：首先是物质系统；在此基础上加上"生命"就有了生物系统；再加上"价值"就有了社会系统。其中每一步都增加了一个新的量级形式，即引入了更多信息，从而使物质得以有序组织。

至于语言，它属于复杂度为第四量级的系统，称为符号系统。此处增加了一个新的构件，即意义构件。在符号系统中，信息取代了物质成为主要领域。人们一直反对所有社会系统都是符号性的观点。社会系统确实包含了许多信息，但其与符号系统之间还是有重要区别的。即使蜂群成员进化出了蜂舞这个符号系统，一窝蜜蜂本身并不是一个符号系统。这四类系统的区别在于物质与信息的组合方式不同，即物质与信息之间的特殊平衡方式不同，而这决定了每个系统的各自属性。

有人提出在时间肇始的大爆炸时代，信息先于物质出现(von Baeyer，2003)。[1]根据我的理解，有些粒子是没有质量的。我想有没有可能最初在物质与信息被分离出来之前它们是混沌一体的？但作为语法学家，此处我想用"意义"取代"信息"，并把这两个领域称为物质领域与意义领域。于是信息成为意义的一部分，即能被测量的那个部分，而意义领域的很大部分无法被测量——这太过依赖于观察的(概念和人际的)环境。[2]以此广义的方式来理解意义，我们发现物质和意义一从混沌之中分离出来就相互渗透：物质需要意义来组织，而意义需要物质来体现。在新生婴儿中我们可以看到类似现象的发生：在生命最早的运动中，其物质性和符号性活动不可区分。但是不久后我们就听到了(或者说其母亲听到了)婴儿作为物质性活动的哭声(但往往被理解为符号性的)与使用同样物质资源但却发展成为指向性意义活动的喊叫之间的区别。

我想强调广义的意义(即有系统之处就有意义)与狭义的意义之间的连续性。这典型地表现为后婴儿期人类语言的关键特征,但被进一步拓展以便首先囊括人类婴儿的原语言(protolanguage)[参见 Halliday,1975 (2004)],其次囊括拥有原初意识的其他物种(可能包括所有温血物种;参见 Edelman,1992)中类似的系统,以及囊括人类所发明和使用的其他符号系统(Martinec,2005;Baldry & Thibault,2006;Bateman,2008)。语言学把这种关注语言及相关系统的意义的理论称为"符号学";我们也很高兴地看到其他科学家现在也认识到需要一套关于意义的整体理论(参见 Davies & Gregersen,2010;其中此类理论被称为信息理论——此术语的误导性见下文中的讨论)。

所谓"拓展"可以通过参考作为类典型的"成人"(即后婴儿期)语言来定义。首先,婴儿的原语言是一个简单的符号系统或者说价值-标记配对系统,其中价值作为语义内容而标记为语音和/或动作表达(即语音和/或手势),这个系统中没有词汇语法层,也没有指称。这类符号系统在人类生命最早的那12到15个月中十分典型,它与人类身体一起发展,标示着身体控制的各个阶段,比如抬头、翻滚、坐起、爬行等,并在婴儿开始直立行走时逐渐被取代。我们的"成人"语言代表了进化发展中的跃进,即跃进成为埃德尔曼所谓的"高级意识"(higher-order consciousness)。语言曾被认为是"人类特有的符号系统"(比如 Wells,1967),而现在被认为与人类大脑一同进化(Deacon,1997)。

至于第二类拓展,其他物种进化出的符号系统与人类婴儿的原语言具有相同的形式特征(当然适应于它们的成年生活语境)。其他一些哺乳动物比如倭黑猩猩能适应许多人类语言的特征,至少在与人类互动时能做到[尤其是在它们开始适应时还足够年轻的情况下,比如名为坎兹(Kanzi)的倭黑猩猩;参见 Benson & Greaves,2005]。它们的成就有时通过与某一年龄段的儿童相比较来测定,但这种做法很具误导性——它们绝不是遵循与儿童类似的轨迹来发展的。作为一种无处不在的活动和思考方式——实际上是作为一种生活模式——语言毫无疑问为人类所特有。

我尚未涉及第三类拓展,因为如果我们尚未明确人类语言有哪些独有的基本特征,这类拓展难以理解。这些基本特征难以确定,因为确定这些基本特征就意味着要枚举使语言成为语言的所有复杂形式。但在我看来有两个整体特征极其突出,任何对语言与各学科及知识类型之间关系感兴趣的人都可能想对此有所了解。用术语来表述,这两个特征是"元功能"与"层次化"。语言的"元功能"不仅在于它同时是思维与活动的系统,而且在于其进化方式为这两种功能及其在话语中的显现所塑造。语言的"层次化"在于它并非一个符号清单而是价值-标记配对的演替(succession),其中一个循环中的标记也是下一个循环中的价值(这是说话者的视角;对于听话者来说,一个循环中的价值变成下一个循环中的标记)。我将分别讨论这两个特征。

认为语言同时作为活动和思维的方式(或者用更严谨的说法,作为"活动与反思的模式")来进化,意味着任何时候说任何事情时(此处"说"包括听、说、读或写),我们既在演绎人际关系中的某个时刻,也在识解人类经验的某些方面。所谓语言的"语法"(更准确地说,词汇语法)其实是把语言组织为有意义的措辞模型,而这些模型构成了我们得以演绎人际关系和识解人类经验的资源。"演绎"指我们持续不断地管理与他人的互动,包括小规模的日常交流、维持社会网络和自我身份时所发表的声明等各种互动。此时语法成为一种"实践"(praxis)形式,其中关键的进化环节是"对话"。"识解"指我们时刻都在练习和强化我们对现实的理解,不断辨识与命名各类过程和实体以及它们之间复杂的相互关系的现象范畴。此处语法是一种理论——被证明效果良好的人类经验理论——而此时关键的进化环节是"指称"。我们把第一类称为"人际"意义,第二类称为"概念"意义。

语言层次化为标记-实体的循环演替意味着它是一个"体现"系统:价值与标记之间的关系是象征关系而非因果关系——标记被视为"体现"价值。[3] 此处发生了语言进化的另一关键环节。我们可以猜想语言刚出现时的形式类似于婴儿的原语言,只有一个价值与标记(一个"内容"和一个"表达")的循环轮次,其中标记以象似性的方式与价值产生关联(比如招手示意;参见 Halliday,2004a)。在某个阶段两者相互分离了,以至于标记与价值的关联可以变成规约的(或"任意的")而非自然的。这种约束一旦被打破,系统的表意潜势就变得无穷大,只受限于人类的发音和听觉能力以及大脑容量。所有这些资源——大脑、听说器官以及语言的功能性/层次化组织——都以一揽子的方式进化。

这是符号系统与物质系统的关键区别所在：物质系统是因果性的，以原因-结果关系来组织，而符号系统是体现性的，以价值-标记关系来组织（Butt，2008）。意义与措辞、措辞与发音之间都不存在因果关系，因而也不以时间为序。当然如果我们把语言过程在计算机里建模，时间会被引入进来，即在语篇生成中意义先于声音，而在语篇解析中声音先于意义。大脑本身也是一个物质器官，它也是实时工作的。借助增强的功能磁共振成像（fMRI）技术我们也逐渐得以直接观察大脑的工作；现在这项技术已经被我闻所未闻的新技术超越了。如前所述，意义需要物质来体现。

如果去观察人们从事极度复杂的任务的情景，我们就可以理解符号系统与物质系统是多么紧密地相互交融。这种复杂性在于话语与情景语境之间时常变动的微妙关系。如果我们思考一下空中交通管制室、外科手术室、核电站等高风险环境中的工作惯例，就可以看到任务的关键在于物质与意义之间的界面，而把语言理论应用于安全管理的根本在于分析此时发挥作用的情景语境和文化模型（参见 Hasan，2009a）。如果像"瑞士乳酪"理论所预测的那样有事故发生，这些事故通常会被解释为实例故障（instantial failure），即由某个特定操作员在某个特殊时刻犯的错误所致，或者是由类似银行系统中的"流氓交易员"所致。悉尼麦考瑞大学的语言学家大卫·巴特直接观察过系列高风险外科手术。他发现不幸的事故似乎常常发生于严格的符号权力等级体系中——其中"表意权力"以某种方式受到限制；与此相关的是，事实上的体现关系（"这个现象表明了那个现象"）常常被错误地理解为因果关系（"这个现象导致了那个现象"）。在他看来，这类实例应当视为系统障碍，而对话语的分析需要语言学家把表意潜势与具体情景类型关联起来。

大约 300 年前，引领我们进入机械时代的先驱们很快就意识到机械失灵或故障时可能发生的危险，并逐步发展有效方法来预防灾难，或者至少在预防失败时对灾难加以管控。信息故障与机械故障一样危险，但迄今我们尚未学会如何辨识信息故障，更不用说对其加以预防或管控了。这是语言学家的另外一项工作，即意义管理。意义管理比物质管理要复杂得多（可以肯定的是商业管理模式在此完全不适用）。

　　我再回来谈谈把语法视为经验之理论这个观点。通过语言,我们得以识解"现实",几乎我们的所有知识都以语言来组织,几乎所有学习都在语言之中并借助语言来完成——这正是我们无法从仅有原语言的婴儿期中回忆往事的原因:这些往事尚未由语言组织起来(即我们的经验尚未以归档的模式被"符号化")。一旦我们有了语言——或者更确切地说,一旦有了词汇语法——我们所有的经验都被塑造成与之匹配的意义。大部分时间我们都未意识到这点,但在创造性的时刻,比如诗歌、游戏或者问题时刻却能意识到。比如我们思考一下英语中时空概念的建构:我们是如何把物体之间的相互关系与自己对它们的观察视角相协调的呢? 如果我在倒立时硬币从口袋掉出,它们是往上掉还是往下掉呢? 如果我倒退着走向门口,那这门口是在我前面还是后面呢? [如果使用更为现代的措辞"在我前方"(in front of me),是否会有所差异?]如果在给演员做舞台指导时,我叫他靠近一个门朝远离他的方向开的衣柜(即他面对的是衣柜门的背面),然后我说"走到衣柜后面去",他最终会走到哪里? 空间中的物体具有长度、深度、宽度、高度(虽然空间维度只有三个)。长度是水平的(一条线即使卷成球形时我们仍可以问它有多长——但或许不能问"这个线球有多少长"),但相对于我们来说它没有特定的向度。宽度意味着从左到右的延展。高度是纵向的,即"由上到下",比我们自己所处的水平线更高或者等高;否则"从上至下"就是深度,因而一座山是高的(high)而一个壶穴是深的(deep)[悬崖和树也许是高的(tall)]。深度也可以是水平的,即"从前往后",以某个潜在的观察者为参照;因而对于抽屉似的可活动容器或者山洞似的水平孔洞,"深"就有歧义(如"这些抽屉不会很深"),而且往往不能把浅作为其反义词。描述楼梯时"深"的含义或许依赖于你是在上楼梯(深=由前往后)还是下楼梯(深=由高到低)。当时间以空间的方式来识解时,它被映射于长度上(由长到短),同时还有由前往后的向度(有"前后"之分)。但这也可能有问题:如果我把研讨会的日期从 12 日周二移到 11 日周一,我是往后移了还是往前移了? 历史是从过去前行到现在,并且我们把它投射到未来;但时间是从未来流出到现在,再流向过去。在抽象和隐喻的空间中识解方位与运动时,我们对自身经验的重新解释与物质世界距离更远,最终我们会发现自己进入了一个完全符号性的世界;但此世界仍然以物质空间中的方位和运动为序——这点往往被掩盖了,因为隐喻首先在希腊语和拉丁语中发展出来并一直为严肃话语所钟爱。经济学就为空间隐喻提供了肥沃的土壤。[4]

在另一篇文章中(Halliday,2010),我试图追踪在系统性知识发展中发挥重要作用的话语中的词汇语法–语义形式以及话语策略,主要是通过语言的书面形式变得可用(且最终变得可能)并从欧洲荷马时代以来绵延不断地出现于语篇中的那些形式和策略。首先是古老史诗中发现的有关个人和事件的具体性叙事文;其中知识建构的策略是明喻,即“这个人或这件事像那个人或那件事”,这指的是一些值得记住的现象,比如一个神秘战士或者令人敬畏的宇宙奇观(Kappagoda,2005)。其次是概括化的叙事文,比如谚语中的叙事,那些形式上依然具体形象但却被理解成具有普遍意义的格言隽语。当然这两者都是书面语出现之前的语言特征。再其次是说明性话语,其中概括化变成了抽象化,总是有许多抽象名词出现,而其词汇语法也鼓励范畴转化[transcategorizing,即词类转化,比如动词转为名词,像英语中的 move:you move(你动一下,动词),your move(你的动作,名词);有时伴有形式变化如 movement]。这些范畴转化的词,特别是名词,稳步从具体词向抽象词转变(比如古希腊语的 prassein 标注为名词,原本指“人造物、人工制品”,而后演化为“完成的事、事情”)。然后,这些词可以通过隐喻策略进一步演化,从而变得不但抽象而且虚拟;此处我们可以看到语义汇合的现象,由此产生一个全新的虚拟实体,就像运动(motion)既是一个过程(就像动词 move)也是一个实体(名词的核心意义所在)。这类现象只存在于符号层,且有助于我们思考,因为它们可以分类(比如线性、轨道、抛物线等各类运动)且可以测量与比较。这使我们得以建构教育话语,由此知识得以传授给学徒与儿童,也就是说,这些知识可被教授。最后,整个话语变成隐喻性的了;这是科学理论的王国,其中整个人类经验都被重新识解,而典型的句式类似于“The rate of crack growth depends not only on the chemical environment but also on the magnitude of the applied stress”(裂痕增长的速度不仅依赖于化学环境也依赖于施加应力的强度)[参见 Halliday,1988(2004b)]。

科学知识的演化体现于科学语言的演化中。科学理论[我曾把它与言语艺术(verbal art)类比而称之为“言语科学”(verbal science)]建立在由词汇语法带来的对现实的隐喻性再识解之上,通过"语法隐喻"策略来实现,由此虚拟实体与虚拟性质一起参与到虚拟过程中,建立起复杂的理论化分类体系与缜密的论证链条。通过大众传媒,这类话语如今已经渗透于我们的日常生活中。数年前我从一本流行电视杂志中挑出了一个句子,"He also credits his former big size with much of his career success"(他也把其事业成功的很大一部分归功于其过去的大块头),换句话说,他自己也认为其事业上的成功在很大程度上是由于他过去的大块头。实际上没必要使用这种"难懂的词汇"来建构此类虚拟现实。

无论是语法意义上还是词汇意义上的隐喻都是语义与词汇语法的交叉耦合。词汇隐喻是传统意义上的隐喻,其中一个词汇项(单词或短语)在体现特定意义的过程中为另一个词汇项所取代,比如在 a cast-iron defence (有力的辩护)与 cast-iron argument(有力的辩论)中,cast-iron(铸铁的、有力的)取代了 irrefutable(无可辩驳的)。在语法隐喻中,一个语法范畴为另一个语法范畴——比如一个词类或结构单位,并且往往两者兼有——所取代;比如用"her ignorance of the rules led to her death"(她对规则的无知导致了她的死亡)来取代"she didn't know the rules, so she died"(她不懂规则,所以死了)。语法隐喻和词汇隐喻都具有语义汇合的特征(这是隐喻与明喻相区别的基础)。

言语科学(verbal science)依赖于拓展的语法隐喻,如前所述,整个话语变成了虚拟现实的建构物——一个另外的符号世界。科学理论是对人类经验的隐喻化表征。但言语艺术并不以同样的方式依赖于累积的词汇隐喻实例;相反,其整个语篇可以是一个拓展的隐喻,就像在文学研究中所看到的那样。比如丁尼生名为《悼念》(In Memoriam)的诗,其真实题目是《悼念阿瑟·哈勒姆》(In Memoriam A.H.H.-obiit MDCCCXXXIII),这可被理解为一个专题报告,讨论人类拥有的上帝之选民的特权地位何以被废黜,但却隐喻化地体现为对特定个人之死的挽歌。

迄今为止,人类理解都是通过在具体事物中不断增加概括性、抽象性以及隐喻性理解而依次发展演化的。在每一个儿童身上我们都可以追踪这个发展过程。随着儿童从原语言时期发展到成熟语言(母语)时期,他们开始(基于概括性理解)获得家庭和邻里的常识性知识,再(基于抽象性理解)获得小学阶段的教育知识,而后如果幸运的话还会(基于隐喻性理解)获得技术性的、以课程为基础的中学知识。人类个体的知识历史与人类种群的知识历史一样,都是在可能的意义模式中进行"目的性选择"的历史,而语言不断处理着我们与环境的日益复杂的关系,也使这种日益复杂的关系成为可能——同时它也处理着我们人际关系中不断增加的挑战,并使这种挑战成为可能。

与此同时,整个求知事业都处于危险中,因为如今我们正面临着对知识的整体系统与知识传播的强大攻击。以下是《纽约时报》专栏作家、《经济学原理》的作者保罗·克鲁格曼(Paul Krugman)在谈到美国的情形时所说的话:

> 现在我们不知道谁会赢得明年的总统选举。但可能在这些年中的某个年头,这个国家会发现它正处于一个极其反科学、反知识的政党领导之下。在这个充满挑战——环境的、经济的以及其他挑战——的时代,这是一个令人恐惧的前景。
>
> 《观察者》,2011 年 9 月 4 日:第 33 页

此时英国的大学费用正大幅增长,这严重限制了人们获取知识的机会;人文科学正被削减甚至取消,尽管它们不仅是重要的知识源泉,也是把其他学科融为一体的科学分支;知识被视为商品来估价,由那些能支付得起的人在市场买卖。其结果是知者(knowers)与其他人之间的差距不断扩大,这是一种符号性阶级分化,比有产者与无产者之间的物质分化——这种物质分化本身也在时刻扩大——更具破坏力。

作为一个语法学家,我坚定支持这个观点:每个人都有获取意义的权利——这是教育的宗旨所在,而语言在此处于中心地位。这点在表层现象上已经足够明显了,因为每个人都意识到了交际问题的存在,意识到了阻碍或扭曲有效意义交流的重重障碍。但在更深层次上这就不那么明显了。此处需要的是理论,一个坚实的关于意义的一般理论,该理论致力于揭示随着人类经验被转化为意义从而自由地通过概括、抽象、隐喻等层次螺旋"上升",人类知识曾经如何演化以及如何继续演化;该理论还致力于揭示自出

生以来或者从出生前开始,人类个体如何学习,以及如何通过类似的进程发展他们的表意潜势——从微观潜势发展到宏观潜势再到元语言潜势——实际上我们确实需要经历一系列这样的进程,因为我们往往需要回到我们早前的求知道路上。

这种转化为意义的过程并不只始于学校。它在婴儿的初始意识中就有显现迹象,并以原语言的形式外在化;当儿童站立行走并能从其所能控制的各个角度观察世界时,这种意义转化开始飞速发展。从语言学角度来看这是儿童步入成熟语言的时期,其中具备了语言的关键特征,即前面所述的(概念)指称与(人际)对话。自此以后儿童逐渐累积其"常识性知识",这包括对经验的许多分类——以往对儿童语言发展的研究往往聚焦于儿童如何稳步接近其母语中既定的(所认可并语法化的)各种分类。小学的教育话语不加注解地汲取了许多这种分类,只对明显有别于公认分类的类别加以解释(比如蜘蛛不是昆虫、鲸鱼和海豚不是鱼类等等)。其变化之处在于分类的标准:这些类别被重新调整、组织,从而使学校的"教育性知识"变得系统化,能被整合并作为以后学习的基础[参见 Halliday,1998b(2004)中的例子]。在下一阶段中,中学时代基于学科的"技术知识"和语义策略最终会再次发生改变,从而使某些筛选过的经验内容能被转换为所谓的"理论"。

意义的一般理论需要去探究和解释的是,随着我们与生态社会语境的关系变得越来越复杂,意义过去如何演化以及未来如何继续演化。意义的主要资源是语言,因而语义理论的核心是语言意义,涉及语言自身的各种具体体现形式,包括口头的、书面的、手势的语言,并涉及言语艺术与言语科学。我最后谈谈从语言核心向外发生的第三个拓展。这样的意义理论至少要拓展到其他语义发生形式中去,它们也以语篇形式来运行,并与语言共享相同的大脑空间,比如表格、数字、地图、示意图、曲线图等,或许拓展到——我们的真正挑战——数学中去(O'Halloran,2005)。至于这些不以语篇形式发挥作用的其他模态——图像、音乐、舞蹈——研究者已经运用功能语言学理论的概念和范畴取得了重要发现(O'Toole,1994/2011,2005;van Leeuwen,1999;Kress & van Leeuwen,2001;O'Halloran,2004;McDonald,2005);但需要基于它们的自身特性来把它们理论化为符号系统。致力于研究这些其他系统的学者也是语言性的,过着自己的语言生活。因而他们也是紧密相关的,可以通过语言来解释和描述。但他们的意义有其独特性,无法用语言形式来体现。这是人文科学领域的问题。我倾向于认为只有以语言理论为基础,建立一个普遍的意义理论,我们才能把这些问题提上讨论议程,从而有可能在一定程度上洞察人类知识和人类互动的形式与领域。

注释

［1］"其观点是物质世界——IT世界的全部或者部分是从信息(即比特)中建构起来的"(von Baeyer,2003:xi)。

［2］在暗示意义可测量的同时,"信息"一词还只限定于(或者至少十分明显地优先强调)概念意义,淡化甚至完全忽略人际意义。但意义理论需要对两个方面给予同等重视:意义是两者的相互融合。

［3］与"能指与所指"相比我更喜欢这两个词,因为前者主要与单个符号而非符号系统相关,并且虽然它们也可以出现在一个循环中,但把音系层看作一个"所指"似乎挺奇怪——相对于语音层来讲音系层才是"所指"。它们用于英语话语中也有些别扭。

［4］举例来说,可以考虑一下史蒂夫·基恩(Steve Keen)的《经济学批判》(新版)中的如下选段。选段被乔治·蒙比尔特(George Monbiot)引用于《卫报》的"评论与争鸣"中(2011年10月11日版:29页):

> It (sc. the ratio of debt to GDP) built up to wildly unstable levels from the late 1990s,peaking in 2008. The inevitable collapse in this rate of lending pulled down aggregate demand by 14%,triggering recession.
>
> 它(债务占国内生产总值比例)从20世纪90年代末逐渐增长至极其不稳定的水平,到2008年达到顶峰。此借贷率不可避免地拉低了14个百分点的总体需求,引发了经济衰退。
>
> 注意levels(水平)、collapse(崩溃)等名词,以及built up (to)(增长至)、peaking in(达到顶峰)、pulled down(拉低)等表达方式。甚至(如今往往高度抽象的)介词,比如to(到)、from(从)、in(在)、by(由)等也起源于空间词汇。

第 2 部分

语言学理论之应用

编者导言

此部分四篇论文着重讨论语言学理论在各个领域的应用。

韩礼德教授一生兴趣广泛，研究了文学、外语学习与教学、机器翻译、被轻视的语言和变体等广泛问题，致力于"对语言进行全面描述，以兼顾所有这些不同的视角，换言之，该描述要足够坚实，能适应语言实践者可能提出的任何要求"。

"书面语言、标准语言、全球语言"（2006）是韩礼德在卡赫鲁成就庆祝会上所做的发言，其探讨了英语语言的"功能维度"。韩礼德没有观察社会政治事件对语言机构史的影响，而是关注影响语言整体表意潜势的系统过程，把这些变化看作"这些历史过程中的积极动因——认为人类历史是两个基本存在领域的产物，即物质领域和符号领域的产物，而这两个领域在各个层面上相互作用、相互渗透"。

正如韩礼德在第6章"灵芝：系统功能语言学与翻译"（2009）中所述，翻译是一个"从一种语言转换为另一种语言的过程"。这个将两种或两种以上不同语言联系起来的过程可以用六个维度——层次化、实例化、级、元功能、精密度和轴——来描述，而这些维度"定义了对等（因而也定义了不对等或转移）"。两个汉英翻译语篇被用作范例，一篇选自《时代汉英词典》，另一篇是对"龟鹤衔芝"图案的描述，该描述印在金属复制品包装盒的插卡上。

在"将语言学理论付诸运用"（2010）一文中，韩礼德就"对它（理论）提出的要求，即所提出的问题——如何既影响该理论的优先事项，又影响对于理论本质的整体观念"给出了自己的看法。

解决翻译人员的需求也是"确定选择：意义与翻译语篇中的对等之探

索"（2012）一文的重点。两种或两种以上语言之间的翻译必然需要考虑意义。正如韩礼德所指出的："在翻译这个领域，能以明确和可追溯的方式反思我们正在做的事情并探索某种语言的表意潜势——或探索两种或两种以上相互接触的语言的表意潜势——是很有价值的。"

第5章
书面语言、标准语言、全球语言(2006)[1]

在这个盛大的时刻,我很高兴来到这里,庆祝我的老朋友与杰出的同事布拉吉·卡赫鲁所取得的成就。他大方地称我为他的老师;确实,当布拉吉·卡赫鲁在爱丁堡大学攻读博士学位时,我就开始了做老师的工作。但我是作为我自己的老师弗斯教授(他刚刚退休)的替补接手的这份工作;布拉吉在弗斯的激励下不断前进,而我所需要做的只是观察和欣赏。不管怎么说,这是我当语言学老师的第一年,所以我知道我们中谁的学习曲线更陡(那时候我们从来没有听说过学习曲线!)。但是后来罗伯特·里斯(Robert Lees)从伊利诺伊州过来,在我们系待了一段时间;他很快在自己的学校里为布拉吉·卡赫鲁争取到了一个职位。剩下的就是布拉吉在伊利诺伊大学的历史了;这一段历史也即将结束,但感谢布拉吉,一切正朝着同样辉煌的未来前行。

1

我本人来自英语的核心圈,也就是东南亚所谓的老派英语(Old Variety of Englishes,OVEs)。我想首先提醒大家,在这个圈子里有很多不同的英语,而且一直都有很多不同的英语(Kachru,1990)。我指的不是较新的世界性英语变体——英国英语、北美英语、南非英语、大洋洲英语;而是英国本

---

[1] 首次发表于:卡赫鲁(B. B. Kachru),卡赫鲁(Y. Kachru)和尼尔森(C. B. Nelson)(编)(2006),《世界英语手册》(*The Handbook of World Englishes*),莫尔登和牛津:布莱克威尔出版社,第349—365页。

土的古老方言,在语言史上某个时期的诺森伯兰语、麦西亚语、威塞克斯语和肯特语。小时候我还能听到这样的英语:

> Nobbut t'fireless arth an t'geeable end
> Mark t'spot weear t' Carter family could mend
> An mek onny ilk o' cart,
> Wi' spooaks riven fra' yak, naffs of awm,
> Fellies of esh, grown i' different parts
> O' Swaadil. (Smith, n.d.)[1]

> 只有毫无生气的工艺和辕木
> 把卡特家能修理之处标出
> 再制作任何一种马车,
> 用橡木做轮辐,榆木做轴,
> 梣木做轮辋,这些木材
> 斯韦尔代尔各处应有尽有。(史密斯,年份不详)

尽管我自己的言语并没有那么多异乡情调,但我在 7 岁的时候被迫进行了一次相当大的方言变迁。当时我搬到苏格兰,虽然那里离我长大的地方不到 200 英里,但我还是很难理解那里的乡村话。布拉吉可能还记得乔治广场的那个窗户清洁工,他来自边境地区;我努力想和他交谈,但这是一场奇怪而扭曲的对话!

我刚刚列举的是北约克郡方言,从英国古老的诺森伯兰王国的语言演变而来。这不是我的母语,但我在我叔祖父的乳品场听到过,他在那里制作温斯利代奶酪。我在西约克郡长大,那里的方言是麦西亚语而不是诺森伯兰语;但无论如何,我说的不是英语方言,只是带有口音——因为我是在城里长大的,城里人放弃了方言,转而使用标准英语。但它仍然是一种地方的或者至少是一种地域的变体。标准英语,包括其语音,很大程度上也包括其音系,都源于原始方言。当然,标准英语也绝非是同质的:不同的人,以及不同场合的同一个人,会有不同的方言形式和不同的标准形式。

　　换句话说,该语言状况是欧洲单一民族国家的典型特征。几个世纪以前,在英国成为国家的过程中——事实上,作为这个过程的一部分——一种英语方言,即伦敦方言(它是东南部的麦西亚语,带有一点肯特语成分)成为国家的象征,代表了新兴国家的标准。这是现在的标准英语,尽管直到 18 世纪末才使用这个词;它的地位使它脱离了方言的范畴,现在"方言"的定义是相对于语言的标准形式而言的。

　　我们都知道,语言标准变体的各种表达特征里不存在固有的价值。如果标准英式英语的双元音比北方方言的单元音更受欢迎,那么它们被赋予的价值是标准化过程的结果,而绝不可能是标准化的原因,而在其他地方——例如,在邻国法国——偏好可能恰恰相反。因此,作为语言学家,我们一直坚持认为标准语言只是另一种方言,只不过是碰巧穿了一身漂亮制服的方言罢了。但是,这样说就忽略了语言标准化的历史基础,即必须从标准语言所具有的功能来理解语言标准化。

　　如果我们以英语和西欧其他语言为原型(但注意这不是走向超国家地位的唯一可能途径),标准语言是在新的需求背景下发展的,特别是在商业、行政和学习领域。但这些不仅仅是机构性需求,也就是说,不仅仅与语言和说话者或使用者之间的关系有关。[2]这些需求也是系统性的,与语言本身的性质、语言的全部表意潜势有关。当然,所有这些形式的符号活动都已经持续了很长一段时间,在英国和世界各地的政治化社会中都是如此;但在中世纪的英国,这些活动通常用三种不同的语言进行:商业领域使用英语,行政领域使用法语,学术领域使用拉丁语;因此,标准语言的部分工作是接管和统一所有三个领域,并从英语内部提供一个统一的变体。这里有一个有趣的预兆,预示着后来殖民时期发生的事情。但最重要的是新的意义有待创造;事实上,新的表意方式要与新的物质条件(而它们又起源于新技术,最早的可能是马拉犁和活动舵帆船技术)和新的生产模式以及随之一起演变的社会和政治结构相匹配。

　　当我们想到在现代民族国家建设中随着标准语言一起发展起来的新资源时,我们通常首先想到的是新词汇。正如语言规划者和规划机构设想在后殖民国家发展民族语言那样,他们的工作就是发明新词汇。然而,语言规划者很快就意识到,他们需要确立创造新词的原则,因为词不是作为个体的元素发挥作用的,而是彼此始终处于某种系统性的聚合关系中。在标准英语的早期阶段,没有人对新词创造进行规划;但事实上,已经有了创造新词的原则,那就是转向借助于另一种语言。正如我所提到的,这已经是英国上层社会生活的一个特点,因为英国在 11 世纪被诺曼人殖民;这种多语表意模式的一个有趣印记可以在判例法中找到。在判例法中有许多三联体表达式,即由三个词组成,一个是英语本族语(盎格鲁-撒克逊)词,一个是诺曼法语词,一个是拉丁语词,比如 stay(停留)、cease(停止)和 desist(终止)或者 bequeath(遗赠)、grant(授予)和 devise(遗赠)。这些词毫无疑问是同义词(尽管那些制定法律的人采用了这一做法的事实表明,也许他们觉得每一个词的意思都有些不同),因此法律解释应该通用三种来源的词。但英国文化中已经出现了借词原则,即高价值的词语、有分量的词语以及更具有力量和内涵的词语可以通过从另一语言借用来创造,即借用此言语社区地位较高的成员中已经流行的语言。因此,新标准英语的语域,包括行政和中央集权的语域,以及技术和科学的语域,它们都把拉丁语作为新术语的来源,从而发展、强化和扩大已经存在的术语库。

2

在今天的演讲题目中,我使用了"书面语言、标准语言、全球语言"这个三位一体的短语,因为我想在历史语境中思考"全球英语"这一相对较新的现象。我指的不是它的机构性历史,即不是促成这一现象产生的社会政治事件;其他比我更有能力的人已经对这些事件做了很好的记录和解释。那些过程是语言的外部过程,而我所研究的是语言本身在进入这些新的社会政治语境时所发生的系统过程。从这个意义上说,它们是内在的过程。但这里还有另一个区别,因为我不是指语音变迁以及类似的内在过程——不是指历史语言学领域中的音系和形态句法变迁。这些变迁至少在原型上独立于社会政治环境的变化,位于表达层而不是内容层。我关注的是语言历史中更具功能性的维度,即卡赫鲁在讨论"英语印度化"(Kachru, 1983)时为我们开拓的那种历史维度。历史语义学,特别是语义场理论,已经在这个方向上为我们指明了道路,它关注的是特定词汇和词组随着不断变化的文化语境所产生的意义变迁。我想对这个观念加以概括,并聚焦于一种语言的总体表意潜势的变化;然而,我不仅仅把这种变化看作对社会政治和技术变革的回应,更多是把它看作这些历史过程中的积极动因——认为人类历史是两个基本存在领域的产物,即物质领域和符号领域的产物,而这两个领域在各个层面上相互作用、相互渗透。

　　我们可以通过回顾实际案例来对标准语言或国家语言的形成过程进行历史性审视;这个过程与国际化或全球化的过程有某些相似之处。标准语言是一种跨越其原有区域疆界而"国家化"的语言;它被其他方言的使用者作为第二方言所接受,但这些使用者保留了其区域表达形式的一些特征。全球语言是一种跨越其原有国家疆界而变得"国际化"的语言;它作为第二语言被其他语言的使用者所接受,但这些使用者保留了他们国家表达形式的一些特点。如果它的范围覆盖整个世界,我们可以称之为"全球"语言。一门标准语言在进入新的语域或新的活动领域时,会在此过程中不断开发并扩展其表意潜势。全球语言也是如此——或者说确实如此吗? 这是一个重要的问题;如果我们从这个角度来看待"标准化"语言,那我们可以问"全球化"语言在哪些方面与此相同或者不同。

　　如果我们把新词汇的发展作为表意潜势扩展的最明显的外在标志,我们可以通过把此过程中的关键因素与创造新词的简单过程进行对比来描述其特征。我们可以确定其中 4 个特征:

　　(1) 不只是新词,也是新词的造词原则;

　　(2) 不只是新词,也是新的词群(词汇集);

　　(3) 不只是新词,也是新的意义;

　　(4) 不只是新词,也是新的语域(功能变体)。

让我依次简要介绍一下它们。

　　在第一种情况下,"产品"不是一个封闭的单词列表,而是一组开放式产出的构词原则。在英语中,这意味着从拉丁语(后来直接从希腊语)借用单词的词根形式,同时也借用了形态资源对它们进行范畴转化和复合。

　　在第二种情况下,"产品"不是孤立的词,而是具有聚合关系的词汇集合。这种关系有多种可能的形式——有不同维度的聚合秩序;最根本和最具深远影响的是分类秩序,其中一个成员要么是另一个成员的一个种类,要么是另一个成员的一个部分。这是新的标准化英语词汇库的一个重要特征,特别是在科技领域。

在第三种情况下,"产品"不是词的形式,而是这些形式所表达的意义,即可由措辞、语法和词汇的所有特征来识解的符号特征(成分和结构)。正是这一点使人们得以建构新的知识形式以及新的权威形式:掌握新意义的人由此获得新权力。

在第四种情况下,"产品"以话语模式的形式出现,带有自己独特的推理和论辩方式,以及独特的信息与控制的呈现和排列方式。标准英语接管了行政和学术语域,发展了相应的话语,并把这些活动转化为新兴"现代"秩序的一部分。

所有这些过程都可以看作每种语言固有的符号潜势被开拓和扩展的过程:开拓术语组织的维度、开拓词汇语法的表意资源、开拓知识创造和传递以及权威维护和强化的模式、扩展术语的创新面。毫无疑问,所有语言中这样的变化都在不断地发生;但在某些历史时刻,这种变化会加速,甚至会从根本上改变语言的符号力量。加速当然是一个相对的词;在英语中,这些变化可以在五到十代人的时间里发生,而无需任何有意识的规划。如果需要进一步加速这种变化,你可以创建一个语言规划机构去人为干预这些过程。

综合起来,这些是创造意义、扩展语言有效表意潜势的策略。让我们称之为语义发生策略吧。理解语言进化的一种方式就是把它看作语义发生策略的进化过程。我们一般无法观察到这种现象的发生——除非它以个体的形式出现,比如我们可以观察儿童的符号发展。但是,标准语言的演变确实提供了一个机会使我们得以在某种程度上了解这方面的语言史。

3

如果我们问表意潜势究竟是以什么方式被开拓的,我们可以这样思考这些策略的效果:它们带来了新的系统秩序形式,为语言的语义空间增加了更多的维度。让我试着澄清一下我的意思——我再强调一下,我说的是发生在英语中的事情。必要的时候,每一种语言都会发展出相关的符号策略;但每一种语言如何做到这一点取决于许多情况——基本上,一方面是生态社会环境,即周围发生的物质和符号过程,另一方面是语言本身的特征[萨丕尔(Sapir)的"特定的样式"],即它的表意和创新方式。当这两股力量在那个历史时刻出现时,它们共同作用的产物就会出现。

　　现在我们回来谈这个最明显的特征,即在标准英语的演变过程中出现的大量新词。正如我所说,重要的不是词的总数,而是可以用来造词的资源,这样构词过程就变成了开放式的——当然,构词过程从那时起就一直在持续进行。在英语中,诺曼人入侵(这使得英国重新进入后罗马时代欧洲大陆文化的洪流)之后,大多数新词的源语言最初是诺曼法语;然后,随着标准化进程的推进,轻松过渡为拉丁语。例如,bug(虫子)变成了 insect(昆虫)。为什么要为已经命名的东西借用一个词? 因为事实上它不只是同义词。在讲英语的孩子中流行的观点蕴含在"长词"表达中,"长词"意味着难解但(因此)更重要。(从象似性的角度来看这似乎是合理的:它们更长,所以负载的分量更大。但是在日语中,借词的来源是汉语,学术词汇往往比日常用语要短。)但关键点在于昆虫(insect)是一种更抽象的虫子(bug)。它命名了一个类,一个可以定义的类,以至于诸如"Is this (thing, or kind of thing) an insect?"[这个(东西,或某种东西)是昆虫吗?]这类问题是可以被明确回答的——但是你不能用"Is that, or is it not, a bug?"(那是或那不是一个虫子吗?)询问某个东西。因此,昆虫进入了一个系统性的生物分类系统,随着相关语义结构变得可用,这个系统可以通过派生词和复合词来详细描述,如 insectile(昆虫的)、insectarium(昆虫饲养室)、insectivore(食虫类)、insecticide(杀虫剂)等。类似地还有许多其他的拉丁术语,用来指熟悉的物体和现象:ignis 指火,所以有 ignite(点火)、ignition(点火装置)、igneous(火成的);aqua 指水,所以有 aquatic(水产的)、aqueous(水状的)、aquarium(水族馆)、aquifer(含水层);avis 指鸟,所以有 avian(鸟类的)、aviary(鸟舍)、aviculture(鸟类饲养),以及 aviation(航空)、aviator(飞行员)等。在所有这些例子中,拉丁词在更加系统性的、实际上是更系统化的层面上识解了我们经验的某一特征。

　　但随着标准英语的发展，另一种语言开始流行，即希腊语。古希腊的学问一直是由阿拉伯人传承和发展起来的；但在很长一段时间里，它在西欧只是通过如亚里士多德这样著名学者的拉丁语翻译而为人所知。希腊研究是在科学知识不断扩展、科学话语逐渐成为标准英语功能领域中的重要组成部分的时候开展的。因此，希腊语成为学术借词的另一个来源，而许多拉丁语词汇在早期都是从希腊语借来的，这使得这类借词变得更加容易；希腊词汇很容易与拉丁语词汇一起进入英语。希腊语中的昆虫为 entoma（其本身就是拉丁语 insecta 的词源）；但在英语中它们也不是同义词。希腊术语通常将抽象提升到一个更高的层次；这表明它是理论的一部分，因此是理论研究的对象，从而也就有了 entomic（昆虫的）、entomophily（虫媒）以及表示知识分支的 entomology（昆虫学）这样的术语。同样地，hydro-表示水［如 hydrogen（氢）、hydrolysis（水解）、hydrology（水文学）］；ornitho-表示鸟［如 ornithology（鸟类学）］。因此，希腊语的加入进一步扩展了语义空间的词汇语义维度，使这部分语汇从系统分类进入到科学理论中。几个世纪以来，这种区别已经变得模糊，只有那些对语言感兴趣的人现在才会辨别出哪些元素来自拉丁语，哪些来自希腊语；但这种表意潜势的路径一旦以这种方式被开拓，就会一直存在于语言中，并蛰伏于我们的许多文化信仰和文化实践（比如教育）中。

　　当然，标准英语从来不是学者们的保留地；学术话语只是其表现形式之一，尽管这种话语对工业技术的发展具有根本意义。但是，由学术成就所累积的地位和声望却附着于学术语言上；而且由于在标准英语出现之前，拉丁语本身就是一种声望语言，所以当这种地位被转移到听起来像拉丁语且显然受惠于拉丁语的一种英语变体上时，所发生的变化并不会太大。甚至拉丁语和希腊语之间的等级区分也融入了地位的衡量标准，比如 ophthalmologist（眼科医生）被视为优于 optician（眼镜师），podiatry（足部手术）比 pedicure（足疗）更昂贵，ethics（伦理）是 morals（道德）的理论化形式等。因此，英语中的拉丁（或希腊拉丁）话语承载着自己的声望；当它与标准英语的权威相结合而成为一种中央集权的行政话语时，毫不奇怪会产生一种权力语言：不仅仅是因为它通过其扩展的表意潜势拥有巨大的权力，而且在另一个（相关的）意义上，它赋予控制它的人以权力，从而作为一种手段使权力结构得以建立和维持。今天我们被这些占主导地位的话语形式重重包围，以至于我们几乎注意不到它们了；而我们听到"this certificate remains the property of the corporation and must be presented on request"(此凭证依然是公司财产且在需要时必须加以呈现)这类表达[即"still belongs to the body and must be shown when asked for"(仍然为此机构所拥有并在被要求时必须加以展示)]时，会觉得再自然不过了。任何官僚机构的内部备忘录通常都会显示此类权力的分配情况；而作为顾客，当我们被告知"failure to reconfirm may result in cancellation of your reservations (and even if our reservations have not been cancelled, refusal to submit to screening procedures will result in prohibition on entry to the area and prohibition on boarding the aircraft)"[未再次确认可能导致预留座位被取消(而且即使预留座位未被取消，拒绝遵守审查程序也会被禁止进入和被禁止登机)]时，我们很清楚自己的处境。现在这已经成为一种常态，盎格鲁-撒克逊英语代表底层地位：它们看起来像闹着玩，或者仅仅是孩子气。[3]

　　英语并不是唯一在高价值语域借用尊贵外语的语言；除了其他的欧洲语言外，我们还可以举出日语(借用汉语)、越南语(也借用汉语)、泰语(借用梵语)、乌尔都语(借用波斯语，后者又借用阿拉伯语)、印度南部的语言(同样借用梵语)等例子。在这些例子中，借词与标准化无关，而是与引入写作的早期历史时刻有关——或者说，也许是与书面话语的发展有关；因此，这类似于从希腊语借词到古典拉丁语而不是从拉丁语借词到英语。但它们说明了同样的原则：当一种语言扩展了它的使用领域，比如，当它的使用者接受了一种新的宗教、从事新型的商业活动或探索新的知识维度时，在生态社会功能方面的这些变化总是会导致其表意潜势的某种扩展。被广泛借用的书写系统(汉语、梵语、阿拉伯语)与欧洲的希腊字母一样，在最初的发展过程中离不开大规模的符号扩展——在宗教、哲学、技术、文学等领域中的扩展，在这些领域中，书面语类取代了早期受高度重视的口头形式。

　　由于人类社会是按等级组织的，作为这些历史进程的一部分，表意潜势的创新首先是少数人的特权。这些创新会随着时间的推移而得到扩展，因为虽然这些少数人努力保持他们的特权地位，但社会等级中的各层次通常是可以渗透的：等级和阶层之间并没有相互隔离。但总会有人被落下；他们成为"有标记"的一类人，被贴上一些负面的词汇标签，比如文盲或未受教育；无论他们是否渴望成为更受优待的大多数人——他们可能渴望，也可能不渴望——他们都非常清楚自己缺乏符号的力量。

我想指出的是，当一种语言成为书面语言或成为标准语言时，这种变化不仅仅是机构性的，也是系统性的，语言的语义发生能力显著增强。我们可能会想，如果某种语言成为一种全球语言，是否会发生同样的事情。

4

有许多历史条件可以使语言的某些方言变体占据主导地位并被"标准化"。在英国以及欧洲的其他地区，这种情况伴随着民族国家的"诞生"而发生。

所以，如果一种语言不仅是全国化的，而且是国际化的（让我暂时把"全球化"当作是国际化的极限情况），那会发生什么呢？这仅仅是一种机构性的变化吗？人们会把它作为一种超民族的第二语言，并在生活中的某些部分使用它吗？还是说它为语言创造了新的功能，从而产生了新的意义？它的整体表意潜势增加了吗？如果是的话，那么以什么方式增加，为谁而增加？

在某种层面上，答案显然是肯定的。卡赫鲁告诉我的一个印度英语的早期例子是 flower bed（花坛）。这个短语核心圈的人都知道是指种植鲜花的花园部分（与草坪不同），而在印度英语语境中的意义则为 marriage bed（婚床）。在这里，"一个旧表达获得了新的意义"——至少对于一个懂得印地语的人，或者可能不懂印地语但能从语境中获得此信息的人而言是这样。

当一种语言用来描述主要在另一种语言中所识解的场景时，它必然会产生新意义，无论这是通过重构旧词还是借用新词来实现——就像英语表现的那样，例如，英语到了澳大利亚被用来谈论 bluebottles（僧帽水母，而不是青蝇，一种昆虫）和 billabongs（死水潭）①。在翻译的语境中同样如此：中

---

① bluebottle 这个词在英国英语中指"青蝇"，通过重构旧词，在澳大利亚指"僧帽水母"；billabong 这个词在英国英语中不存在，但英语到了澳大利亚后，根据当地的语境需求，借用了澳大利亚土著词语，创造了一个新的英语单词 billabong，用来指澳大利亚内陆常见的"死水潭"。

国译者想找到一个与"走狗"对等的英文词汇时,他们有时把走狗译成lackey,有时译成running dogs。每一种语言在作为外语语篇译文的目的语时,或用来谈论与自己不同的遥远文化语境时,[4]都会扩大其表意范围。

但是这些意义是为谁创造的呢? 获得这些意义的途径是有限的,你必须懂得这种语言——比如在"花坛"和"走狗"这两个例子中,你就必须懂英语。获得这些意义的机会总是受限于社会结构的不平等。教育的目的就是增加人们的这种获得机会,为此就要引导人们依次经历这些意义的演变过程: 首先我们教孩子们书面语言,然后教他们标准语言(或者两者同时教,视情况而定);然后,也许我们可以教他们世界语言。这是许多国家所采用的(有时甚至在一定程度上所实施的)三种语言政策背后隐含的原则。这是一项合理的政策,而且只要教师受过培训并提供必要的材料,孩子们适应起来就不会有太大的问题。它很少成功的原因是资源不够——或者即使够的话,控制资源的人不愿意把资源投入教育中。但世界语言可以被融入教育规划中——如果需要的话。

但是,正如语言教育者所知道的那样,即使投入所有必要的资源,学生也不总是会去学习,因为他们没有意识到有必要去学习这些东西。这可能发生在各个阶段,有些学生甚至不明白他们为什么要去读写。在这方面,最成问题的是世界语言。是什么让人们觉得他们需要另一种语言呢? 我认为,所有这些情况都可以用我们所说的功能互补性来解释,即人们可以用这种语言做事情——做他们想做的事情——而这些事情离开了这种语言就不可能做成或者说成功地完成。我们知道,这就是全球语言流行的条件。

这是写作最初流行的条件,也是标准语言发展的条件。随着我们彼此之间以及与物质环境之间的互动越来越复杂,我们发展出一套越来越复杂的符号。这个过程中的一个重要方面是技术: 首先是发展了用来书写的材料和工具;然后是纸和印刷术;现在是电子键盘和显示屏。但同样重要的是功能语境所要求的新的表意方式。书写的形式有历法和占卜、公告、事物清单、行为清单、提单等。标准语言为管理和学习带来了新的符号策略。当我们研究为这些策略提供原动力的语法时,在英语史上有一个特点显得非常关键: 语法隐喻。语法隐喻开拓了语义空间的新维度[Halliday, 1998b (2004)]。

5

语法隐喻是指把 move(移动)转化为 motion(运动),resist(抵抗)转化为 resistance(抵抗力),fail(失败)转化为 failure(失败的人或事),long(长的)转化为 length(长度),can(能够)转化为 possible(可能),so(therefore)(所以、因此)转化为 cause(引起或原因,动词或名词)。它是隐喻,因为它涉及语义和词汇语法之间的交叉耦合:一个表达用来表示通常被其他表达表示的东西。(更恰当的说法是:一种通常以某种方式体现的意义现在以另一种方式体现。)它是语法的,因为交叉耦合的不是一个词(即不是一个词汇项,或"词素"),而是一个词类:一个名词在实现动词或形容词的功能,形容词在实现情态动词的功能,动词在实现连词的功能。当然,还有其他情况。

正是这一过程,或者更确切地说是这一系列过程,导致了如下措辞的出现:

> Even though the fracture of glass can be a dramatic event, many failures are preceded by the slow extension of existing cracks.
> 即使玻璃的破裂可能是一个突发事件,但许多故障发生之前就出现了已有裂痕的缓慢延伸。

上句使用的语法隐喻又给我们呈现了我前面引用的那种警告——但也可以用来提供保证:

> Excellent safe face drying can be achieved by the same action as water was applied by regular wiping with warm hands during drying cycle.
> 绝佳且安全的面部干燥可以通过同样的动作来完成,即在干燥过程中用温暖的手把水有规律地拍打在脸上。

　　语法隐喻甚至可以用来为一个流行明星做宣传：

　　He also credits his former big size with much of his career success.
　　他也把其事业成功的很大一部分归功于其过去的大块头。

　　但是，在科学写作中语法隐喻使用得最频繁，因为它在一个关键的层面上起作用：没有语法隐喻，就无法发展科学理论。它在科学摘要中使用得最密集，因为它使意义得以浓缩打包：

　　Endocrine testings confirmed clinical anterior hypopituitarism. Post-traumatic hypopituitarism may follow injury to the hypothalamus, the pituitary stalk or the pituitary itself. The normal thyroid stimulating hormone response to thyrotropin releasing hormone... is in favour of a hypothalamic lesion. (Lim et al., 1990)
　　内分泌检验证实了临床上的前垂体机能减退。创伤后的垂体机能减退可能是继发于下丘脑、脑垂体柄或脑垂体本身的损伤。对促甲状腺素释放激素做出的正常促甲状腺激素反应支持下丘脑病变。(Lim et al.,1990)

但是这样的密度在其他科学语域中可能会功能失调；这些语域不需要如此浓缩的意义流，因为其措辞在更为隐喻式和更为一致式的状态之间来回变化。

　　语法隐喻在科学语篇中起着两个重要的作用。一个是通过打包前面的内容来推进论证，以使它可作为后面内容的逻辑基础，例如在因果链中充当原因；另一作用是不仅识解个别的技术术语，而且识解专业术语系，即在分类秩序中相关联的术语集，从而将论据提升到理论层面。[5]这两项原则在下面这个序列中提供了示例：

　　[F]rom 1950 to 1980, severe contamination from acid rain resulted in a drop in pH-value—from about 5.5 to 4.5—which represented a tenfold increase in the acidity of the lake water. This acidification was caused mainly by the burning of coal containing high levels of sulphur. (Stigliani and Salamons, 1993: xii)

> 1950 年至 1980 年期间,酸雨的严重污染造成 pH 值的降低——约从 5.5 降到了 4.5——这表示湖水的酸性增加了十倍。这种酸化主要由燃烧高含硫量的煤引起。(Stigliani & Salamons, 1993: xii)

思考一下 acidification(酸化)这个词。一方面,它"打包"了前面关于酸雨降低湖水 pH 值(氢离子浓度指数)的信息,表示使湖水变得更酸;另一方面,它构成了理论建构的一部分,包括诸如 contamination(污染)、pH-value(pH 值)等术语,以及上下文中的其他术语,如 atmospheric sulphuric acid(大气硫酸)和 buffering capacity of the soil(土壤缓冲容量)。这些术语通过关系短语 resulted in(造成)、represented(表示)、was caused by(由……引起)联系在一起。有人燃烧了煤,水就变成了酸:两个过程通过一个连接关系相连。但在这个语篇中,这些过程变成了事物,那是典型的名词意义;而它们之间的连接关系变成了动词,即变成了一个过程。

这里发生的是语法创造虚拟现象,即纯粹存在于符号层面的现象。这通过语义连接的过程来实现,由此将两个范畴的意义结合在一起。酸性是水或其他液体的一种性质;当它被名词化为 acidity(有酸的特征、酸性)或 acidification(变得有酸性、酸化)时,由于名词的范畴意义是事物或实体,因此会产生性质和事物之间的语义连接效果。由形容词 acidic(酸的)所识解的性质已经被转化或隐喻化为一个事物,一个可以观察、测量和探究的虚拟实体。同样,so、therefore(所以、因此)是过程之间的一种连接关系;当它被动词 cause(引起)或者 caused by(由……引起)识解时,因为动词的范畴意义是过程,所以又产生了一个语义连接:由连词一致式识解的这一(因果)关系,如 so 或 therefore,已经被隐喻化为一个过程——一个虚拟的过程,它可以在时间中被定位、被否定等等。这些虚拟现象通过语法范畴与语义特征的交叉耦合产生,正是他们的出现使得科学话语,实际上是使得科学理论成为可能。

科学家喜欢语法隐喻;他们的生活,或者至少他们的生计,依赖于语法隐喻。诗人和其他创意作家更喜欢隐喻的传统形式——词汇隐喻。词汇隐喻是指一个词代替另一个词，不是一个类代替另一个类。但同样的语义连接也会出现，正如修辞学家和文体学家一直认识到的那样。所以当唐爱文写道：

> ...the Lord, whose other hand dispenses the dew
> Of sleep on Saul's army ...
> ……上帝的另一只手把睡眠
> 之甘露赏赐给索尔王大军……

（转引自 Webster，2001）

我们意识到露水和睡眠融合成了一种新的事物，一种虚拟的露水，也是一种药物，因为它可以被配发。这种隐喻潜势是人类（后婴儿期）语言的固有特征，因为语言是一种层次化的符号，其中意义和措辞可以分离，并以新的排列方式重新组合。而科学想象力所实现的就是将两种基本语言资源相结合，即将范畴转化（从一个词类派生出另一个词类，如 maker 来自 make，hairy 来自 hair）和隐喻化（语义和语法的交叉耦合）相结合。这一过程始于古典时期，与古代的书面语言（以及铁器时代的技术，它们以某种类似的方式改变了物质）相伴；但在现代标准语言中，这一过程达到了更高的水平。据我所知，每一种科学语言都遵循了同样的路线，通过挖掘语法中的隐喻潜势来重构人类的经验。

6

正如人们经常指出的那样，翻译也是一个隐喻过程：虽不是典型的隐喻过程，因为它是一种二阶符号活动，但可能是一种极限情况。让我们暂时回到 flower bed（花坛）这个例子：当这个词在印度英语中使用时，它是否产生了一个类似的语义连接？换言之，flower bed 只是旧意义的新表达，还是正在创造"婚床"（也是一种虚拟花床）这个新的意义？该意义得益于（虽然某种程度上也受损于)英式(或核心圈?)英语的短语 bed of roses(玫瑰花床)。[受损是因为 bed of roses 通常用于负面语境中,比如 a marriage bed is no bed of roses(婚姻不是一帆风顺的)。]

就其本身而言,单个例子没有什么意义。但是,如果整个文化开始用另一种语言而不是它自己的语言(也就是说,不是与它共同发展起来的语言)来表征,那么这种语言现在是否已经成为一种不同的语言了呢?是否不仅与它过去不同(这很明显),而且与它的任何一个"祖先"都不同?尼日利亚英语只是约鲁巴语和其他尼日利亚语言的语义系统改写,还是一种独特的符号,即两种不同符号风格的隐喻式结合?如果是后者,那么它体现了对人类状况的一种全新的识解。[6]

我认为,鉴于我们过去的历史——我们的语义史或者表意史,提出这个问题是很重要的。我一直在思考的转变——向书面语言、向标准语言的转变——实际上是人类经验的重新识解(即符号重构),伴随着我们与生态社会环境日益复杂的互动而产生。我们可能会认为这些是技术进步对语言提出的新的功能需求——这是我自己过去对它们的看法。但我现在认为那是错的。相反,符号和物质是单一历史过程的两个方面,任何一方面都不能驱动另一方面,但任何一方面也都不能独立存在。写作伴随着定居以及一定程度的政治组织和物质技术而来。我笼统地称之为标准化的东西伴随着更集中的权力结构和更高水平的技术成就而来——在欧洲,是伴随着机器时代以及权力技术而来。(在每一种情况下,白话都会持续存在,但不参与符号重构。)那么,是否可以预测,电子时代的技术即信息技术,将伴随着类似的对经验的重新识解而来呢?

我们可以看到话语正在发生变化。电子语篇有助于缩小口语和书面语之间的距离;它发展了自己的特点和模式,即部分书面语、部分口语以及部分可能与两者都不同的模式。语篇可以是听觉和视觉渠道的混合体,同时还包括来自其他渠道的元素,即非语言模态。但我们还不知道——或者至少我不知道——这些因素在多大程度上影响了被识解的意义。我们可以观察到的一个特点似乎是话语正回归(但也许实际上是发展)到更一致式的表意方式上,至少在技术和科学话语中是这样(代表性的例子是生物学被重新定义为生命科学、地质学被重新定义为地球科学);同时要注意一下政府和法律中的简明英语运动。

同时,为全球英语提供语境的"全球"至少在目前是这样一个世界:在这个世界里,国际资本主义的各种声音已经学会了利用所有语义发生策略来赋予语言以巨大的力量,并用花言巧语描述了人们在初次尝试设计更人性化的东西上的失败。在如此多的国际(甚至是国内)语境中便捷的语言只有英语,这对于公司来说是一个从殖民时代沿袭下来的意外收获。但是一种天真的观点认为,如果联合国早在 1950 年就颁布法令,将其他一些语言——比如世界语,甚至马来语或韩语——用作一种世界语言,那么全球局势会有所不同。实际上无论采用何种语言,它都将很快成为公司权力的媒介。即使是在这种观点所假想的情况下,英语也将继续发挥作用——就像今天的法语一样——会在某些文化区域和某些明确界定的活动领域中充当受到高度重视的一种国际语言。

事实证明,英语已经成为国际和全球两种意义上的世界语言:在国际意义上,成为一些国家的文学和其他文化生活的媒介;在全球意义上,成为新技术时代,即信息时代的共同缔造者。因此,那些能够利用它的人,无论是用它来销售商品和服务还是销售思想,都拥有相当巨大的力量。许多人想抵制英语的这种支配地位。战略上的反应似乎是不要用英语,不要教英语,也不要做任何事来维持它在社区中的地位。但严肃的思想家大都认为这在现在行不通:英语根深蒂固,如果人们被剥夺了学习英语的机会,情况就会对他们不利。50 年前的情况并非如此,当时英语只是众多国际语言中的一种,而 50 年后的情况也很可能并非如此;但就目前而言,情况就是如此。看来如果想抵制英语的剥削力量,你就必须使用英语来抵制。[7]

我认为,重要的是要区分国际和全球这两个方面,尽管它们显然有重叠。英语一直沿着两条轨迹发展:就英语本身而言其是全球化的;就各种英语而言其是国际化的。这两种扩展都涉及我所说的语义发生策略:创造新意义的方式是开放的,比如不同形式的隐喻,包括词汇隐喻和语法隐喻。但它们还是有所区别的。国际英语已经发展成为世界上的各种英语,并不断演变以适应其他文化的意义。全球英语通过接收新信息技术或被新信息技术接收而实现扩展——变成"全球性的"(新信息技术包括从电子邮件和互联网到大众媒体广告、新闻报道,以及所有其他形式的政治和商业宣传等各个方面)。两者似乎并未真正混合在一起。信息技术似乎仍然由核心圈的英语主导;当然,它受到了压力,但没有受到严重挑战,这也许是因为各种压力都没有形成连贯的模式或方向。如果外围圈的各种英语在全球舞台上拥有更大的影响力,那些垄断媒体的人将不能再自动地垄断意义。如果非洲和亚洲的英语变体不仅仅是其区域文化的载体,而且也是其社区用来接触某种全球性文化的途径,那么这些变体的使用者就不再局限于仅仅作为他人意义的消费者;他们可以成为意义的创造者,成为全球英语以及国际英语的贡献者。意义得到重塑,但不是通过法令而是通过日常生活的符号语境中的持续互动来实现;现在,这些符号语境已经变为全球语境,即使参与其中的人仍然只是全球总人口的一小部分。那些试图抵制其有害影响的人与其试图抵抗全球英语(目前这似乎是一种不切实际的冒险行为),不如采用已被外围圈的社区证明可以做到的方式,集中精力去改变它,重塑它的意义以及它的表意潜势。

注释

[1] Nobbut 即 only(只),ilk 即 kind(种类),yak 即 oak(橡木),naffs 即 hubs(轮轴),awm 即 elm(榆木),fellies 即 rims(轮辋),esh 即 ash(桦木),Swaadil 即 Swaledale(斯韦尔代尔)。

[2] 我这里沿用"机构语言学"这个非常有用的概念,它是特雷弗·希尔(Trevor Hill)多年前定义的(Hill,1958)。

[3] 技术和官僚的话语模式当然可以结合起来;参见 Lemke(1990)和 Thibault(1991a)。

[4] 有关语义距离的概念,请参见 Hasan[1984b(1996)]。

[5] 这两个主题源自对科学语篇的详细分析;参见 Halliday & Martin(1993)。

[6] 关于英语在"外围圈"环境(本例为新加坡)运作的观点,参见 Foley(1998)。

[7] 例子参见 Kandiah(2001)和 Pennycook(2001)。

第 6 章
灵芝：系统功能语言学与翻译(2009)^①

当我们从语言科学的角度来研究翻译时,要分两个阶段来应用我们把语言看作"语义发生"或意义生成系统的观念。一方面,翻译理论是描写和比较语言学的一个研究领域(此外还有文学研究等);另一方面,翻译实践是一项在我们的社会文化生活中具有较高价值的活动,它需要对译员进行培训,需要编纂词典以及其他多语资料,甚至需要为专业翻译工作者设立专门的机构。因此,我们先从"解构"翻译概念开始,认为它既是语言之间的一种联系,也是从一种语言转换为另一种语言的过程。无论从哪个角度来看,翻译都是人类大脑的一项极其复杂的成就。按照韦努蒂(Venuti, 1995)的说法,译者可以是"隐形的",但是翻译过程必须要阐明,才能为我们所见。这意味着我们阐明翻译时,必须根据语言本质所决定的多个角度来进行。

杰弗里·埃利斯(Jeffrey Ellis, 1966)在他 40 多年前撰写的《普通比较语言学发凡》一书中,将翻译定位为比较描写语言学的一个领域。它可以被看作一个相当专业的领域,因为无论是在功能语言学还是形式语言学中都很少有语言学家对翻译给予明确的关注;但它被认为是一种试验场,因为如果你的理论不能够解释翻译现象的话,那么显然是它不够好。在这里,我首先参考的系统功能视角的翻译研究著作是 1965 年由伊恩·卡特福德(Ian Catford)撰写的一本书;卡特福德使用一种早期的系统语言模型,以一种非常丰富和深刻的方式来分析翻译和翻译对等概念。

① 首次发表于:《中国翻译》(*Chinese Translators Journal*),2009 年第 1 期,第 17—26 页。[收录于:仇蓓玲、杨焱(编),2012,《英汉口译理论研究导引》(*An Introduction to Theories of Interpretation between English and Chinese*),南京:南京大学出版社。]

最近,克里斯托弗·泰勒(Christopher Taylor,1998)、卡罗尔·泰勒-托尔塞洛(Carol Taylor-Torsello,1996)等学者将翻译纳入了功能语言学理论的范畴;斯坦纳(参见 Steiner,1998,2004)主要关注语境和语域,由此进一步丰富了这一领域。本文的主要参考来源是埃里克·斯坦纳和科林·亚洛普(Colin Yallop)编辑的《翻译和多语语篇生成探讨:超越内容的研究》(2001)这本书。这是一部重要的著作,其中所有部分——包括迈克尔·格里高利(Michael Gregory)、朱莉安·豪斯(Juliane House)、埃里克·斯坦纳、埃尔克·泰希(Elke Teich)、科林·亚洛普等人的论文——对我的探讨都十分重要;但我首先要借鉴的是书中麦蒂森撰写的"翻译的环境"这章(Steiner & Yallop,2001:41-124)。该章篇幅很长;因为麦蒂森讨论的是一个超长的主题——或者说是一系列主题,他必须把它们组织成随着语篇而展开的连续论题。

麦蒂森使用翻译对等和翻译转移这对相互概念,即卡特福德在其讨论中所使用的术语作为其分析的基础。麦蒂森写道:"我认为翻译对等和翻译转移是语言之间差异连续体的相对的两个极,即从'最大一致性'到'最大不一致性'的两个极。"(Steiner & Yallop,2001:78)他补充道:"一般原则是,翻译环境越宽泛,翻译对等程度越高;翻译环境越狭窄,翻译转移程度越高。这就是语境化原则:'最宽泛的'环境是使翻译'最大语境化的'环境,因此,同样也可能是'最大限度有效的'环境。"(Steiner & Yallop,2001:74-75)

那么,麦蒂森在这里所指的"环境"是什么? 它们是,或者更确切地说,可以被定义为语言组织的各个维度:层次化、实例化、级、元功能、精密度和轴(参见麦蒂森的论文,第77页和第81页的图11和图12)。总而言之,正是这些因素赋予了语言永不枯竭的表意力量,开拓了各种不同的抽象、组合、精密、功能专门化等表意载体。让我按照它们自己的特点逐一加以解释,然后把它们与翻译联系起来,用它们界定翻译中各种翻译对等现象。根据自身经验,所有译者都知道对等存在不同类型,而且其要求往往相互冲突;但是除了"直译""意译"等非常笼统的标签之外,我们很少看到清晰的、能将各种对等置于一个连贯的框架中的对等分类(参见 Koller,1995)。

层次化是指语言被组织成层次系统或体现层次:语音层、音系层、词汇语法层和语义层。这些层次通常分为两组,即表达层(语音层、音系层)和内容层(词汇语法层、语义层)，因为传统上翻译刚好位于这两个"层"的交界点。"相同内容，不同表达"是基本的翻译策略赖以产生的原型。然后，在语义之上，我们可以再加一个"语境"层；语境在语言之外，即语篇产生的非语言环境，但可以被建模为体现层次的"上层"。按照麦蒂森的说法，语境是沿着这个维度所定义的最宽泛的环境。

实例化是将实例，即语篇，视为翻译过程的常见对象并与其背后的语言系统相联系的阶。语篇之所以有意义，是因为它是整体系统潜势的一个实例；那些理解了语篇的人之所以能理解，是因为他们控制了这个表意资源。正是在这个阶上，我们才能识别出各种对翻译有效性至关重要的子系统或语域——它们在机器翻译中通常被称为"子语言"。当然，翻译人员一直沿着这个阶来回移动，从系统的资源中(也许借助于字典等资源指南的帮助)检索出满足对等语篇要求的实例。

第三个标题是级，有时在结构主义的术语中被称为"大小级别"。这也是一个层级结构，在词汇语法和音系的内部层次中界定最为明确；级阶在不同语言之间有一些明显的变异，但是至少在语法中，小句、短语/词组、词和词素的熟悉层次结构或级阶，以及每个级的复合体扩展——小句复合体、短语复合体等——对我们要研究的许多语言都有效，包括汉语和英语。语义层上的级阶问题经常引起争论，特别是它是否可以类推至所有语域的问题(Hasan et al., 2007)；因为语篇本身被定义为语义单元，所以这是一个需要在翻译理论和翻译实践的语境中深入探讨的问题。

第四个标题是元功能，正如麦蒂森所指出的，元功能维度(或者至少它的一个方面)在翻译研究中早已被认识到，但很少被系统地论述。顾名思义，元功能与功能有关；但是它(这里是"元"部分)不是指语篇的某个或多个功能，即已融入语境概念的语篇功能，而是指作为每个语言系统根本属性的功能秩序，并成为意义组织的基础。语言的任何实例，即任何语篇，都是三种意义的复合体，我们把这三种意义称为概念、人际和语篇意义；它们在语义层上可以被分析出来，但是在词汇语法层却被融入一个有机的措辞过程中。概念意义是意义的表征方面：意义是对经验的解释，是对我们周围世界的事物、性质和事件的叙述。人际意义是意义的活动部分，是指我们如何与他人互动并由此影响他人，其中引入了我们自己的判断和愿望以及我们自己对情景观察的视角。在语篇中将这两种意义融为一体一直被视为译者的一个难题,因为这里是"对等"要求最有可能发生冲突的地方——通常情况下优先考虑的是概念意义("外延意义"),部分原因是感觉它更重要,部分原因可能是这样更容易判断译文的对错。然而,在翻译工作中,无论是在翻译理论还是在翻译实践中,意义的第三个部分很大程度上被忽略了;这就是意义的语篇方面,即把意义组织为话语流,并在旧信息或者说"已知"信息和新信息之间保持平衡,以及与它自身和周围语境持续建立联系(参见Ventola,1994;Zhu,1996)。

第五个标题精密度指的是细节的深度从最粗略到最细微或最"精密"的刻度阶。尽管它在翻译理论方面很少被论及,但却出现在机器翻译研究中,被称为"粒度"。精密度是系统功能理论中一个熟悉的概念,已经有 40 多年的历史了,我们可以称之为"元精密度"——融于描述范畴中的区分程度;它是我们系统网络背后的基本概念,代表着精细度稳步提升的各种区分,比如在语法中的区分(如小句::从属小句::扩展式从属小句:::原因或条件性扩展式依赖小句……)。但是我们能够在描述中设置这个阶,因为可变的精密度是语言本身(不仅仅是我们的元语言)的属性。译者常常面临着如何把源语篇中发现的具体内容进行匹配这个问题,换句话说,在精密度上保持对等的问题。这个问题在事物的分类系统中尤为明显(比如动物::爬行动物::蛇:::蟒蛇::::水蟒……),但是,它贯穿于每种语言的整个词汇语法层。

最后一个标题是轴,指语篇的每个成分在每个层次所占据的符号空间的两个维度:聚合维度和组合维度。我们可以把它看作每个成分在语言景观中的地址。组合环境被建模为结构:什么成分先出现,什么成分后出现——什么成分正在或者可以与此成分结合从而作为某个有机整体的一部分。聚合环境被建模为系统:什么成分可以取而代之——该成分进入了何种对立关系之中,可能(但没有)出现的其他选择是什么。总之,系统和结构这两个轴定义了语篇赖以展开的空间——在词汇语法层上,主要是结构和语法类别以及搭配、词汇集等空间,这构成了译者赖以工作的语境。任何成分的意义都是两轴之上关系的产物;但定义"翻译潜势"的是聚合轴,因为它包含的关系不是与那些出现于具体实例中的事物的关系,而是与那些可以说是隐藏在语篇背后的事物的关系。这就是为什么"系统"这个术语同时出现在两组对立概念中：轴对立概念组（系统和结构）以及实例化上的对立概念组（系统和语篇）。

这六个维度——层次化、实例化、级、元功能、精密度和轴——对于两种或多种不同语言的比较至关重要，因此对翻译过程来说也至关重要，因为它们是用以定义对等性的参数（因此也是定义不对等或转移的参数）。我们需要对发挥作用的这些维度进行举例说明；但是我首先要对功能变异或语域这个重要概念做个说明。这不是一个独立的维度；它是意义和语境之间规律性联系的属性和产物，即文化公认的语言使用情景与"易受影响"（即典型地出现于那些情景中）的语义特征（因此也是词汇语法特征）之间的联系的属性和产物。因为在翻译中我们假设了语境保持不变，所以我们可以谈论语域上的对等，也就是说，所运用的语言策略上的对等，即对情境所要求的特征（通常是内容的特征，但也可能是表达的特征）所做的选择上的对等。当然，我们要认识到，如果文化差距太大而没有对等的情景类型可用，次类对等也许就不可能了。[1]这些语域，或机器翻译界所说的"子语言"，并不是某种语言的特殊特征或副产品。每一个语篇都有其语域"轮廓"；语域是在语言中发展起来的话语变体，其特点是倾向于选择某些选项，而不是选择其他选项，或更经常地选择一些选项而不是其他选项。继马丁的著作之后，我们开始用"语类"这个修辞学术语来指代文化上公认的、或多或少约定俗成的"宏观语域"；语类已经成为该理论在教育应用中的一个明显特征，而翻译理论家很早就熟悉这个术语的文学和修辞内涵，经常使用它来指代可识别的语篇类型，比如肖尔（Shore）写道："各种语篇代表着不同语类，如欧盟指令、流行歌曲、非常有价值的文学作品、电视广告等。"（Steiner & Yallop，2001：256；Martin & Rose，2007）

为了便于说明和讨论，我选择了两段汉英翻译的语篇（参见附录 2）。语篇 A 选自《时代汉英词典》，1980 年由新加坡联邦出版社和中国香港商务印书馆联合出版。A.1 是中文版，A.2 是英文版，A.3 是我自己从中文版翻译过来的英译文。语篇 B 是"龟鹤衔芝"图案的描述，印在金属复制品包装盒的插卡上。同样，B.1 是中文版，B.2 是英文版，B.3 是我自己将中文版翻译过来的英文译文。在语篇 B 中，很明显中文版是源文本。在语篇 A 中，我们不能确定哪个是源文本，但很可能首先撰写的也是中文版。

我将研究这两组语篇的一些比较性特征，特别是涉及翻译转移的情况，其中英语与汉语在某些方面是不对等的（因为这里需要解释的就是不对等）。首先考虑的是语篇A。我将从层次化等级和级阶开始，把它们放在一起讨论以节省空间；我将从最高层次开始，正如麦蒂森所说，在最高层次上语篇之间的关系是最大语境化的，而这两种语言之间也具有最大的一致性潜势。

在语篇A中，两个语篇的直接语境完全对等；事实上它们是相同的，因为语篇在同一本书的同一页先后出现。然而，有趣的是，这两个语篇的标题不同，这不仅体现在措辞（词汇语法层）上，而且体现在意义（语义层）上——中国人说"前言"，甚至说"序"，或者英国人说"出版说明"，这都是可以接受的。换句话说，赋予这两个语篇的语境功能发生了转移。

在语义层，我们注意到很多不同的组织顺序远远超过了词汇语法的要求。这两个语篇的信息流完全不同，尤其是在前半部分。比如第2段里：

英文

This edition , which is a joint effort … aims to meet …

This is the first medium-sized dictionary to be published locally

中文

为了迎合……新加坡联邦出版社和中国香港商务印书馆合作……将原书改编成为一部中型词典，称为……

同时比较第1段"published in 1979"的位置；以及在3b段中：

英文

The adaptation … provide … a reference book … new … and … practical

It will be … indispensable … for … It will also be useful for foreigners learning … Chinese …

中文

经过改编后，这部《时代汉英词典》将成为……不可缺少的汉英工具书⋯⋯

　　它内容较新又实用,也可供外国人士学习和使用汉语时参考

除了材料中这些组织顺序的变化外,翻译中还有其他不对等的情况:

第 1 段:
英文
lexicographical work of unprecedented dimensions
中文
编写、修改等工作

第 2 段:
英文
different requirements of a wider range of dictionary users
first ... to be published locally
中文
广大读者的需求

第 3a 段:
英文
——
中文
此外,⋯⋯还⋯⋯

第 4 段:
英文
over 40,000 ... and over 40,000
中文
四万余条,连同⋯⋯八万余条

第5段：
英文
—

中文
英译……反映汉语拼音的语体特点

第6段：
英文
for the convenience of the user
中文
—

所有这些转移都在语义层面上；它们当然是在词汇语法中体现的，但并不是由词汇语法决定的。除此之外，当然也有由中英差异引起的一些语法上的转移；我们可以注意到三种熟悉的此类转移。

（1）在小句级上，有些性质具有"新"信息的特性。汉语喜欢把它们用作谓语，而英语则倾向于使它们成为性质语或后置修饰语。英语说（provide with）a book new in content[（提供）一本内容新颖的书]，汉语说"其内容（比较）新颖"；英语说 over fifty took part（五十多人参加），汉语说"参加的（那些人）有五十多"。[典型的例子是这类表达：英语说 she has long hair（她有长头发），中文说"她的头发长"或者"她头发长"。]

（2）在词组级上，汉语中所有的修饰语都位于修饰成分之前，而英语中的组合顺序取决于其所涉及的级：词用作前置修饰，短语和小句用作后置修饰。我在翻译中没有模仿汉语，但 the stylistic characteristics of the Chinese language 这个表达在汉语中当然是"汉语的文体特征"。但已经提到的这些组合顺序的转移表明，这种差异的实例比预期的要少。例如，the first dictionary to be published locally 用中文表达会是"第一部当地出版的词典"，但事实上，这一条信息在中文原文中省去了。

（3）在小句和词组级上，两者之间可能有一个转移。在语篇 A 中，英语中的名词化略多于汉语，但并不是太多——尽管有时汉语取消了这一名词化特点。在段落 1 中，英语的 is an adaptation of 对应汉语的"根据……改编"；但在段落 3b 中，英语中表达为 the adaptation... is an attempt to provide，汉语是"经过改编后"，意思是"已经经过改编"或者也许是"在被改编之后"。

　　词汇上的对等程度比较高，但也有一些转移。例如，在段落 3a 中，"精华"不等同于 approach(方法)，而等同于 essence 或 essentials。精密度上有一两个转移。例如英语使用了 this edition(这一版)和 this dictionary(本词典)，而汉语则给出了完整的标题；英语中的 asterisked 对应汉语原文中的"标出"。其他词汇转移还有上面已经提到的省略，即一个词项出现在一个版本而没有在另一个版本出现。

　　让我再转到第四个标题，即元功能。概念功能方面，除了前面提到的转移之外，还存在高度的对等。语篇功能方面，信息的组合顺序发生了转移，而且，小句主位也发生了一两次转移，例如(第 5 段中)，英语为 Emphasis was placed on using modern Chinese...(强调使用现代汉语)，而汉语为"本词典的编写……以现代汉语为主"。但最显著的元功能转移是在人际功能中，英文中有 work of unprecedented dimensions(第 1 段，空前规模的作品)、the first medium-sized, comprehensive... dictionary(第 2 段，第一部综合性中型……词典)、for the convenience of the user(第 6 段，为了方便读者)，而这些在汉语里都不重要。这使得英文语篇明显更具自夸性；甚至像"Over fifty specialists, both Chinese and non-Chinese..."(五十多位汉语和非汉语专家)也听起来比汉语的对等表达更为夸张。这大概反映了这样一个事实：其目标市场，即此书所瞄准的购买群体是讲英语的人，而不是讲汉语的人。但也有一个反例：汉语原文中有"……反映汉语拼音的语体特点"这样的意义表达，而这在英语译文中没有翻译，这让人不禁要问为什么不翻译。

　　或许我们可以对此做出解释。我在这里说一句，我选择这篇文章只是为了展示语言理论在起作用；但是(就像你处理语篇时经常发生的那样!)一旦着手分析，你就会发现意想不到的有趣事情。想想我们提到的第一点，即文章标题，英语为 Foreword(前言)，而汉语是"出版说明"(或者，更确切的表达是"出版解释")。在这个中文标题下，我们希望读到一篇出版商撰写的真实描述，介绍这部作品及其起源。但在 Foreword 的标题下，我们期望读到一些评价，告诉我们"这是一部伟大的作品"，因为 Foreword 总是由别人写的。因此，尽管这里这两个语篇的情境语境相同，但在这个特定语境下它们却有不同的功能。

这解释了英语的特点，我们注意到英语具有积极评价或"宣传"的特点，它鼓励你买这本书。汉语有而英语没有的特点是刚才引用的小句，其中提到英译反映了汉语的语体特点。"特点"包含词素"特"，意思是"特殊"。但是对于反映汉语的语体特点，讲英语的顾客并不在意，甚至可能会对这一点感到反感；因此，这一点在英语中就被省略了。现在我们可以解释信息流中的一些差异，例如，汉语表达"为了迎合广大读者的需求，两家出版社合作"，这与英译表达"this book（a collaborative work）aims to meet the needs of a broader readership"［本词典（合作出品）致力于满足广大读者的需求］形成对比，它们给读者提供的是明显不同的信息。

现在让我简要地讨论下另一个例子——"龟鹤衔芝"图案描述（语篇 B）。就语境来说，中英文语篇不仅在系统方面而且在实例方面都是对等的，也就是说，它们不仅有可能在同样的语境中发挥作用，而且事实上它们也确实在同样的语境中发挥了作用：它们在同一张卡片的两面，与被描述物件一起插入一个盒子里。可能会有人质疑，在这种语境下它们是否具有同样的功能；中文语篇是为促销而设计的（"把这作为礼物送给你的外国朋友"——这正是我们所得到的信息），这将反映在我们考察语义层时发现的转移中。

从语义上讲，除了只出现在中文版标题和结尾的广告语外，这两个版本在语篇层级上基本对等。然而修辞单位的组织表现出一些转移，总结如下（关于"修辞单位"，参见 Cloran，1994）：

英文
描述者 ‖ 本源意义$_{1,2}$
中文
描述《本源》意义$_{概述}$，寓意$_1$，寓意$_2$

中文语篇省略了装饰物的高度，而且有趣的是省略了制造商的名字（尽管这原本可以印在盒子外面）。英语译文省略的内容更多：它省略了许多描写性细节、对民间传统的阐释、这篇短文"寓意丰富"的事实以及对许多寓意的解释，特别是对"鹤为女性、龟为男性"的寓意的解释。

在词汇语法上两个语篇有显著差异。中文语篇由小句构成，其中许多小句是关系性的，其过程由动词体现，如"意喻""代表""为""有……之意""如……般"；但有些过程是物质性的，如"根据……而成""立于……上""口衔"。在英文语篇中，整个第一段以名词词组复合体的形式出现（在这方面更像中文语篇的标题）。第二段是三个书面语句子；语法是小句性语法，所有五个小句都是关系过程小句——唯一的物质过程是以 displayed（展出）开始的级转移（嵌入）小句。因此，英语更为静态，比如 proposed（提议）和 made by（由……制作）是非限定的，而与 standing（立于）和 holding（衔）对等的物质过程不是由动词体现的，而是由介词（on 和 in）体现的。相比之下，中文语篇表述了一段随时间推移而展开的历史。

这里中文语篇显然是原文，翻译成英文时发生了转移。英文语篇意欲在语域上对等，而且很大程度上确实对等。proposed 和 imitation（仿制）两个词有可能是翻译转移；它们在中文语篇中没有对等词，但我认为用 proposed 表达"设计"之意是概念意义方面的错误，而 imitation 是人际意义方面的错误，因为它具有负面意义——它本来应该是 reproduction（复制）。但其中一个明显不合适的词项是 gloosy ganoderma。

这促使我们思考翻译过程的局限性，或者更确切地说，促使我们思考翻译过程的边界性；gloosy ganoderma 可以帮助我们理解这一点。当然这是个印刷错误；gloosy 应该是 glossy，而 glossy ganoderma 是译者可以在字典中找到的与"灵芝"对等的英文名。它的拉丁名是 Ganoderma lucidum。但是这与语域完全不符：这是一个急剧的转移，"灵芝"的意义由属于不同子系统的词项来体现。从这方面而言，更相近的对等词是 wonder iris 或 miracle iris（神奇的鸢尾属植物）。[2]

这与语篇其余部分的语域模式（如"鹤""龟""长青""仙药"等）相配。

我们也许可以保留 glossy 这个词；但语篇中没有 glossy，有的是 gloosy，在拼写和音系两个表达层上发生了转移。大多数翻译并没有考虑在音系方面保持对等，尽管此类对等可能需要被考虑在内。我最早出版的一部作品是著名中文歌曲《叫我如何不想她》的英文翻译。它是为一个歌手在演奏会上表演而翻译的,所以必须与音乐相配——而且必须符合中文的节奏。我把标题翻译为"How should I not think of her?"然而,即使在这种情况下,我们也认为没必要考虑发音——元音和辅音;发音通常被认为是中性的,只是措辞的自动体现。但也许我们应该对此进行更深入的探讨。

英语中不存在 gloosy 这个词。但它可以存在,如果它存在的话我们可以好好想想它的意思。注意起始辅音簇/gl-/。以/gl-/开头的单词常常与光,通常是瞬间的和明亮的光有关,如 gleam、glint、glimmer、glitter 等。这些单词有一个前元音;如果有一个后元音的话,则光是昏暗的,如 gloom 和 gloomy;也许还有 gloaming,尽管它有一个更开放的元音,使光显得似乎更为朦胧,比如在 glow、gloss 和 glare 中。但是-oosy/-uːzi/表示什么意思呢? 它的意思是更加模糊,注意 woozy 表示"半睡半醒",snoozy 表示"困倦",boozy 表示"喝得烂醉",oozy 表示"泥泞而缓慢移动的"。/gl-/和/uːzi/放在一起表达的意思是在非常昏暗的灯光下昏昏欲睡地四处游荡。

这种模式被称为声音联觉,或声音象征。它不是拟声,不涉及模仿,因为这些意义没有声音可模仿。从音系到词汇化的语义场只有一条直达的线索。我认为广东话也有类似的地方,鼻音声母/m-/或/n-/加前元音通常意味着挤压或捏紧,如下列词汇所示:

niù 杪	"slender" 苗条	*nín* 撚	"squeeze" 挤出
nit 臲	"grasp" 抓住	*mì* 寐	"close eyes" 闭(眼)
nip 捻	"pinch" 捏住	*ngit* 齧	"nibble" 轻咬
nip 鉗	"pincers" 钳子	*nì* 閟	"hide" 隐匿
nip 凹	"press flat" 压扁	*nìm* 拈	"carry in fingers" 拈住

(我第一次注意到这些是在多年前学广东话时。这里的汉字和英译词摘自我当时使用的词典,即 1947 年由纽约菲尔德阿法尔出版社出版的《学生粤英词典》。)

声音象征在英语音系中占有重要地位。有一个网站列出了大量的声音联觉系列词；至少在我看来，虽然不是所有的词都令人信服，但仍然有相当多的词是令人信服的。自然，它们往往在口语中承载更多的符号力量，但在那些用来供大声朗读的书面语变体中，尤其是为幼儿写的书中，它们也承载许多符号力量。在当前语境下，我们对这些联觉词似乎兴趣不大——除非这些书作为翻译语篇很受欢迎。正如幽默作家保罗·詹宁斯（Paul Jennings）多年前所说的："充满悖论的是，一件作品越能表现出某些特别的民族特征，它就越能吸引翻译家。"（1963：32，参见上面的注释）詹宁斯未对"特别的民族特征"下定义，但他从毕翠克丝·波特（Beatrix Potter）为孩子们写的故事中选了许多例子，这些故事也包含许多联觉的例子。一个例子是"Tale of the Flopsy Bunnies"（《芙丝家的小兔们》）。名为 flopsy，很明显这些小兔子是悠闲、逍遥而且相当懒散的［比较下 flat（瘪的）、flabby（肥胖、无力的）、flaccid（软弱、无活力的）、floppy（松软、懒散的）、flighty（轻浮的）］；既不把自己当回事，也不把别的事当回事。德语翻译为"die Geschichte der Hasenfamilie Plumps"（《Plumps 兔子家族的故事》）。如果他们在英语中被叫作 Plumps，其效果会很不一样：它们会显得很高傲，非常自以为是［考虑下 plummy（做作的）、plushy（时髦、豪华的）、plume oneself 中的 plume（用羽毛装饰、自夸），还有 plumped up（鼓起），以及很多以-ump 结尾的单词］，这会对整个故事产生不同的效果。

问题是，在这种情况下，"对等"是什么？我们是不是可以简单地称之为一种言语幽默，一种双关语，因此不可译？在另一种语言中，除了偶尔的"幸运巧合"之外，不可能有音义都对等的双关语。同理，完全依赖于语言游戏的神秘填字游戏是不可译的。当然，并非所有的言语幽默都涉及双关；还有不涉及文字游戏的其他类型的幽默，比如混合的陈词滥调，像"（I had to do）the lion's share of the donkey work"［（我不得不）承担这份苦差事的大部分活］或者"（I suspect you're）skating on the thin end of an icy wedge"［（我怀疑你）滑行在冰楔的薄边之上］。但它们都给译者带来了麻烦，原因有两个：一是很少有对等的措辞形式；二是不同文化对有趣的东西有不同看法。

这与文学翻译中的另一个极端——传统语篇价值阶的上端——出现的

问题基本相同。在翻译诗歌时,译者可以选择只对原文的意义进行解释。但如果存在语类对等,有些译者会力求创造一个具有对等价值的语篇,比如将抒情诗与抒情诗相匹配。但是,根据我们的模型,对等性是在哪里建立的呢?几十年来,在把日语俳句和短歌翻译成英语时,一直有保留其音节数的传统:俳句有 17 个音节,而短歌有 31 个音节。但是英语中的音节(syllable)和日语中的音拍(mora)完全不同,这里的对等只是幻觉。但是如今这两种形式都被用来创作英语原创作品;这本身已经成为一种公认的语类(我的儿媳已在此类作品的创作中获了许多奖),但其评价依据依然是被视为日语原初模式的基本语义主题。据我所知,中国抒情诗(唐诗)的翻译家从未试图保留原来的汉语音节数量,尽管人们可以这么做——汉语的音节节奏更像英语[参见 Huang,2002(2006)]。下面是一首最著名的唐诗,它是一首四行诗,每行五个音节,押韵格式为 AABA,每个音节体现一个单纯(单词素)词:

Bed foot, bright moon's shine—
Ground seems decked with rime.
Head raised, watch bright moon;
Head bowed, home thoughts chime.
床前明月光,
疑是地上霜。
举头望明月,
低头思故乡。

对于翻译理论来说,这里的问题是,尽管汉语原文和英译文在层次和级的维度上几乎是对等的,甚至在诗行的单音节构造上也对等,但该英译文却自带一种异国情调,这在汉语原文中是没有的。这首诗的英译在语法上有欠缺,英语语法需要代词、限定词和介词——当然,语法还是有的(其意思表达相当清楚),但缺乏产生英语舒适感所需的语法的外在形式,这些在东亚语言如汉语中是不需要的。汉语诗歌的译者有时会使用未完成体的非定谓小句,这听起来不会有那么多异国情调,因为英国诗人也这么用;他们避免使用主语，也避免时态选择。下文是根据此种方式提供的另一种译文：

> Before bed, bright moon shining—
> Ground beneath frost reclining?
> Head raised, watching bright moon;
> Head bowed, for old home pining.
> 床前明月光，
> 疑是地上霜。
> 举头望明月，
> 低头思故乡。

但与定谓形式相比，这仍然是一个有标记选择，而汉语不会有这种标记性——事实上汉语没有定谓性系统。因此，这里在聚合轴上有一个转移：要么系统不对等，要么，如果系统对等的话，在标记模式中有转移。

我讨论了两个语篇，语篇 A 和语篇 B。每个语篇都有两个版本，一个是中文版，一个是英文版；第三个版本是我把中文翻译过去的英语译文。语篇 A 例示了一些简单明了的对等和转移模式；语篇 B 则将我们引向可译性的边界问题。这是比较语篇分析中的一个非常简短的练习，通过该练习可以相当精确地定位两个相关版本之间的对等和转移模式。这类语篇是如何产生的并不重要——无论是通过人工还是机器的方式把一个语篇翻译成另一语篇，还是两个语篇根据相同的语境要求独立撰写，它们的分析方法是相同的。我认为，这种语言分析在翻译教学以及译员的培训中都有价值，因为它能使教师和学习者把注意力集中到所有相关的问题上，确切地知道他们在谈什么。这并不像听起来那么容易，也使得分析工作变得有价值。

语言分析对译文评价有何价值呢？语言分析是否能帮助我们判断一种翻译是否有效、为什么有效，或者一种翻译是否比另一种更好、为什么更好呢？探索这个问题的一种方法是找到同一语篇的两个或两个以上的译本，选出其中一个明显更好的译本，然后观察语言分析能有何发现。你的判断将与对等程度有关；但不可能确切相关——我们不可能就对等性做出全面的衡量，因为正如我们所看到的，对等有许多不同的种类。但这本身意味着一个更深入的问题：不同种类的对等具有不同的价值，同时对不同种类的对等所赋予的价值会随着语境（包括情境语境和文化语境）变化而变化。

麦蒂森提出了一个普遍原则，即在层次化和级的等级体系上，"更高"的层次往往具有更高的价值。在其他维度上，我们可以将价值赋予特定的翻译实例或翻译类别。比如我们可以说，在翻译抒情诗时，人际元功能的对等优先，或者可以说，精密度对等在医学论文中是非常重要的，但在导游指南中却是次要的。朱莉安·豪斯在其论文《我们如何知道译文是好的？》（参见Steiner & Yallop，2001）中提出了"显性"和"隐性"翻译这个重要区分，并为两者设置了不同的价值区间。"显性"译文明确宣示这是一种翻译，未尝试也未宣称要在与原文相同的功能语境中发挥作用；它需要在语域中以及豪斯所谓的"语言/语篇层面"（语义和一些词汇语法）上对等，但不一定在"个体语篇功能"上对等。至于"隐性"译文，它佯装自己不是译文，其"个体语篇功能"必须保持对等，如有必要还会插入"语境过滤器"，但在"语言/语篇"层面上可以不对等。有趣的是，她接着用显性/隐性区分本身作为价值载体，批评了一个由英语译为德语的儿童故事译本，因为它是隐性的，而在她看来显性翻译更合适。

正如朱莉安·豪斯所说（参见Steiner & Yallop，2001：156），坚持语言分析和价值判断之间的区分很重要，无论二者在多大程度上相互依存。系统功能分析是一种研究语篇的方法——在这里被用来比较一组相关语篇从而对其进行研究。这种分析方法中只有某些部分可能与译文评价相关。但是，我们不知道这些部分是什么，除非我们对这些部分进行了全面的研究，或者至少对哪里产生了对等和转移有所了解，并将这些发现与我们对这些语篇在各自的功能语境中所产生的整体印象相联系。

我选择用这个看起来和听起来都有些引人注目的"龟鹤衔芝"语篇作为例子来引出我们的数个分析维度。这个语篇与《时代汉英词典》语篇的特征有很大不同，但也许相互补充。两个语篇为普通语言理论可以用作翻译研究的工具提供了例证。翻译人员一直在探索由所有这些语言参数所定义的潜势；当我们明确了这些参数后，对翻译过程中所涉问题的讨论会变得更加聚焦、有效。作为语言学家，我们总是注重区分描写观与规定观，即区分对现实加以描写与对标准加以评价或规定。传统上语言学家的翻译理论是描写性的,而翻译家的理论是评价性的。但在现实生活中,语篇承载着价值,而我们需要根据对符号过程的认识,即对意义以及意义如何生成的认识来对这种价值加以解释。这一点适用于所有的语篇分析;但在翻译研究中,这是核心问题。翻译的语言学理论不可避免地要面对这个挑战,即努力变成——或至少支持——一种关于优质翻译的理论。

注释

[1] 这总是一个"或多或少"的问题;不存在绝对对等或绝对不对等。例如,在《圣经》的翻译中,翻译语篇可能在创造其使用语境方面起着很大作用。在那些以前未用于此类新功能语境的语言中,翻译语篇对发展该语言的(科学、管理等)新语域起着重要作用。(参见 Steiner & Yallop, 2001)

[2] 我认为它是一种鸢尾属植物,但不同词典有不同释义。有一本词典告诉我它是一种"真菌",而另一本词典则解释为"忘忧果"。不管它是什么,译者需要从普通词汇而不是学术词汇中找到一个对应词。

第7章
将语言学理论付诸运用(2010)^①

1

首先,我要衷心感谢这个协会,这个被亲切地称为"AAAL"的协会。尤其要向海蒂·伯恩斯(Heidi Byrnes)表示衷心感谢,感谢她邀请我参加这个重要的活动,并给我施加了一些压力——最温柔的压力。我当时不确定要做哪方面的主题发言,也不确定这会是什么样的聚会,更不知道会有多少人来参加(你知道问题在于观众越多,幽默就越必要;如果你的听众超过 25 人,你就不能使用含蓄的讽刺了)。我的朋友宝琳·吉本斯(Pauline Gibbons)几年前在你们的会议上做过发言,她说这只是一个"小聚会"。但在那以后可能会有一些发展吧?

我试着选择在此情况下可能相关、恰切的某个话题、某个主题。既然你们的会议日程可能会涉及对语言学的各种不同应用,我想我应该聚焦最宏观层面上的应用语言学,即"将语言学理论付诸运用"这个概念(正如我在标题中所说的)。这一直是我最关心的问题;近年来,我开始用"适用语言学"(appliable linguistics)这个术语来描述这种研究路径,"适用"(appliable)这个词给编辑和其他人——事实上给任何在语言技术专制之下工作的人都带来了麻烦,这种专制拥有各种手段来抑制任何创新(把这些手段称为"拼写

① 宣读于"美国应用语言学协会 2010 年大会"(American Association of Applied Linguistics Conference 2010),乔治敦大学。

检查器"比较恰当,因为它们会检查拼写,把所有的魔力都从写作过程中抽走)。这些检查手段从不让我轻松使用"适用"这个词;它们用"可用"(applicable)来代替它,但这根本不是我要表达的意思——我讨论的是理论的一般特征,而不是理论在这个或那个特定问题上的应用。这种检查系统体现了一种天真的观念,认为语言通过用旧词组成新句子来构成,其中单词构成了一个有限的集合,既不能加以扩展,也不能玩文字游戏(而"语法检查器"甚至使句子的原创性也受到了威胁)。

按照我的理解,适用语言学是用来处理问题并努力答疑解惑的理论——但不是由专业的语言学家提出的问题与疑惑,而是由以某种方式关心语言的其他人提出的问题与疑惑,无论他们的提问专业与否。这样的人大量存在,如教育家、翻译家、法律和医学专业人士、计算机科学家、文学与戏剧领域的学生等,适用语言学所要处理的正是他们对语言的"看法",至少要弄清什么样的问题会被问到,无论我们能否为这些问题找到答案。

为了阐明我的意思,我将基于自己的个人经历来说明我是如何在某些特定兴趣和特定任务的引导下开始探索语言问题的。我将试着说明这些特定的求知探索如何开拓——也可以说是如何分化——语言的各种维度,正是这些维度构成了这样一个"适用性"语言理论的框架。我要讲的这个故事当然不是纪事——它是一个寓言,从过去(而且现在也总是)无序的、常被误导的、首先是交互式的过程中提炼出意义和秩序。这些过程是社会的对话式的过程,同典型的学习过程一样。我希望通过运用这种策略来引出对语言进行思考的方式,并说明这种思考方式是如何在具体生态社会环境中因使用语言的需求而产生的。

2

我的个人背景中有四个主要方面使语言成为我关注的焦点：文学、外语学习和教学、机器翻译以及受轻视的语言及变体的广泛问题。英国文学,尤其是诗歌和戏剧,是我家庭和学校生活的显著特征。我父亲是一名英语教师,对他来说,语言和文学从来就没有分开过;我和他一样喜欢杰出的诗人和剧作家,我感到奇怪的是为什么我的老师从来没有解释过为何语言可以产生如此神奇的效果。有一次,我去学校图书馆找书,发现了一本关于语言的书,作者是一个叫布龙菲尔德(Bloomfield)的人;但它大大超出了我的理解能力。[要是我当时认识大卫·阿伯克龙比(David Abercrombie)就好了!]

我记得与布龙菲尔德相遇是在 15 岁时;从那时起,其他三种与语言相关的体验大约以五年为间隔相继发生。首先我刚过 20 岁生日就成为一名外语教师,在英国军队教中文;25 岁时,我加入了一个马克思主义语言学小组,研究各种各样的课题,比如亚洲和非洲新近去殖民化语言的发展;30 岁的时候,我成为剑桥语言研究小组的一员,研究如何通过电脑来操作语言做翻译。

当以这种方式罗列出来时,这四种兴趣(文学、语言教学、未被识别的语言和机器翻译)似乎在很大程度上没有联系;但在我看来,它们都结合在一起;在这一过程中,有些组合以具体任务的形式出现(比如我在教书或翻译外国文学作品的时候)。我获得的最强烈的印象是(当然,我没有明确表述出来)有必要力求对语言进行全面阐述,并使这种阐述能兼顾所有这些不同的视角,换句话说,这种阐述应该足够严谨以满足语言实践者可能对语言提出的所有要求。你绝不想在某个以语言为核心的任务上投入了大量的时间和精力,结果却发现,当你绕到所用模型的背面从另一个角度来观察问题时,模型竟然崩溃了。

我开始醒悟(但这是一个渐进、漫长的过程,温和而不激烈)我正把自己置身于一个复杂的多维空间,在这个空间里很容易迷失自我。然而,与此同时我遇到的许多任务都有一个共同点:它们都需要与语篇亲密接触——我们现在将其归入"话语分析"的范畴。在那个时候,"语言"和"语篇"往往被认为是两种不同层级的现象;而当乔姆斯基(Chomsky)的影响开始占据主导地位时,一个语言学家对另一个语言学家的最大侮辱就是指责他们是"基于数据的"。这种人为的二分法,即"语言即系统"和"语言即语篇"之间的二分法,是 20 世纪主流语言学留下的困扰,至今仍在继续制造麻烦。我很幸运,因为我的两位杰出的老师王力和弗斯并不认同这种二分法,尽管他们也没有完全超越它;更幸运的是(当时完全违背我的意愿),我被分配了一项研究任务,要基于一个中等长度的文件编写语言的语法,换句话说,就是把语篇转换成系统。

系统和语篇之间的这种关系(我后来意识到)是我所处的多维空间的一个关键维度:我们现在称之为"实例化"的维度,其中"实例"是一个概括性术语,在语言中以语篇的形式出现。我的博士论文研究(因为这就是它后来的样子)使我清楚地认识到,语篇和系统是从不同观察者视角看到的语言。"系统"是从一个较远距离看到的"语篇"——距离如此之远,以至于有可能,事实上也有必要,将其理论化。换句话说,语篇被转化到另一个现实层面,即每种科学理论赖以存在的虚拟实体层面。

语篇的每个"实例"都会扰动系统,因此系统处于不断变化之中。通常这种扰动非常微小,所以系统的变化非常缓慢——不过,对任何一个我这个年纪的人来说,一生中可能发生的系统变化显而易见,而且确实相当惊人。然而,更加灾难性的干扰也可能会出现,比如当一种语言突然对另一种语言产生影响时,就像 600 年至 800 年左右汉语对日语的影响,或几个世纪之后诺曼法语对英语的影响。我在教学中经常使用气候和天气的类比:气候是系统——是我们的天气理论。气候被实例化为天气,它会变化,通常相当缓慢,但有时是灾难性的,就像今天的全球变暖一样。

让我来谈谈促使我们对系统和语篇之间的关系进行思考的两种语境。人们不时地介入系统的演变。他们引入设计,进行某种形式的语言规划,也许是为了加快新的"民族语言"在教育、政府和法律中的推广。这通常不是很有效,因为他们没有考虑到语篇以及人们实际上如何在日常生活中创造新意义。新意义通常是在被轻视和忽视的语言领域中创造出来的,比如在口语中,尤其是非正式的交谈中;还有在非标准方言中,例如新技术被引入农业或工业时,如同在早期工业革命中那样。对这些话题的思考引出了刚刚提到的两种语境中的第二种语境:我们如何理解这些作为此类社会变化的要素而发展起来的语言功能变体?我们需要为这些功能变体命名,所以我们称之为"语域"(register)。语言中一直存在语域变异,正如方言变异一样,但我们需要对其进行系统的研究,问题是如何研究?我们如何把它概念化?我们是把"一个语域"仅仅当作实例的集合,一组看起来有些相似的语篇,还是把它当作一个子系统,一种在整体资源中遵循一定原则的组织模式,或语言的全部表意潜势? 大家可能还记得 20 世纪 90 年代针对全球变暖就有人提出过类似的问题:这是天气的重复性模式,还是气候的短暂变化?"语域"这个术语的引入是为了将语言中的功能变异理论化:它将变体看作子系统,而相似实例的集合可以称为"语篇类型"。两者都是有效的视角;但它们以大相径庭的方式识解同一现象。更具体地说,如果它是一个语域,那么就需要对它进行解释。

3

语言中的系统概念建立在索绪尔的聚合关系概念基础上。在弗斯的语言作为系统和结构的理论中,系统概念是其思想的核心,只是他拒绝使用"系统"一词来指代整个语言。叶姆斯列夫(Hjelmslev)在对索绪尔思想的正式理论化中,对组合关系和聚合关系给予了同等的重视,而这种比例关系在悉尼·兰姆(Sydney Lamb)的关系网络理论中表现得十分明显。一方面,在所有这些阐述中,语言都不可以被简化成一些组合结构的集合。另一方面,语言可以被表示为一个相互关联的选择系统的网络,而结构就是将这些选择加以组织从而形成语法和音系的构式。这些选择共同构成了语言的"表意潜势";语篇之所以有意义,是因为它的每个特征都是对潜势中系统性选择的组合加以实例化的结果。

因此,语言描写的基本单位是词汇语法或音系中的单个系统。一个系统包括一个环境(一个"入列条件")、一组析取选项(系统中的"项")以及一个输出,即每个项对整体结构的贡献(每个系统选项的"体现")。我想把系统(这个意义上的系统)作为机器翻译的基本单位;但我研究小组的同事们不愿意这样做——它太抽象,与可读的源语语篇相差太大。但系统是我的汉语语法和音系的基本单位,这意味着每一个特征都是有意义的,因为每个特征都是某个系统中的一个项。你不是直接描写"否定性",或者描写某个被标记为"否定"的范畴,而是用"肯定"和"否定"来建立一个**归一性**系统;不是直接对"陈述"做描写,而是建立一个**语气**系统(英语的语气系统;这些是描写性范畴,而不是理论性范畴),其中包含"直陈的"和"祈使的"两个系统项;再建立一个**直陈语气**系统,其中包括"陈述"和"疑问"两个系统项,如此这般,精密度会不断提高(我们从 1960 年起就称之为"精密度",所以我将仍然采用这个术语而不用"粒度")。

系统网络并不形成严格的分类体系,因为有些子系统依赖于某个或所有母系统。例如,英语疑问附加语可用于陈述句或祈使句:

> They came back again, didn't they?
> 他们又回来了,不是吗?

> Come back again, won't you?
> 再回来,你会吗?

附加语还说明了另一点:相同的对比形式可以体现不同的系统选择。仍然以英语为例,有一个**附加语归一性**系统,其中形式的对立仍然表现为肯定和否定之间的对立:

> They're coming back again, aren't they?
> 他们马上回来了,不是吗?

> They're coming back again, are they?
> 他们马上回来了,是吗?

但这些系统项并不是"肯定/否定",而是"反转/恒定":系统对立表现为归一性切换和保持不变之间的对立。(当然,还有许多其他系统与归一性选择相互作用,特别是那些通过语调体现的系统,以及在经常听到的组合中出现的方言变异。但归一性对立体不受影响。)这种恒定和反转的对立在音系中也很常见,选择会在保持特定位置或特定共鸣和反转之间进行:这是现代汉语的一个显著特点(我在教外国学生汉语发音时发现的!),口腔/鼻腔**共鸣**和 y/w(硬腭/软腭)**位置**都系统性地作为"恒定"与"反转"系统而发挥作用。

这些小例子每个都与一个特定的描述性维度相关,都呈现出"适用性"的一般特征:几乎语言学的所有应用都会一方面牵涉语法,另一方面又尽可能地把语法朝向语义方向推动。换句话说,它们与作为表意系统的语言相关。这正是语言的本来面貌,即一个符号系统,而且重要的是,一个语义发生系统不仅由意义构成(即一个"表意潜势"),而且实际上创造了意义(即一个"表意潜势的潜势")。这产生了许多推论,其中之一就是本节的主题,即语法最为理论化的表征需要足够抽象从而摆脱结构的束缚——由此需要作为组织性概念的系统,而系统网络被用作组织的基本形式。另一个主要推论与解释的本质有关,我稍后再谈。但这里就产生了这么一个问题:如果语言被理论化为系统网络的集合,我们如何在多维空间中定位这些网络?选择是在哪里做出的?

4

我想,我已经充分说明了理论的语境化——对它提出的要求,即所提出的问题——如何既影响该理论的优先事项,又影响对于理论本质的整体观念。我个人的做法只能说明故事的一方面;从其定义上来说,这种做法就是片面的;多年来许多其他方面的压力和要求一直存在并将继续存在。稍后我将引用其中的一两个例子来说明;同时我将抛开个人经历的叙述,继续讨论这个框架的其他维度。

每一个系统在网络(即其他系统构成的环境)中都有它的入列条件;但最终我们会到达整个网络的起点;这里涉及另一个维度,即"级"(只是有时称之为"大小级别",也许是因为意识到它的重要性不只是大小的问题)。在每一种语言的语法(以及音系)中,只有某些特定的位置可以作为系统选择的起点。在语法中,我们通常会发现一个由小句、短语、词组、词和词素组成的级阶;这可能会因语言的不同而有所不同(所以在如何给级阶建模的问题上总会有一些自由空间);但所有的变体都源于词和词配置(小句)之间的最初分离,就像我们在婴儿(从他们的原语言)发展出母语时发现的那样。语法中每个系统网络的起点都是这些级阶中的某一个级;或者是一个"复合体",比如"小句复合体"给了我们现代书写式句子的实体。有时,某个特定的级中的基本类不止一个,例如"动词"和"名词"都是词组的基本类且各自都有自己的网络。"级"的概念可以通过这个事实来定义,即它的每个单位都是进行系统选择的基点。

根据级阶来识别的单位当然是组合结构;因此,在以串行方式遍历整个系统网络从而不断更新与这些单位的接触过程中,我们正建立一个系统和结构的循环,正如弗斯所做的那样——尽管他的例子都是音系层的(而且它们之间的相互关系也不太清楚)。音系单位同样构成一个级阶,如声调单位、节奏单位(或"音步")、音节和半音节或音位;语法单位也可以作为音系系统的起点(典型例子是"元音和谐"语言中的词)。

使语法朝着意义的方向稳步靠近(用我们的话来说,来自"自上"的压力)还有其他几个重要的结果。第一,它中和了语法和词汇的区别,要求有一个统一的"词汇语法"层,其中意义沿着从"最语法化的"(小而封闭但范围广阔的系统)到"最词汇化的"(大而开放但具有严格范围限制的集合)连续体一路分布;随着时间的推移,意义可能会朝两个方向中的任何一方发展[比如英语中最近出现的-free 的语法化,或 not 在很多语境如 refrain(from)中的词汇化]。不同语言之间尽管明显存在着很多共同点,但也存在着巨大的差异;另外还有许多不确定性,尤其人际意义往往看起来是半语法化的,即以词汇项的形式出现于或多或少具有系统性的选择中[参见 Martin 和 White(2005)对英语"评价"系统的讨论]。

第二,语法向意义的推进使我们能够将韵律性的系统(即通过语调和节奏来体现的系统)整合在语法中,并与其他非韵律性系统如语气和情态系统互动;当然,不同语言之间还是有很大差异的。第三,语法渐进的语义化吸引——事实上是迫使——人们去关注语言中意义的多重性,即由多个单词组成的每个实例都以多种方式去"表意":每个语法结构都交织着三股不同种类的意义。

从某种意义上说,这显然是语言固有的功能性的显现。每条结构"线索"——词汇语法组合中的每个声音——都在一个独特功能域中发挥作用,并独立于其他两条结构线索(也就是说,很大程度上与其他两者只保持自由关联的关系);这是意义识解和组织方式的一个基本特征,比通常意义上的"功能"更加概括和抽象。带着些许疑虑以及对古典纯粹主义者的歉意,我引入了"元功能"这个独特的术语。

5

我很早就清楚地认识到，在所有这些不同的任务中，我们需要的是一个"功能语法"：一种具有功能性取向的语言理论(20 世纪 60 年代末，在韩茹凯的劝说下，"系统"被扩展为"系统功能")。但这到底是什么意思？最明显的是，它的意思是要考虑人们使用语言的方式，思考在日常生活中人们要求语言发挥的功能或作用——不仅仅是作为一种事后思考，而且是作为整个方法的决定因素。这里我们必须把"语境"概念——作为实例的情境语境和作为系统的文化语境——作为体现维度上的一个层次。

此外，"功能语法"是这么一种语法，其中语法和音系结构被表征为相互定义的多种功能的构形——就像从古希腊思想中转录而来的欧洲语法理论的源头那样，其中含有"主位＋述位""主语＋谓语"等构形。这些不同的分析方式过去常被认为是相互替代且只能有一种是正确的；它们最近被认为是类型变体("主谓型语言"与"主题-评论型语言"的变体)。事实上，这种结构模式以这样那样的形式存在于所有语言中，并且作为一般原则，语法结构中的每个元素都是多功能的，其多重功能可以由许多不同的方式组合，也许主语＝动作者＝主位是小句的典型起点。结构性功能的重组是扩展语法的表意潜势的主要方式。

这直接引出了我们把理论视为"功能性"的第三种意义：在功能理论中解释是用功能性术语来进行的。就最一般的意义而言，这意味着每种语言的语法系统最终都是由语言最初发展的功能(即识解人类经验和演绎人类关系的双重动机)所塑造的。这是一个解释性的概念，我称之为"元功能"；我将这两个意义维度分别称为"概念"和"人际"。每个完全小句(即除呼唤、问候等零句之外的小句)的实例都体现了在这两个元功能网络中所做的选择：通常是在及物性(某种过程形式，包括参与者和环境成分)系统和在情态(与听者的一些言语角色交换)系统中的选择。每一个选择都为结构配置贡献了自己的输入。

这些选择的操作化与第三个意义维度上的选择一起实现；由此这些意义根据相对凸显度与新旧价值被映射到话语流中。这里我们必须认识到系统中的第三个元功能成分,我称之为"语篇的",从而与"语篇"和"语篇性"相呼应。词汇语法的这三个功能性方面都是理论性的建构物,它们是语言固有的一个属性,体现了语言由其进化塑造且同时作为人类经验的理论和人类互动这一原则;前两个功能通过第三个功能的作用而结合到一起,从而把这些意义配置为在特定言语与非言语环境中可理解的话语,而此话语也在此环境中加以展开。

除了对语言整体的组织提供一个功能性解释外,我们还可以审视某一特定语言的具体特征,从而来看看这个元功能模型能否为此提供一些见解。当我教外语时,我很清楚学习者会问什么样的问题——或者如果他们知道怎么问的话会问什么样的问题;我应该说,他们会问的是那些使他们迷惑不解的事情。教师遇到在学习者看来古怪甚至反常的语言特征时,往往会求助于不成熟的"文化"解释,试图将独特的语法或音系特征与说话者的物质文化、他们的行为或信仰模式的某方面联系起来。其中一些熟悉的特征是外教或母语者自己赋予语言整体的(他们的观点可能一致,也可能不一致),比如说"法国人是一个逻辑思维很强的民族;他们不会容忍英语中常见的歧义(比如在 foreign language teacher 这个表达中的歧义)"。毫无疑问,这种解释也没什么害处。但这种随意的"解释"使人们的注意力偏离了真正的问题,即语法的一个特征是否能作为某种普遍模式的一个部分而与其他特征相关联。内部一致性可能存在,或许这种一致性还跨越了不同的元功能,从而表明可以用功能性的方式来解释。

由于这类模式不可避免地涉及许多不同的语法系统,因此很难简单地说明这一点。但还是让我举一个让外国学习者感到异常烦恼的现代英语例子:通常被称作"短语动词"的大量使用。是否存在某种它们所遵循的一般模式呢? 这种一般模式至少能让学习者明白"噢,这些奇怪的现象背后原来是有某种原因的"。

6

为什么英语喜欢用短语动词,比如 take away(解除、拿走)而不是

remove(去除、拿开)，或者 throw out(扔掉)、put back(放回)、turn down
(拒绝)、call off(取消)、bring up(提出)、think over(仔细考虑)、set aside
(不考虑)、take in(欺骗)、see through(坚持完成)，而不是 discard(抛弃)、
replace(放回原处)、reject(拒绝)、cancel(取消)、mention(提起)、consider
(仔细考虑)、disregard(漠视)、deceive(欺骗)、complete(完成)？为什么它
们在口语中与书面语中特别受欢迎？有成百上千的这类短语被经常使用，
而且它们在口语和书面语中的使用频率似乎相当稳定。学英语的外国人觉
得这类短语很讨厌，因为他们无法根据短语中每个单词的部分意义预测其
整体意义。

英语口语中有一种"无标记"或"默认"的典型情况，可以总结如下。典
型的"级"小句(即除了那些级转移的小句，但包括从属小句)被映射到一个
语调单位；在这个语调单位中，语调重音的核心位于结尾，更具体地说位于
小句最后的词项上——这是"新"信息焦点的典型位置。如果小句中只有一
个参与者，这个参与者通常是主语；谓词——即动词词组——将排在最后，
如 the covers have been removed(盖子被拿掉了)这句话。但是，假如有两
个参与者，由于英语是一种所谓的主动宾(SVO)语言，其中一个参与者将出
现在谓词之后，如 you need to remove the covers(你需要拿掉盖子)这句
话——无标记焦点在 the covers 上。

但是，假设你想把信息焦点放在谓词上，把 remove 和其他一些过程
比如 adjust(适应)进行对比，你可以把语调重音放在 remove 上：you need
to **remove** the covers(你需要**拿掉**盖子)；但这是有显著标记的，表明要做的
是一件相当意外的事。如果是想把动词放在小句结尾，你可以说 the
covers you need to remove(盖子你需要拿掉)；但那是以另一种方式做标
记：the covers 现在是一个标记的主位，暗示了另一种对比，例如"the
padding can stay where it is"(垫料可以留着)——这也完全不是想要暗示
的意思了。那么，怎样才能以一种完全中性的方式，在不增加任何语义
负载的情况下，让动词置于小句的末尾呢？可以这样：you need to take
the covers off(你需要把盖子拿掉)。这是表达你想表达的意思的自然
方式，即把谓词变成短语动词。短语动词本质上是一种使谓词置于小
句末尾的手段；它对话语的局部流动——"语篇"方面的意义——发挥着

重要作用。

这种考虑不适用于书面语——或者只能以十分间接的方式适用于书面语。书面语不直接对语调编码，它有其他方式来组织话语流。书面语中可能存在另一个方向上的压力：短语动词没有优势，独词形式的对等词实际上可能更受欢迎。因为(如果它是拉丁衍生词，就像通常情况那样)它更容易被名词化；我们可以有相应的书面形式的表达，比如 removal of the covers is recommended(拿掉盖子是所建议的行为)。我们可以想出口语和书面形式结合在一起的混合措辞形式，就像 what we recommend is removal of the covers(我们建议的是拿掉盖子)这样的表达。所有这些变体之间的区别在于其语篇意义上，即把小句组织为话语的方式上。

对于鲜活语言的语法中所存在的诸多看似任意或有问题的特征来说，这类解释正是功能语法所能提供的。当然，并不是每个特征都能解释清楚；每一种语言都有许多方面是用任何方式都难以解释清楚的——正如海格戈(Hagège)所描述的那样，它们往往是一代代语言建造者留下的零碎建筑材料，也许保留着早期一致性模式的痕迹。当某种功能性解释确已出现时，它也不会像在物理系统中那样以因果关系的形式呈现；符号系统基于体现而非因果关系。对原因的探索会导致对历史的无限追溯：对现代语言的某个既定特征的"解释"需要参考中世纪晚期英语的情况，以此类推，一路追溯到我们力所能及的最早时候。这样的时间序列可以成为包含功能一致性的解释模式中的一部分，比如我们熟知的中世纪晚期英语到早期现代英语这段时期中从"主语＝动作者"到"主语＝主位"的变化；但进入此图景中的共时关系——不同层次(语境、语义、词汇语法、音系)之间的关系——是体现关系[即被杰伊·莱姆基(Jay Lemke)理论化的"元冗余"关系]，而不是任何类型的因果关系。

巴特在讨论体现系统的坚实性时曾说过，在最近的系统安全工作中出现了许多系统故障的实例，以前认为这些故障是由系统工作人员的失误引起的，实际上这种故障似乎常常是由价值-标记(体现)关系被误解为因果关系而引起的。这表明，我们对于符号系统的真正本质可能还没有一个非常明确的总体概念。然而，既然现在我们已经从机器时代进入了信息时代，如果我们和其他物种要生存下去，就必须理解系统的本质——

这件事就像我们的祖先离开农场进入工厂后要能够重塑自我一样重要。如果我们把我们的新环境称为"意义时代"而不是"信息时代",这也许会有所帮助。

7

让我快速简要地列举一些可能对适用语言学提出的其他要求。最近,韩茹凯重新审视了她在 20 世纪 60 年代为巴希尔·伯恩斯坦所做的一些早期工作,并重新探讨了她 20 世纪 80 年代后期的研究,在这项研究中,她考察了社会阶级和性别(现在被委婉地称为"社会性别"),即家庭的社会阶级地位和成长中孩子的性别在代际文化传播中的影响,以及早期家庭经历对孩子在学校表现的影响。她的语义网络(在语义层识别出来的系统网络)被用来处理大量的数据,从而揭示她的研究对象所发展的表意方式在统计上的显著差异。她的语义网络确实揭示出了显著差异,且与这两个社会变量紧密相关。

20 世纪 90 年代初,马丁从研究小学写作转向与教师一起研究中学不同学科领域的语言问题,他发展了语域(功能变异)概念,并用其来识别和描述学习者需要掌握的不同语类。对教育知识语言的详细研究表明,各学科之间存在许多的一致性,但也存在显著差异,尤其在自然科学与社会科学、人文科学之间。例如,在语法隐喻的使用上:在自然科学中,它被用来将知识浓缩为理论"对象"的分类体系,而人文科学则用它来赋予重要组织概念以价值。马丁接下来有关人际元功能中的"评价"研究就是从这一经验中产生的,并从基于语类的教学法发展到对冲突与和解的政治话语等问题的研究。

一直以来,该理论的压力主要源自计算机语言处理过程中的需求,特别是在语篇生成和解析的背景下。对应他们各自的优先事项,罗宾·福赛特和克里斯蒂安·麦蒂森使用了不同的系统描述,极大地扩展了系统网络的范围,使这些系统网络成为综合性的词汇语法理论模型。麦蒂森和他的同事们继续扩展研究范围以包含多语种语篇的生成;麦蒂森在这个方面以及其他方面(对个体语篇和语篇类型的系统概述以及语言的功能类型学)的研究都要求将元功能概念与该理论的其他概念和维度紧密而明确地结合起来。

这些只是我们系统功能视角下适用语言学的大量实践和研究应用中的一些亮点。关于其"适用性"的界限和范围的概览,请参见由韩茹凯等人编辑、伊奎诺斯出版社于 2005 年和 2007 年出版的两卷本著作《持续推进对语言的研究》(*Continuing Discourse on Language*)。该著作清楚地阐明了该理论的所有特征,尤其是它的维度性,而这个维度性提供了一个框架从而把出现的所有更具体的特征语境化,归根结底,这些特征来源于这个框架在各种专业性和研究性活动任务中的使用。例如,功能变异(或语域)原则在埃里克·斯坦纳的翻译理论研究和专业译员培训中受到了挑战并得到了发展。元功能语法在外语教学计划不同阶段的作用对照屋一博(以及你们的主席海蒂·伯恩斯)的研究至关重要。在话语研究中,元功能组织的不同部分在不同的语境中显现出其关键作用,例如人际元功能在前面提到的马丁的研究工作中的关键作用,语篇元功能在彼得·弗里斯(Peter Fries)的作文和读写教学研究中的关键作用,以及概念元功能在麦蒂森的语言和知识建构、我自己对语法隐喻及其在科学话语中的角色等方面的研究中发挥的关键作用。

这乍听起来像一个部件清单,但这并不是我想提供的视角;如果说所有这些工作有何共同要旨,那就是人们去改变他们的关注点和思维方向的能力;要能够从语篇转换到系统,然后再回到语篇,把每个实例都放在本可以表达但却并未表达的可替换实例的语境下去观察;要能够采用三维视角,从"上面""下面"和"周围"观察任何现象。上下之阶可能是级阶,例如对名词词组的观察,可从它在句子中的角色和其作为单词构型的组成方式,以及它在指示、计数等方面的概然率网络三个角度来进行。上下之阶也可能体现在层次上,例如,就某段措辞而言,它体现了什么语义特征? 自己是如何被体现的? 它自己的词汇语法环境又是什么? 这种精确定位,即聚焦需要注意的确切位置同时又注意周围的拓扑结构,是功能语法给予我们的分析工具。我认为这种工具在文学、临床、司法和其他应用话语研究领域极具价值。

8

当你试图呈现语言理论时，一切看起来都很复杂。语言理论是复杂的，因为语言是复杂的——是我们所知道的最复杂的现象之一，语言的复杂性是与它共同进化的人脑的复杂性，假装语言很简单是没有用的。当谈到这种复杂性对教育的启示时，我们的想法似乎有些自相矛盾。一方面，我们认为"物理系统——即物质系统——非常复杂；所以我们必须在很小的时候，在刚上学的时候，就被开始教授物理系统的语法，即数学"；另一方面，我们认为"符号系统——即意义系统，比如语言——非常复杂，所以我们不能教授符号系统的语法——语法学——这要等到孩子们长大些才行"。换言之，我们尽我们所能把语法学弄得对孩子来说很难。

也许我们应该这样说："符号系统是非常复杂的；所以我们应该在很小的时候就开始教语法学，大约在小学 2 年级左右，就像我们对待数学一样。"几年前，吉奥夫·威廉姆斯和他的小学教师同事鲁斯·弗伦奇（Ruth French）正是这样做的：他们从 2 年级开始教授功能语法。孩子们在那么小的年纪就善于反思语言，能够轻松地从 Actor（动作者）、Process（过程）等概念角度对小句的经验结构进行功能分析（他们可能会给这些概念起其他名字，但他们并不害怕专业术语）。为了对比，威廉姆斯和弗伦奇试着在 6 年级引入语法；但是发现对这个年龄才开始学的孩子们来说掌握语法要难得多。

符号系统不同于物理系统。物理系统的"语法学"，即传统算术、代数、几何等，和体现这些原则的物质系统之间的关系不同于词汇语法学、语义学、音系学、语音学与语言系统之间的关系。也许我们可以基于意义和运动之间的互补性，试着让语法原则和音乐、舞蹈原则的学习同时进行，而这种互补性是所有儿童自出生以来，甚至可能在出生之前就具有的一个特点。这样，我们就可以把语言放在其他符号系统的语境中，从多模态的（或"多符号的"）角度来考察。

当然，这只是一闪而过的念头，但却可以仔细考虑一下。这可能是一个很好的结束点。适用语言学是一种思考语言的方式，即思考语言的直接应用范围和语境的方式。但要适用于真实生活中的情景和任务，适用语言学必须成为很好的思维工具，也就是说，它必须成为一种资源从而用以研究真实生活中的各种活动范围和领域——不仅研究这些活动颇为重要的话语形式，而且还研究这些活动作为表意系统和过程的本质。要从理论上理解符号系统的本质和组织形式，我们还有一段路要走，而这正是当前需要考虑的问题，不仅是因为在索绪尔之后的一百年我们也许能让他开创的语言学事业开花结果，还因为如果我们生活于信息时代，那么知道信息到底是什么可能会有所裨益。

第8章
确定选择：意义与翻译语篇中的对等之探索(2012)[①]

1. 意 义 即 选 择

在意义基本上被排除在"主流"语言学之外的那个时代，我的老师弗斯坚称所有的语言学实际上都是对意义的研究。在研究过程中他使用了各种隐喻；其中之一是可见光光谱的隐喻。意义散布于语言光谱之中，包括语音、音位、词汇、语法、语境（"情境语境"）等层次。语言学家考虑到了所有这些方面，而对这些方面的研究策略共同构成了"语义学技巧"。

弗斯信手拈来的例子往往会掩盖这一要旨，比如他说"a Frenchman 这个表达的部分意义听起来像 one 这个词"，这使得观察结果显得微不足道。他的要点在于语言的所有层次都与表意过程有关。这是符号过程的本质，也是与这一过程相关联的系统的本质；这种系统是一种体现系统，其运作部件之间不是因果关系，而是所指和能指或（我更愿意把它概括为）价值和标记的关系。

从某种意义上说，将理论与其应用联系在一起的是价值与标记的关系：理论在应用的过程中得以彰显或"体现"。如果正在被理论化的现象的所有方面——在本例中是语言的所有方面——都与表意过程有关，那么此理论

---

① 首次发表于：马哈布博(Mahboob, A.)和奈特(Knight, N. K.)(编)(2012),《适用语言学》(*Appliable Linguistics*),伦敦和纽约：孔蒂努出版社。

的任何应用也将涉及对意义的某种操作。当然，理论的"应用"会在其能量的指向方面有所不同；有些我们可能认为是"实用性的"，例如向技术班的学生教授外语技能，而另一些则是研究性的，例如文学的语言学分析，其中我们试着解释某个语篇或某个经典语篇如何承载某一特定价值。但所有这些都是基于这样一个前提，即我们的任务在某种程度上都是研究意义的系统。

鉴于几乎我们做的每件事都需要语言，发现语言理论可以在广泛而多样的活动中发挥作用也就不足为奇了。语言理论有助于准确说明和理解问题，有时甚至可能指向一个解决方案。最近出版的一本书大致概述了这一广阔领域的总体情况，它是由韩茹凯、麦蒂森和卫真道编辑，伊奎诺斯出版社于 2005 年和 2007 年出版的两卷本著作《持续推进对语言的研究》。它为"适用性"语言理论的范围提供了丰富信息。我使用"适用"一词是因为"应用语言学"已经发挥了某种与"语言学"（指"语言学本体"或理论语言学）对立的功能，而我反对这种对立；我想要的是能把二者统一的单一概念。我不用"可用"一词是因为该词往往意味着某事物"可用于"某种特定的活动领域，而我想要一个概括性术语，表达某事物有被应用的潜能——能在应用的语境中进化。

事实上，我自己探究语言学的方式是为所面临的非常具体的任务搜寻思维工具。其中一项任务是我作为外语教师的工作，教授对学习者而言——就像不久前对我自己而言——看似颇具异国情调的外语，即教说英语的人（主要是单语者）学汉语。另一项任务是我在英国共产党的工作，即作为团体成员之一探究马克思主义语言学，或者至少称得上是与马克思主义相兼容的语言学。这种语言学关注当时被轻视的语言和变体：口语和书面语，非印欧语系的语言，特别是那些前殖民地中新兴的民族语言、少数民族语言、与"标准"语言相对应的所谓方言等等。还有一项任务源自我对英国文学的热爱。在我看来，文学显然是由语言构成的，因此必须从语言视角进行欣赏，我想知道为什么有些语篇如此有效，如此引人入胜，如此永恒。此外，20 世纪 50 年代末我在剑桥参与了一个早期的机器翻译项目，该项目要求聚焦语言的整个信息系统是如何运作的。所以我真的需要一套工具来帮助我处理这一系列以语言为基础的各种任务。

如果说在所有这些不同的语境中有一个主题特别突出的话，那就是选择的主题：语言即意义，意义即选择。在外语教学中，人们总是通过选择网络来引导学习者，帮助他们开拓不断扩展的表意潜势，提升他们在学习过程中所做选择的精密度。作为一个语言学习者，我经常会问这样一个问题："……之间有什么区别？"而作为一名教师，我不得不一直回答这个问题。在翻译中，无论是人工翻译还是机器翻译，译者的基本问题是选择的问题——就像作家决定是否偏好这种表达形式而不是那种表达形式一样。但这些只是选择被关注的场合，或者可以被关注的场合，正如我们在诗人的笔记中或在翻译人员的有声思维记录中所看到的那样——它们是有意识的选择。事实上，语言的一切使用都是选择活动；大多数时候，选择仍然是"无意识的"，也就是说，在我们的意识层面之下。然而，这仍然是一个选择过程。

如果我们调查一下语言学正被"应用"的其他领域，选择原则总是有可能凸显出来。在临床语言学工作中，人们必须识别并跟踪由痴呆或某些创伤（如中风）引起的失语症等疾病，患者可能会部分丧失进入词汇语法选择的正常范围的能力；例如，在词汇方面，如果无法获取 tennis（网球）这个词，他们会找出一个上义词，比如 ball game（球类游戏），或者一个共同下义词，比如 netball（无挡板篮球）；或者他们可能会面临语法、形态或句法中更复杂的系统错位（比如时间系统的损坏），而这些都难以确定。大多数患者都会努力保持交谈——这可能是无意识的，也可能是一个需要较大有意识努力的过程；但在这两种情况下，患者都是在寻找有意义的替代选择。治疗师试图在语言的整体系统中定位该紊乱症状。在精神治疗的话语中，比如在会话治疗中，治疗师不仅要关注病人所做的选择，同时也会关注他自己所做的选择，也许还要对话语进行语言分析，以追踪治疗过程。

例如，在司法语境下，当语言学家作为专家证人被问及某一特定的供词或所谓的自杀遗言是否可能由某一特定的人所写时，问题的关键在于确定所做的选择是否在该人的表意潜势范围内。就警察在实施逮捕时选用什么样的警告措辞最为恰当这个问题，我的前同事约翰·吉本斯（John Gibbons）接受过详细咨询。匹配笔迹样本也许与意义选择问题的关联度最小，尽管这也被假定为某一有意义语篇的体现（Gibbons，2003）。

语言的所有使用都是一个有意义的选择过程；语言理论的许多应用都

依赖于在特定的情景语境和语篇语境中阐明已经做出的或需要做出的具体选择，换句话说，依赖于它们在整个语言系统中的功能的确定。这就是我在本章标题中所说的"确定选择"的意思。最明显地体现选择过程的一种活动形式是从一种语言到另一种语言的翻译；由于我最近一直在从事一项翻译任务，我把它作为不同选择的实例库。

我的文章来自现在所谓的——或者说，应该是——文化产业(culture industry)；事实上，它通常被称为 cultural industry(文化性产业)，而这本身就是一个有趣的例子：这里的 culture(文化)需要在名词词组中充当类别语，而不是性质语，而形容词性的 cultural(文化性的)在这方面是模棱两可的，可以解释为一个本身具有文化价值的产业，这多少有些自相矛盾之意。文化产业的话语包括博物馆语篇(Ravelli，2006)，旅游指南和宣传册，音乐会、体育冒险等活动的宣传和方案等。我正在翻译的语篇是中国桂林市的旅游指南——或者更确切地说，桂林市及其周边地区的旅游指南。桂林是中国最著名的旅游城市之一，英文版的指南已经有了，我原来的任务就是帮我的朋友把英文翻译润色一下，他正好是桂林市旅游局的咨询专家和顾问。[1]我原以为这是一项非常简单的任务，但后来发现基于中文原文(制作精美、插图漂亮的原文)进行重新翻译更为合适。

我认为我们可以从"对等"和"转移"的角度来讨论翻译，我从卡特福德(Catford，1965)关于翻译的精彩著作中借用了这些术语，但尤为认同麦蒂森在埃里克·斯坦纳和科林·亚洛普所编的书中对它们所做的理论化阐述(Steiner & Yallop，2001)。如果源语言中的 x 被翻译成了目标语言中的 y，我们会问 x 和 y 是对等的还是发生了转移。当然，这种对立总是"相对于某一方面"而言的，语言翻译理论旨在指出并解释我们可以建立对等和转移的这些"方面"，而这正是麦蒂森在持续推进的研究。这些即麦蒂森所说的翻译"环境"。

麦蒂森写道："我认为翻译对等和翻译转移是语言之间差异连续体的相对的两个极，即从'最大一致性'到'最大不一致性'的两个极。"(Steiner & Yallop，2001：78)他补充道："一般原则是，翻译环境越宽泛，翻译对等程度越高，翻译环境越狭窄，翻译转移程度越高。这就是语境化原则：'最宽泛的'环境是使翻译'最大语境化的'环境，因此，同样也可能是'最大限度有效

的'环境。"(Steiner & Yallop，2001：74 - 75)

麦蒂森的"环境"是从人类语言组织的各种维度来定义的：层次化、级、实例化、元功能、精密度和轴。我将主要参考前两个维度，即层次化和级来研究我的双语旅游语篇（实际上它是四语的，因为还包括朝鲜语版和日语版）中的一些例子。我要做的是用明确的语言学术语来识别翻译转移产生的关键点，以便在考虑可能的替代方案时能够讨论涉及的问题。这意味着在英语和汉语系统的语境中来定位特定实例——这里主要是确定它们在层次和级中的位置。

这个做法与"错误分析"有关，尽管两者不完全相同。"错误分析"在 20 世纪 70 年代前后的语言教学中很流行，或者更确切地说，在应用于语言教学的语言学中很流行。"错误分析"很快就过时了，因为事实证明总是有很多不同方法来修复语言错误。这使得它不受教师欢迎，但正是这一特征使语言学家对它感兴趣，而且这对于语言学的学生来说是一项有用的活动，因为这有助于他们意识到语言组织的各种维度。

翻译转移与错误不同。事实上，转移几乎总是会在某些维度上发生，因为两种语言的选择很少完全对等；根据与手头任务的本质相符的各类对等所蕴含的价值，译者在这里转移以在那里获得对等。当然也有一些简单的错误，即目标语言上的错误（我们将从讨论其中的一两个错误开始）。虽然指出这些错误会很有用，但它们不在（正常的）翻译对等的范围中。

在本章的第二部分，我将从这个旅游语篇的一段英语翻译中摘取一些例子进行讨论。后面的语篇 A 是中文原文，语篇 B 为英文译文。这两个段落显然被认为是对等的，因为它们在同一列中以上下段的形式出现（并非语篇的所有部分都以相同的方式显示为匹配的段落）。我将试着把重点放在"选择"这个概念上，把每一个例子看作在目标语言中某些特定位置上的选择输出。当然，我们不知道译者经历了哪些步骤才最终完成了所发表的译文；这不是这里要讨论的问题。我想做的是，在"确定选择"的过程中，使用语言学的分析工具，尤其是语法学的分析工具来探究各种替代性译文对英语语篇读者的意义所在。

在示例表格（附录 3）中，四个中心列中的每一列都有助于从语言角度明确其中的问题。第一列题为"争论点"，对所强调的实例做了非正式的特征描述："英语错误""无理据转移""多余的词""意义不清晰"等等。接下来的三列分别从语言"架构"的三个维度来定位争论点：层次［语音、音系、词汇语法（句法、词法、词汇）、语义、语境］、级（在句法中有词素、词、词组、短语、小句或其中任何级上的复合体；在词汇中有词汇项、搭配）、元功能［概念功能（经验功能、逻辑功能）、人际功能、语篇功能］。在所有这些维度上都可能有多个位置（例如级：小句/动词词组）涉及其中。最后一列建议如何做出替代性选择，以提高译文的有效性。

为了让那些不懂中文的人更容易理解这个讨论，我增加了一个用罗马字母完成的段落转写，使用了汉语拼音（标准汉语的正式拼写），其中包括作为基本组成部分的声调标记。我认为在中文单词上加上行间注解没有必要，甚至是不可取的，我会在讨论它们出现于其中的例子时加以解释。在那些例子中我也使用了拼音转写和汉字。

2. 翻译中的选择实例

在文化语境上，该语篇是一个旅游指南，描述了桂林及其周边地区的旅游景点和其他便利设施，同时鼓励游客前来旅游。中文原文的大部分都是描写性和信息性的，习惯性地用抒情和浪漫的辞藻赞美环境。英语读者对辞藻不熟悉，也不期望在旅游指南中看到它们。事实上，中国译者（英文版的作者）删掉了很多这样的东西，但他也删掉了很多其他东西。

人们可以试着从英国诗人比如丁尼生或华兹华斯（Wordsworth）那里寻找一些合适的引语；但那只是另一种翻译转移，通常我也把它们排除在外。这是一种语义转移（当然也是词汇语法转移），旨在总体上实现语篇的对等，即在与原文相同的语境中发挥相同的功能。卡特福德认为这是其中一种可能的翻译类型。在这类例子中，试图在较低的层面上实现对等，甚至是语义上的对等，会损害语篇的有效性，会引入一种原文中完全不存在的异国情调成分。不受欢迎的异国情调在翻译中是一个常见的问题，需要审慎地加以指出。它与无意为之的幽默问题（即读者可能认为译文段落很滑稽搞笑）有关，但不完全相同。下面是另一个旅游语篇中的两个例子，这次是一个小册子，专门介绍一个具体地点：

> As a matter of fact, this temple is a rock cave. Its ceiling is made of rock and, therefore, it is also called "one piece of tile".

> (The) Concert Hall was built in 1989. The design of the hall is so good that in every seat music can be heard.

> 实际上这个寺庙是一处岩洞。其洞顶由岩石构成，因而也被称为"一片瓦"。

> 鼓浪屿音乐厅建于 1984 年。厅内设计十分巧妙，以至于在每个座位上都能听到音乐。

在这里，幽默的效果来自语义上的不一致，即所陈述的原因（therefore；so good that）与缺乏任何明显的因果关系之间的语义异常：如果某件东西是由岩石制成的，你为何称它为"一片瓦"？每个座位都能听到音乐，这是音乐厅的最低要求，而不是值得夸耀的特点。

当我们在翻译理论和实践中谈到"确定选择"时，就意味着要在两种语言系统中找到我们所关注的对等和转移的关键环节。当然，这可能是翻译中任何一对语篇（源语篇和目标语篇）中的任何环节，因为在所有维度上的对等是不太可能的。同时，翻译这一概念既是过程又是产品，需要研究对等性并假定对等性至少在某些方面可以实现。其中总会有权衡，因此我们可以说，在既定的语境中，最大的价值是由这种或那种对等所承载的，通常是层次和元功能两个维度上对等的某种结合。（我发表的第一个译文是一首中文歌曲的英语译文，因为这是为了在演奏会上表演而翻译的，所以它必须符合音乐的节奏和精神。）译者在做出选择时，会优先考虑这些对等形式，并接受在其他位置由此产生的转移。所有翻译工作都是有意识或无意识的选择过程。语言运用的其他领域也是如此。

当谈到"适用语言学"时，我们指的是一种研究语言的方式，这种方式理论坚实且适用——能够用于处理一系列问题和任务。这两个要求相互支持，因为理论的坚实性源于它与语言在其中扮演中心角色的活动之间保持的长期联系，这些活动包括一些教育（例如跨课程的语言）活动、一些与计算有关的(自然语言处理)活动和其他活动；而适用性源于它一贯的理论基础——在此情况下，该理论为语言系统和每个语言使用实例提供功能性解释，并将任何语言特征都置于其聚合语境中，看作从多维表意资源中所做的选择。在翻译这个领域，能以明确和可追溯的方式反思我们正在做的事情并探索某种语言的表意潜势——或探索两种或两种以上相互接触的语言的表意潜势——是很有价值的。翻译人员经常抗议说他们发现语言学没有用处或用处很小；因此，要使某种追求"适用性"的语言学在这一领域发挥作用或许会是一种挑战。

3. 语　　篇

语篇 A：汉语原文，(i) 汉字，(ii) 汉语拼音

(i) 中心区域景点是以百里漓江为中轴线，辐射两岸著名的自然风光、人文景观，构成桂林山水的精华。其中有以漓江风光为代表的 5 处国家级 4A 景区，有世界最大的雕塑创作营地愚自乐园；有世界最大的虎熊养殖基地雄森熊虎山庄；市区的两江四湖更是构成了"一水抱城流"的城市大公园。其间千峰矗立，风情万种，令人神凝形释，流连忘返。

(ii) Zhōngxīn qūyù jǐngdiǎn shì yǐ bǎi lǐ Líjiāng wéi zhōng zhóuxiàn, fúshè liǎng àn zhùmíng-de zìrán fēngguāng, rénwén jǐngguān, gòuchéng Guìlín shānshuǐ-de jīnghuá. Qízhōng yǒu yǐ Líjiāng fēngguāng wéi dàibiǎo-de 5 chù guójiājí 4A jǐngqū, yǒu shìjiè zuìdà-de diāosù chuàngzuò yíngdì Yúzì Lèyuán; yǒu shìjiè zuìdà-de hǔ xióng yǎngzhí jīdì Xióngsēn Xióng Hǔ Shānzhuāng; shìqū-de liǎng jiāng sì hú gèng shì gòuchéng-le "yī shuǐ bào chéng liú"-de chéngshì dà gōngyuán. Qíjiān qiān fēng chùlì, fēngqíng wànzhǒng, lìng rén shén níng xíng shì, liú lián wàng fǎn.

语篇 B：旅游指南中的英语译文

　　The scenic spots of central area is taking the 100 miles of Li River as central axes, covering the famous natural landscapes and human-culture scenes on both banks which form the soul of Guilin's landscape, including five national level 4A spots in which the scene of Li River is representative; the biggest sculpture creation campsite in the world—Yuzi Paradise; the biggest tigers & bears raising base—Xiongseng Tiger & Bear Villa; the Two-River and Four-lake scenery area form a big city-park of "a river flowing around the city". In this area, there are thousands of upstanding hills and a lot of charming attractions which make your pleasure and forget to return. [*sic*, *passim*]

注释

[1] 我衷心地感谢我的朋友——中山大学的旅游地理学教授保继刚，他让我注意到这本书，并在我和我的妻子访问桂林之际把这本装订精美的书赠送给我们。中文语篇和例子是由陈建生为我设计的。非常感谢他的帮助。

第 3 部分

论物质与意义

编者导言

韩礼德教授一直将自己描述为一名语法学家,他积极致力于"解释语言如何发挥其作为意义发生或资源生成的功能"。他认为语法是"符号过程的能量源泉",是人类潜势背后的"驱动力","建构并演绎个人、群体及种系与其社会和物理环境之间的关系"。在"论语法作为初级向高级意识发展的驱动力"(2004)一文中,韩礼德着重研究了儿童从原语言到语言的过渡,他认为"语法的本体发生过程提供了一种方式来追踪高级意识或符号过程的发展,并显示婴儿在成长为儿童的过程中可能实施了哪些符号策略"。

韩礼德的论文"论物质与意义:人类经验的两个领域"(2005)发表在《语言学和人类科学》杂志的创刊号上。此文继续发展了"论语法作为初级向高级意识发展的驱动力"(2004)一文中提出的观点,即我们生活在两个现象领域中,一个是物质领域,另一个是意义领域。就像韩礼德解释的那样,两者都是必要的,"意义依赖于物质从而得以传递给接收者;用语言学术语来说,意义的体现依赖于物质"。不仅意义的体现依赖于物质,我们的物质存在也是通过使我们得以表意的过程来识解的。因为我们正是通过语言来识解人类的存在的,无论这种识解是一种"日常语法中所包含的常识性理论",还是一种把此经验重新识解为经过"精心设计"的科学理论。两者都是"语法的语义发生能力的结果"。

论文"语词中的高山:将自然之建筑识解为意义"(2009)在印度尼西亚举行的"空间、光照与阴影的语言:语言与建筑的系统交织"会议上宣读。在本文中,韩礼德讨论"人们在交谈、特别是写作中使用的有关高山的语言"。他的研究重点是"19世纪下半叶英国登山家所写的登山见闻类作品,那时那些拥有先进技术并献身于物质解释与物质价值的人已经对高山有所认识"。韩礼德指出："在这种文化氛围中,高山成为一种重新兴起的反现实现象,广受欢迎。"

论文"语言进化：表意史的系统功能反思"(2010)在不列颠哥伦比亚大学举行的第 37 届国际系统功能大会上宣读,探讨了表意潜势如何随着时间推移而发生变化,以及如何在言语团体的语境中演变,从游牧模式发展到农牧模式再发展到工业模式。

第 9 章
论语法作为初级向高级意识发展的
驱动力(2004)[①]

1. 引　　言

　　半个世纪以来,我一直在以学科为基础的学术文化氛围中从事研究工作,这总让我感到不自在——专门由语言学家制定语言研究目标的做法总让我感到不开心——因此现在能够参加一次围绕语言展开的跨学科对话,我感到很荣幸。我并不是表明自己能够超越不同的学科界限;从本性上讲(如果不完全是专业培养使然),我是语法学家,我的贡献将是一位语法学家的贡献,一位曾经研究过儿童语言的语法学家的贡献。但我对"作为一位语法学家"的理解也许与传统语法研究中语法学家的含义不太一样,与时常提出的(以乔姆斯基为主导的)语言学的"句法时代"语言学家的含义也不太一样。就我而言,作为一位语法学家的含义是努力解释语言如何发挥其作为意义发生或资源生成的功能;这意味着探究语言时采用由外到内和由内到外的视角:以语法学家对普通人(包括同样是普通人的儿童)的意义,以及任何涉及语言的专业领域中研究者的意义为出发点。之前我试图将我的研究工作与教育家和社会学家提出的问题联系起来;现在我希望与神经科学家和进化生物学家开展更多的对话。也许我现在应该指出我的"语法"指词

　　① 首次发表于:威廉姆斯(Williams, G.)和卢金(Lukin, A.)(编)(2004),《语言发展:人类种系与个体发展的功能视角》(*The Development of Language: Functional Perspectives on Species and Individuals*),伦敦和纽约:孔蒂努出版社,第15—44页。

汇语法,它是语言系统中的一个有机层次;我不会把句法与词汇作为不同层级的现象加以区分。

20世纪60年代中期我开始研究儿童语言。当时我已读过一些早期的研究,比如路易斯[Lewis,1936(1951)]、利奥波德(Leopold,1939—1949)、沃茨(Watts,1944)等人的研究;我探究过20世纪50年代心理学家的研究,还有鲁斯·韦尔(Ruth Weir)(现在已成经典)的研究——《摇篮里的语言》(1963);随后,我采用早期语言日记研究传统,对一个孩子进行了深度研究,时间从其刚出生不久直到三岁半。最后的一项研究一直是我的主要信息来源,而且被随后的研究大大充实,特别是克莱尔·佩因特(Clare Painter,1984,1989,1996)与简·托尔(Jane Torr,1997;之前署名Oldenburg,1986,1990)的研究,同时也包括乔伊·菲利普(Joy Phillips,1985,1986,1988)、邱世进(1985a,1985b)等其他学者的具体研究。(乔伊·菲利普事实上使用了我的语料;但她的使用方法非常有创意,是我从未想到过的。)[1]我在早年的观察中惊奇地发现早在母语学习之前,在能以我们所能识别的形式建构语言之前,儿童通常都已形成一套复杂且高度功能化的符号系统,他们运用该系统与身边为数不多的人进行着意义交流——一般包括母亲、(也许是)父亲、其他照顾孩子的人,再加上一两个哥哥或姐姐——他们共同组成了儿童的家庭成员,也就是他们的"表意团体"。我在文献中没有找到这个符号系统的名称——事实上没有任何研究将其作为一个系统性的语言现象来对待;所以我将其命名为"原语言",然后以我认为必要的详细程度,开始对这样一位个体儿童的原语言进行描写[Halliday,1969,1975(2004),1978,1979]。

原语言是比母语更早发展的系统性符号资源。它不是母语的一种形式,它的表意模式与众不同,比方说,无法用于"指称"。原语言与婴儿的爬行同时发展,或是至少与某种自我驱动(比如在还不能双腿行走时用臀部移动)同时发展。原语言不是静止不变的,而是在游戏玩耍中不断变化的[对于奈杰尔(Nigel)而言,这段时期大概在10到18个月间];原语言与母语的萌芽时期重叠,但同时拥有自身较为清晰的功能特征。附录4(选自Halliday,1978)包含原语言对话的例子,其中奈杰尔使用的是原语言,他身边的人则使用典型的成人英语:这种英语当然是说给孩子听的,但显然是语言,而不是原语言。正如当时我报告的那样,有时候其他不在孩子表意团体内的人会和他使用原语言,逗逗孩子或是与他表示亲近;但据我的观察,这样的尝试要么被孩子忽略,要么被他愤怒地拒绝。

在本文的讨论中我想重点聚焦原语言到语言的过渡,因为这是语法形成的起点。不过首先我需要回顾原语言形成之前的时期,即大约出生后的前九个月。我将以概述的方式进行回顾;在莫纳什大学举行的"儿童意义表征"研讨会上,我讨论过这一时期,包括从出生一直到原语言形成之初这段时期(参见 Halliday,2004)。当时的语境有所不同,因为我们讨论的是婴儿与童年时期所有方方面面的意义表征;是用我们的而不是儿童自己的语言探讨儿童。但是当时也采用了跨学科视角;我从语言学,或者更确切地讲是符号学层面探讨了儿童时期的意义表征,可以说我是从外到内探讨了儿童发展过程中表意的角色变化。

我认为我们人类的生存状态表现为在两种基本存在形式之间不停地相互渗透:一种是物质存在,一种是符号存在。简单地讲,就是我们生活在物质与意义两种现象领域里。或许这两者通常被称为"物质"与"信息";物理学家倾向于使用测量的方式来定义它们的特征:用空间、质量、密度等维度来定义物质的特征,而用字节来定义信息的特征。但该定义下的信息是一种较为特殊的意义;大部分意义无法用数字测量。因此我要将这两种现象领域称为物质领域与意义领域,它们对应的形容词是"物质的"与"符号的"。甚至在出生之前,胎儿已生活在两种经验领域中,一方面受到母亲说话时的节奏与气流机制的影响,一方面也可能受到与节奏和气息相伴的人际意义的影响。我研究的起点是我们能观察到儿童在这两个现象领域中的表现之时,即儿童刚刚出生时。

2. 原语言之前的时期

科尔温·特热沃森(Colwyn Trevarthen,1977,1979)20 世纪 70 年代早期的研究表明,婴儿出生后的几个星期内我们观察到的是一种活跃的注意力交换:新生儿在看到母亲时会注视她的脸庞,身体各部分变得活跃起来,特别是胳膊与腿,还有面部的肌肉。如果母亲把注意力从其身上转移走了,婴儿则进入不活跃且没有情感表达的状态。这些动作能否称为"有意义"取决于我们的选择;这些动作是互动的,但不是符号性的——关键在于这个阶段动作与表意活动还不是相互独立的。用保罗·蒂博特(Paul Thibault,2004)提出的概念框架来解释就是,运用于象征性表达的身体与运用于物质动作的身体还没有区分开来。

2 至 3 个月内动作与表意开始具有"指向性",正是在这个时候动作与表意开始分离。四肢的活动能够指向某个物体,其动作包括伸手去够、触摸、抓握。根据同样的方式,哭声变为喊叫,也就是说喊叫能够指向某人——喊叫能够"指向听者"。这里有个显著差别:喊叫不会指向某个物体。动作可以指向人或物体,而表意则仅仅指向人。因此对于拥有正常视力的儿童而言(我假设儿童拥有正常的视力,对于先天性盲童的动作与表意发展步骤我不得而知),视觉模式——视觉感知——用于协调动作与表意之间的差别,同时促成动作与表意指向儿童所感知到的其身体之外的人和事物,即构成儿童"生态社会环境"[用莱姆基(Lemke,1993)的话来说]的人和事物。

感知的改变,即在不断变化的视觉取向中儿童对事物的感知方式的改变,一直协调着儿童的动作与表意的持续平行发展。原语言的出现可能源于三个重要的步骤,即翻身、坐起与爬行,这些步骤表现为儿童的动作以及儿童不断强化把自己身体作为物质动作实施者的控制力。

当婴儿抬起头时,他已经开始用自己的视角观察周围的环境了。(由于我的研究对象是个男孩,我将采用现代的指称词而不是后现代的中性指称词。)但对此而言第一个至关重要的动作是翻身:从肚子翻到后背,再从后背翻肚子。从视觉角度看,这意味着孩子现在能够在两个对立的视角之间转换;换言之,作为观察者他能够变化其观察位置。当然,他已经从各种可能的角度看到了这个世界;但可以说这都不是自主的,他一直在别人的怀抱中,因此他还未将观察世界的特定角度与自己身体的姿势联系起来。现在他做到了,而且(因为翻身动作原则上讲可以无限重复)他现在可以开始积极地探索周围的物质环境。奈杰尔正是在这个时候形成了他首个系统化的表意行为,这(像他的动作一样)也是探索性的:是一种能够清晰识别的对好奇心的表达,在大约三周的时间内时不时地被使用。在记录中我用

"v.h.p.s"标注这样的表达,意思是音调非常高的尖叫。这是一种指向性表意行为,由周围环境的突变(如突发噪音或突发强光)引起,并且指向儿童表意团体中的任一在场成员;这种表达可理解为寻求说明,而听者会相应地做出回答,如"对,这是一辆公交车——是不是太吵啦!"或是任何其他回答。奈杰尔此时已被接纳为符号性的施动者,一位能够引发对话的个体。

　　然而坐起动作才使符号潜势得以充分扩展。这个动作中孩子的能动性同样是至关重要的因素:他能够主动地选择一个视角来将周围的环境视为统一的景观,其中物质世界里的重力现象逐渐变得十分明显。他很快就将开始自己的重力实验,一边扔掉所有他能拿到的东西,一边观察着物体的掉落——对被孩子期待去捡拾的大人来说,这可让人烦透了。这个阶段孩子事实上在三个方面扩展自己对周围环境的控制力:第一个方面是对自己身体的控制力;另外两个方面是对物质环境实施控制的两种形式,一种是直接通过动作控制(一旦你能够坐起来,对物体的操控将变得更为容易),另一种是间接地通过表意行为实施控制——正是在这个阶段奈杰尔形成了他第一组真正意义上的符号。

　　符号是意义和表达的组合,表达形式可以是声音或手势或是两者的综合体;借助符号,儿童能够符号性地作用于生态社会环境的各个方面。他能够通过互动建立并维持亲密感,他也能通过与人交流间接地作用于各种事物。他现在有两种方法拿到他想要的东西:可以伸出手去抓住它,也可以告诉某个人把这东西给他。

　　这些符号还没有指称功能——它们无法用于命名;因此这一新增符号资源所能控制的物质范围并没有得到很大的扩充:你无法"告诉"别人你想要什么。在这个阶段奈杰尔采用的这两种策略的有效范围其实是一样的,因为它们都依赖于奈杰尔能够伸手触摸到想要的东西。然而这两种行为模式是截然不同的。当以物质方式活动时,他会抓住这个物体并拿到自己的身边;如果他不想要这样东西,就会把它推开或者把它弄倒。但以符号方式活动时,如果他想要一个东西,就会把它握在手中,过一会儿再放开,但不会移开他的手;如果他不想要这个东西,就会轻轻地拍拍它,然后收回自己的手。这些手势具有鲜明的象似性;毕竟这些手势要让别人理解,而这个人不一定能快速地理解它们的意思。但不管怎样,它们是手势:作为动作者的身体与作为能指的身体显然现在已经永久性地区分开来。［这个特征在符号性发展的步骤中十分典型。这样的步骤本身（即在此步骤完成的特定语境中）并不能加强孩子对周围环境的控制。但这个步骤是一种"预告"：预告它扩展了孩子的控制"潜势"，以供下一发展阶段利用。］

那一小组相互区别的符号——奈杰尔总共有五六个，使用了大约三周时间——开启了通往原语言的大门。图9.1总结了目前奈杰尔所经历的发展步骤，并预示下文将要讨论的更多发展步骤。

动作 ［物质 活动］	四肢活跃； 哭喊	→	伸手够与抓握 ［指向 性动作］	→	翻滚 ［转换 视角］	→	坐起 ［世界成为 景观	→	爬行 ［移动观察 视角	→	直立行走
表意 ［符号 活动］	交换 注意力	→	喊叫 ［指向性 哭喊］	→	"！""？" ［表达 惊讶	→	孤立 符号	→	原语言 ［初级符号 系统］	→	语言 ［高级符号 系统］

图9.1 动作与表意

接下来，孩子学会了爬行，学会了靠自己的能力从一处移动到另一处。他现在能够从各个角度审视周围的环境，观察其中不同的物体，形成一个真正意义上的三维立体画面；他现在开始急切地表达意义。符号的数量现在快速增加；然而真正重要的并非符号数量的增加。至关重要的是符号组合成"符号系统"的方式；我们就是将这个系统命名为"原语言"。这个系统的核心是它的功能性，即意义围绕少量语境中的功能来构建的方式。当奈杰尔十个半月的时候，我能够识别出四种系统化的功能，我称之为"工具功能""调控功能""互动功能"与"个人功能"，可分别注解为"给我！""为我做！""你和我一起"与"我想"。这些系统的网络详见图9.2。

这些"微观功能"在我的原版著作［Halliday，1975（2004）］中有详细解释；在这里我只想运用两组根本性的对立概念对它们进行定位。一组是反映与动作的对立，即事物以何种方式存在与我希望事物以何方式存在之间的对立（我们可以用语法术语将它们称作"陈述语气与祈使语气"的对立，但要切记原语言中没有语法成分）。另一组是外部经验与内部经验之间的对立；或者换言之是物体取向与人际取向的对立（这与语法又存在相似之处：

内部,或许更为恰当地说"向内的"取向对应第一和第二人称;而外部,或是"向外的"取向则对应第三人称)。这两组对立概念可以形成一个由行列特征组成的小型矩阵,如图 9.3 所示。(这个矩阵里我选择使用"个人"这个词。我指的是孩子对自我个性的表达,体现为对不同经验现象的好奇心或是喜恶之情。但这个取向肯定是向外的;这些"个人"意义在孩子对现实的建构中发挥了重要作用,且涉及自我与"外在世界"的清晰区分。)

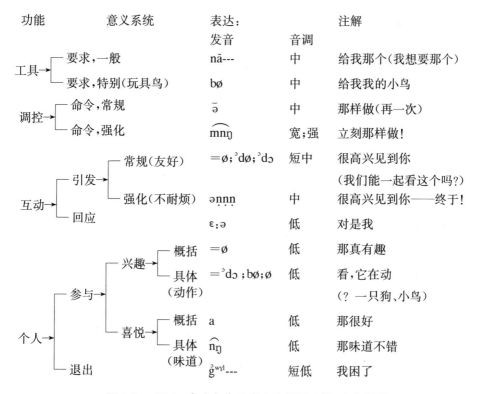

图 9.2a NL1:奈杰尔在 0 岁 9 个月至 0 岁 10 个月半

注解:以上均为降调;中=中降调,短低=短间隔低降调等。以下均是同样标注,有不同之处会另外标出。奈杰尔在 0 岁 9 个月时会表达两个此类意义,发音都标记为[ø],音调为中或中低降调;一个表达互动型意义——"我们能一起看这个吗?";另一个发音通常有较宽的间隔,表达个人意义——"看,它在动"。他同时会用手势表达另外三个意义:两个表达工具意义,表达"我想要那个"时,手紧紧握住那样东西,而表达"我不想要那个"时,手轻轻触碰那样东西;一个表达调控意义,当表达"再做一次"时,手使劲触碰某人或相关物品(比如"再往空中跳起")。手势在 NL1 (Nigel Language 1)至 NL2(Nigel Language 2)阶段消失。

在本图与下面的图中,常用的表达用"*"表示,不常用的或有疑问的用"?"表示。当两个或三个表达在意义和发音上有关联时用"="表示,需要时会标以数字识别。"---"表示音节重复。(-), (--)表示通常可重复的次数。

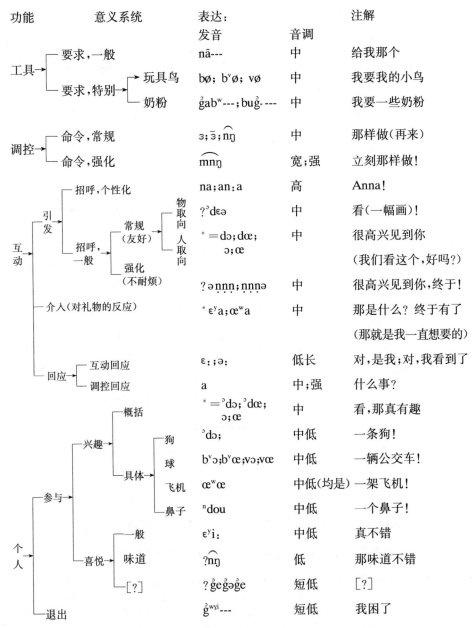

功能	意义系统	表达：发音	音调	注解
工具	要求，一般	nã---	中	给我那个
	要求，特别 → 玩具鸟	bø; bˇø; vø	中	我要我的小鸟
	奶粉	g̊abʷ---; bug̊---	中	我要一些奶粉
调控	命令，常规	ɜ; ɜ̃; n̂ŋ	中	那样做（再来）
	命令，强化	m̂nŋ	宽；强	立刻那样做！
互动	引发 → 招呼，个性化	na; an; a	高	Anna！
		招呼，一般 → 常规（友好）→ 物取向	?ˇdɛ̊ə	中	看（一幅画）！
		人取向	* =dɔ; dœ; ɔ; œ	中	很高兴见到你（我们看这个，好吗？）
		强化（不耐烦）	?ən̂nn; nnnə	中	很高兴见到你，终于！
	介入（对礼物的反应）	* ɛʸa; œʷa	中	那是什么？终于有了（那就是我一直想要的）
	回应 → 互动回应	ɛː; ̊ə :	低长	对，是我；对，我看到了
	调控回应	a	中；强	什么事？
		* =ɔ̊c; ̊dɔ; dœ; ɔ; œ	中	看，那真有趣
个人	参与 → 兴趣 → 概括			
		具体 → 狗	̊dɔ;	中低	一条狗！
		球	bˇɔ̊c; bˇɔ̃œ; vɔ; vœ	中低	一辆公交车！
		飞机	œʷœ	中低（均是）	一架飞机！
		鼻子	ⁿdou	中低	一个鼻子！
	喜悦 → 一般	ɛʸiː	中低	真不错
	味道	?n̂ŋ	低	那味道不错
	[?]	?g̊eg̊əg̊e	短低	[?]
退出		g̊ʷʸi---	短低	我困了

图 9.2b NL2：奈杰尔在 0 岁 10 个半月至 1 岁

　　孩子此时正在定位自己在生态社会环境中的位置，而且在与环境的对比中已有清晰的"自我"意识。当然，这种意识并未达到"自觉"的显性认识水平，那是高级意识的特征，但我们在此看到的是得到充分发展的初级意识,与其他物种的意识相似。对比婴儿的原语言与其他物种的交际模式事实上非常有趣,因为他们的符号属于相似的类别。幼儿能够很好地与小猫小狗相处——我过去常说他们任何一方都能认识到对方拥有和自己一样的表意模式。

语　气	取　　向	
	向外 (第三人称/物体)	向内 (第一、二人称)
动　作	工具 "给我!"	调控 "为我做!"
反　映	个人 "我想"	互动 "你和我"

图 9.3　原语言中的语气与取向

3. 原　语　言

　　婴儿的原语言体现了其充分发展的初级意识,是他学习与互动的重要方式,即学习构成生态社会环境的不同要素并与之互动的重要方式。但原语言也是向母语或"成人"(即后婴儿时期)语言发展中的重要一步。这里至关重要的是原语言的系统性本质:我们能够系统地给原语言建模。这里有两层含义。一方面,现在有了清晰的"实例化"线索:符号的每一次出现都是深层次系统的一个实例(是深层次系统中的一个项)。(需要注意的是这种符号"复杂度增加"出现于象征性符号生成的时候;在此之前,实例化维度不存在。在我的观察中需要有三个清晰实例才能把某种发音或手势确认为系统性成分。)另一方面,还存在一个明显的"对立"维度:各组符号之间相互对比(也许是仿照肯定与否定的极性对比,在"是这个"与"不是那个"之间对比,以及"我想"与"我不想"之间对比)。实例化与系统性的对比或对立这两个特征将成为之后向语法迈进的根本前提。

为了更好地理解这一步,我们也许需要暂缓片刻来思考原语言与人类身体——当然包括与大脑相关的本质。非常重要的是儿童表意团体中的"成人"(后婴儿时期)成员一直在持续跟踪他的符号性发展进程。正如我所说,他们不会说儿童的语言,但知道这语言的意义,能与孩子展开长时间的对话,尽管儿童的语言在不停地变化。儿童知道如果他们没有正确理解自己的意思,他有办法告诉他们理解错了。其他人之所以能够理解儿童表达的意义,是因为他们理解语言时采用三个不同的视角——来自上面、下面与周围的视角(此处我称之为"三维"视角),这与他们能够掌握任何符号系统的原因一致。图9.4呈现原语言的方式包含了以上三个视角。我把"来自下面"的视角标记为身体环境的视角,因为身体显然是符号"表达"方面的场所:那是手势与发音产生的地方。"来自上面"的视角就是来自生态社会环境的视角,生态社会环境由经验与人际关系组成,构成了符号"内容"方面的场所——包括情景语境,它其实是生态社会环境的实例化。事实上,身体作为大脑的看护者同时涉入了上下两端,即同时涉入了下面的身体环境与上面的生态社会环境之边界。

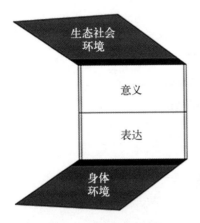

图9.4 原语言与其环境

人脑在这两个界面的作用是实现两种现象领域——物质领域与符号领域——之间的转换。当奈杰尔说* [’dò’dò]时他的大脑正在从他对世界(包括各种物体与人物)的体验里提取一套复杂的特征,然后将这些特征转换成一定量的意义。和所有的意义一样,这种意义很难用语言表述——因为它们指的就是其自身;但就像我做的那样,我们尽力将它们注解为"很高兴见到你""让我们现在一起看这幅画吧"等——或是注解成较为独立于语境的表述,如"让我们通过分享一段共同的经历来在一起"。这种意义又将转入物质领域,当然还是通过大脑转入,转换为发音器官与声带的肌肉运动,调节由横膈膜呼出的气流。任何在听奈杰尔说话的人的大脑中都会经历相似的转换,只不过方向相反。这些"实例"要依靠交际双方的记忆力;据我了解,影像学已表明"相同"的表意行为重复出现时所需的神经元能量就会减少;这正是系统的功能之一,而系统就是用来确定不同实例是否属于相同表意行为的"表意潜势"的。既然系统是通过物质与符号现象在大脑中的持续转换而得到维护并不断发展的,特别是考虑到孩子对环境日益增强的视觉把控在物质与符号领域之间发挥的中介协调作用,那么符号性发展的不同阶段会与人的身体发展紧密融合也就不足为奇了。

儿童的身体与大脑正在迅速发育成熟,忽然间我们的婴儿能站起来并且用双脚行走而不是用四肢爬行。能够行走的身体经历了革命性的变化,跨越了人类数百代的生物进化历程。此时这个能表意的身体发生了什么?

当大脑说"站起来,双脚行走"时,它加速了孩子对环境感知的维度分化的最后阶段的发展。这一步融合了坐起与爬行的两种优势;但二者的融合效果与任何单个动作相比都有质的不同。孩子现在能够加工影院式的三维景观,而且其所见的环境也第一次变得几乎没有止境。

大概在同一时间——这毫不奇怪——符号潜势也得到了丰富,而且它的维度也得到最新重构,因此现在符号性潜势也变得无穷大。这一革命性巨变的能量来源于语法。语法将原语言转换为语言,在此过程中同样以抄捷径的方式跨越了数百或是数千代人的符号性进化历程,从而促进孩子从初级意识发展到更高级的意识。

原语言是很好的资源;但它也存在很大的局限。它是由一对一式的内容(意义)-表达映射构成的。你能够不断增加符号储备的数量,但我们不知道最多能达到多少(或许不超过 100 个);但这是使原语言变强大的唯一方式。你可以用它指示事物,但无法用它命名事物——它没有指称功能;因此你无法进行归纳,或是先分离再组合各个独立变量。你可以用它发起对话并对话语做出回应,但无法开启一个对话角色系统或是发展系统的评价

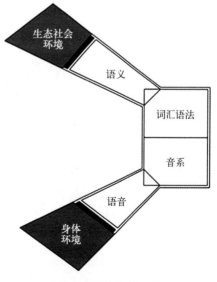

图 9.5　语言与其环境

模式。你能将多个符号串在一起(奈杰尔最多串起 3 个符号,而且这只在一个场合中观察到了),但你无法建构一段叙事或其他结构形式的话语。使儿童识解复杂的经验和演绎复杂的人际关系需要某种更为丰富的开放性符号系统,正是语法使这样一个系统成为可能。

语法(我总是指词汇语法)是一个纯粹抽象的符号过程层次,插入于内容与表达之间。"纯粹抽象"是指语法没有与环境直接对接。如果重画图 9.4 中的示意图,它应该呈现为图 9.5 中的样子。

4. 语法的出现

语法到底是如何产生的? 我在其他地方(如 Halliday,1993b)曾经讨论过奈杰尔如何迈出这关键一步。当奈杰尔刚 14 个月大、刚把步行作为有效的前进模式时,他的原语言中包含大约 40 至 50 个符号,这些符号分布于我之前提出的一系列功能(工具功能、调控功能、互动功能以及个人功能)之中。每一个符号都有其语音表达形式,体现为发音与语调的某种组合形式,如图 9.6 所示。

这一阶段的发音是肢体性而非音位性的,对我们更适应于音位性发音的耳朵来说,此时的发音听起来不太稳定,但实际上非常一致。同样其韵律也一致:每一个符号有固定的与之相联系的语调,通常是降调,但也有一些符号的韵律明显不同,比如[mng]"I like that"(我喜欢那个)的语调是(降)升降调。就在这个时候,奈杰尔引入了三个新的符号,分别指示三位与他亲近的人:[ama]、[dada]、[anːa]。它们分别表示"妈妈""爸爸"和"安娜";但它们还不是名称,而是亲密无间的互动型表达,意思大概是"我和你",其中"你"因人而异。它们还有自己特殊的音调:其独特之处在于它们都是高音。在接下来大约两天或三天内的某个时刻,奈杰尔将现有的原语言系统替换为如图 9.7 中所示的系统,图 9.7a 是变化之前的系统,图 9.7b 是变化之后的系统。

其中发音没有变化;发生变化的是语调模式,原来统一的高平调被替换成两种相互区分的语调模式,其意义也呈现出系统化差别:一种模式是音

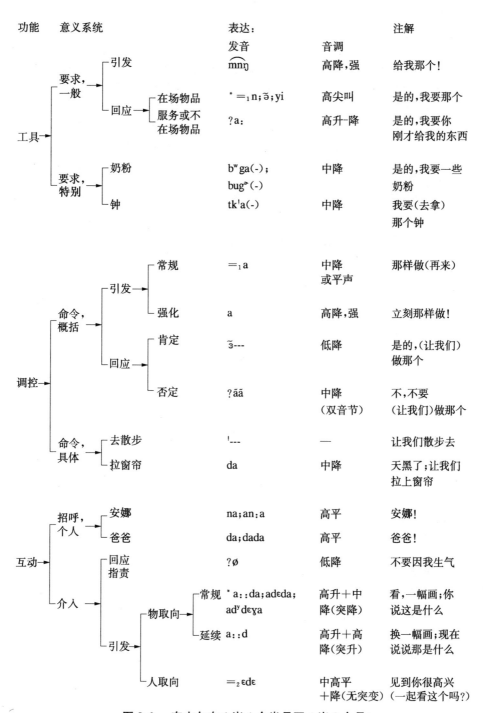

图 9.6a　奈杰尔在 1 岁 1 个半月至 1 岁 3 个月

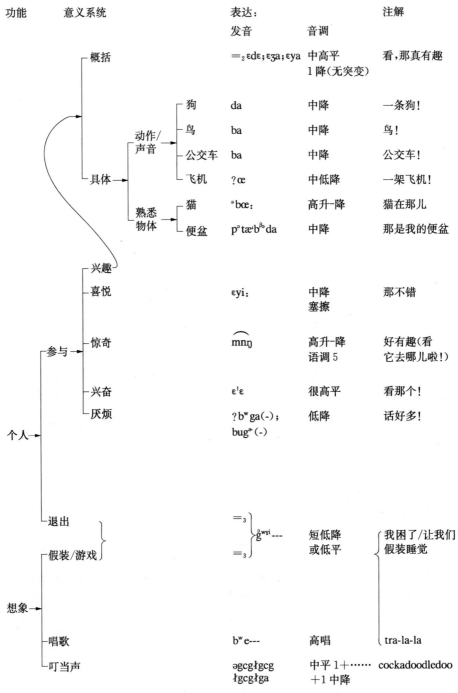

图 9.6a　奈杰尔在 1 岁 1 个半月至 1 岁 3 个月（续）

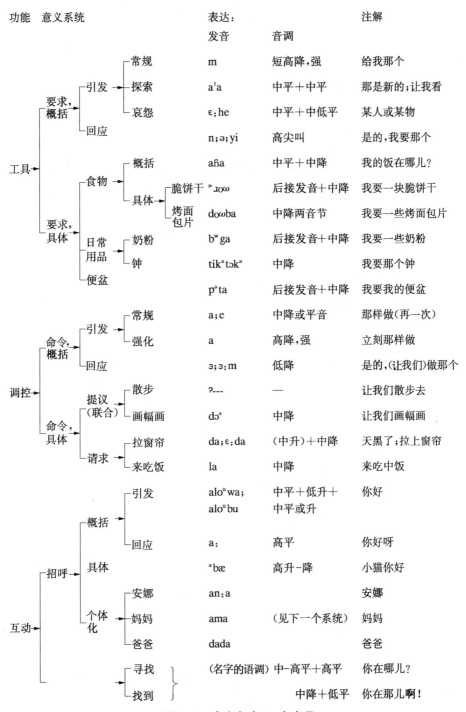

图 9.6b　奈杰尔在 16 个半月

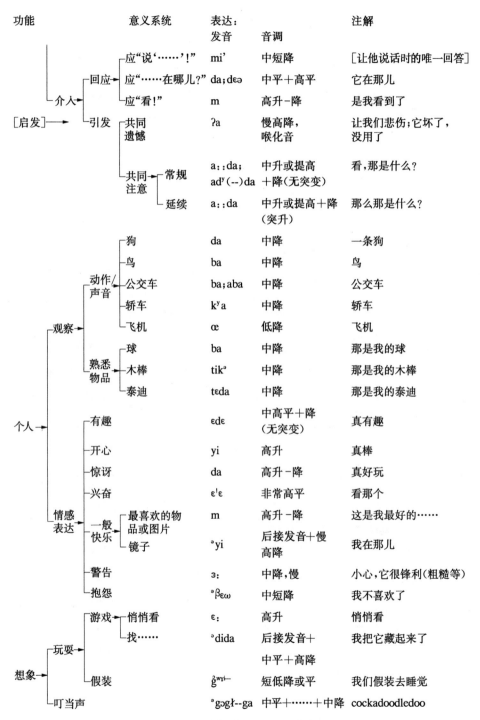

图 9.6b　奈杰尔在 16 个半月(续)

注解：此时首次出现了一套意义选项，而它们并非简单的分类。安娜、爸爸和妈妈这三个人称词语既能与逐步上升的高平调搭配，意思是"你在哪儿？我正在找你。"，又能与中降加上低平调搭配，意思是"你在那儿啊！"。这样的组合涉及内容与表达之间的编码层。

图 9.7a 奈杰尔的命名系统：尚未分层

注解：奈杰尔在 13 个月时，发音与韵律没有分离，词项还没有指称功能。

图 9.7b 奈杰尔在内容层的首次分层

注解：奈杰尔在 14 个月时，发音与韵律分离为不同变量；词项（系统 1）具有指称功能，专有名称（系统 2）表达情态，"寻找"与"找到"相对。经验意义系统（三个人称名词）首次与人际意义系统（两种语气）分离且两者能自由组合。这是孩子迈向词汇语法层的第一步。

调上升（中平调后跟着高平调），另一种是音调降低（高音调降为中音调，后面跟着中平调）。第一种模式用于某人不在场的时候：这是一种提问语调，意思是"你在哪儿？我需要你"；第二种模式用于某人在场或进入视线的时候，意思是"是你啊——你在那儿啊！"。迈出的这一小步使奈杰尔成为一个名副其实的"语法人"（一个初出茅庐但却完全合格的新语法人）。他已经分离出两个系统变量：一个变量是人际意义系统，由升调与降调的对立体现，另一变量是概念意义系统，由发音上的对比实现；这两个系统可以自由组合。此时，[ama]等发音首次成为真实的名称，它们的指称意义从将寻找与找到对立的人际意义之中分析得来（或者在更一般的意义上来说，从将焦虑与安心对立的人际意义中分析得来。有趣的是，这也是恐惧开始形成的时刻，即如果陌生人出现或亲密的人不在周围时焦虑形成的时刻）。当我们之后回看这一步时,会发现其中孕育着及物性与语气的萌芽。

此时经验意义系统(三个人名)首次与人际意义系统(两种语气)相分离,而且能与后者自由组合。这是孩子迈向词汇语法层的第一步。

奈杰尔现在对语法有所了解了:他已经在高级的分层意义世界中迈出了第一步。与往常一样,他就此停止。就好像他已经了解了前进的道路,已经掌握了基本的原则,现在他想把这条原则储备起来,直到他准备好开始认真使用它,而这样的情况出现过好几次。当然,在我们成年人的时间框架中,孩子没多久便郑重地踏上向母语进化的旅程——这里我需要再谈一个奈杰尔的事情以便说明他如何跨越另一个发展边界。我讲奈杰尔的故事是因为我观察了其语言发展的全部进程,而且是直接观察的(能够见证语言的萌芽也许是我的学术生涯中最令人兴奋的经历);不过每一个孩子都必须找到自己的方式以成长为使用语法的人。每一种自然语言的语法都同时拥有两种属性:它既是人类经验的理论,同时也是人际关系的演绎;我们可以看到奈杰尔如何从一开始就运用音节与音调游戏建立起了这条原则。你无法做到只拥有其中一种意义而不要另一种意义;这条原则已内置于我们高级意识的构建之中。我们将语法的这两个方面称为"经验意义"与"人际意义";经验意义随后会得到语法逻辑部分的支持,因此我们用另外一个术语"概念意义"指代经验意义与逻辑意义之间极其强大的组合。

那么我所提到的下一个发展边界是什么呢?儿童需要一种策略来加速其母语的发展,从而使其整个系统的发展突飞猛进。他们做的似乎是通过某种方式(虽然具体策略各有不同,但其中的原则已被广泛认可)首先把其作为反映的语法与作为动作的语法这种双重性"系统化",以使每句言辞只能归为两种功能中的一种。如果可以的话,此处我将再次谈到奈杰尔的语言发展过程。到 16 个半月时,奈杰尔的原语言已发展到 50 多个符号;但此时其符号模式已开始解体,到 18 个月时他已经开始向母语过渡。一些符号消失了,与此同时其他符号被词汇化,这形成了其词汇量快速增长的基础,现在其词汇量已达到 100 个左右。但这些单词(我们现在可以称它们为单词)出现在不同的语境中:有的出现在活动语境中(如"把……给我""让我们玩……"),其他符号则出现在反映语境中(如"有一个……""那是一个……"),然而没有任何单词同时出现在两种语境中。

在 1 岁 6 个月至 1 岁 7 个月这一时间段,奈杰尔的词汇语法资源得到快速拓展,从单个词语发展为两个词语的言辞,紧接着是三个词语的言辞;同样每个言辞仅仅在两种语境中的一种发挥作用,而不会在两种语境中同时发挥作用。所有的表达均为降调。但是接下来的两周发生了显著变化,从变化开始到完成(也就是说,变化已完全一致),只用了五天时间。所发生的事情的是,在所有反映模式的言辞中,即当奈杰尔评论他所见到或回忆起的事情时(用我们的话说,当他"建构"经验时),语调保持为降调。但是在所有活动模式的言辞中,即当奈杰尔希望别人给他某个东西、希望别人为他做某件事或仅仅和他待在一起时("演绎"人际关系与社会过程时),所有言辞都转为升调。所举例证见附录 5。

这种语调的区别清晰、明确且完全一致。这种对比被伴随奈杰尔言辞的行为所强化。任何使用升调的言辞都要求有回应,而且会重复出现且迫切性不断增加,直到获得回应。当然,并不一定是认同;回应也许是"不,你不可以",但这样的回应与"是的,你可以"完全一样(几乎一样)能被接受,因为它完成了由升调开启的表意循环。与之相比,降调言辞虽然可能得到听话人的回应(如"是的,那是一辆绿色公交车""不是的,这不是绿色,是蓝色"等等),但从符号意义角度看,它有自足性,因此当奈杰尔使用这类言辞时他未要求有回应。

我将这种对立称为"实用意义"与"理性意义"的对立,理性意义"具有学习的功能":通过理性言辞,孩子使用语法来理解纷繁复杂的经验世界,而通过实用言辞,孩子却在说"某人去做某事!"。这个系统性对立体现了我们在原语言中发现的特点;只是现在这种特点已经被语法化——经过在语法中的系统化而上升到了更高的抽象层次。这两个范畴是离散的,每一句言辞只被赋予其中一种意义。相同的策略也被发现于克莱尔·佩因特(Painter,1984)对哈尔(Hal)的研究与简·托尔(Torr,1997)对安娜(Anna)的研究中。他们的表达模式存在差异:在奈杰尔使用升调时,安娜使用了嘎吱响的声音,而哈尔的语调则类似前两人语调的综合,但任一情况中的功能性区分是一样的。有趣的是,实用意义在此功能区分中总是有标记的一方;在奈杰尔的言辞中一个明显的证据是,在为数不多继续使用一个原语言符号(用右手打拍子表达想要听音乐)的实用言辞类中,其言辞的语调都是降调,这说明降调是言辞的默认选择。

只要这两类措辞不重叠,即任何一句可能的言辞仅仅专门实现一种或另一种功能,那这两类意义之间的对立实际上只是半语法化的。但是,在接下来的几周内,奈杰尔将这种对立彻底语法化了,从而使其言辞在原则上可以采用理性或实用模式中的任何一种模式。当然,诸如"多一点肉"这类表达更有可能是实用的,而诸如"绿色公交车"这样的表达则更有可能是理性的;但是另一种组合方式现在也完全可能。在单个对话中相同言辞体现两种功能的例子首次被记录下来是在奈杰尔等他的爸爸准备好带他出去时。"爸爸现在准备好了,"他说道(用降调)。"没有,"爸爸说道,"我没有准备好。你还要等一等。"奈杰尔换了另一种语气说:"爸爸现在准备好了!"此时用了升调,即"那就马上准备好"的意思。在此处我们能够依稀听到前一对言辞的余音,正是这类演变使语法准备好了开始发挥作用。

奈杰尔理性与实用意义的系统在其向母语过渡的过程中一直保持着——当然这个系统的转化也一直存在。开始的时候,这种"对立"像典型陈述语气与典型祈使语气之间的"对立",只是在成人英语中祈使语气通常不使用升调。大概在 1 岁 10 个月时奈杰尔开始学习提问;他使用疑问语气并不是想实现其提问功能(他已经完全掌握了疑问语气的句法形式,但却将其用作一种特殊的陈述语气)。因为提问也是实用性的——提问要求回应,虽然是以信息而不是物品与服务的形式回应——提问变得与命令一样也使用升调。能够提问取决于对另一个发展门槛的跨越,即孩子必须意识到语法有这样一种作用,即能被用来告诉人们他们尚不知道的内容。这正是疑问语气形成的时刻。到这一时刻(1 岁 9 个半月左右)为止,奈杰尔对物品与事件的观察都基于共享的经验,换言之,这些观察总是讲给某个过去或者曾经与这些事物或事件相伴的人;当这些观察所得通过小句来识解时,小句体现为陈述语气,使用降调(实现理性意义)。因此当他使用语言来告知对方时,即把他知道对方尚未共享的经验告知对方时,他将两者间的差别语法化,运用疑问语气来体现这类新的符号活动。提问开始体现为实用性陈述语气,并且一直保持该体现方式,直到该系统再次转化,呈现出"成人式"的样貌。

向母语过渡的关键一步在于语言开始可以用来交换信息。运用语言提供与索取物品和服务没什么问题;这一功能与物质领域相关联,孩子在这样的语境中使用语言已经有很长时间了。提供与索取信息更为复杂,因为在该类语境中语言被用于交换语言本身。一旦孩子掌握了此种表意模式,语法就能充分呈现出其后婴儿时期的形态。在这个过程中,实用意义与理性意义之间的"对立"经过不同的阶段(这因儿童个体而异)发展成"语气系统";与此同时,实用意义与理性意义中的"表征性内容"发展成"及物性系统"(从广义上看是发展成关于过程及其构型的语法)。语法现在已拥有了"元功能"的符号层级,同时识解儿童的经验意义并演绎其人际关系。

5. 语法性大脑的特征

正如麦蒂森(Matthiessen,2004b)所指出的,任何试图描述语法性大脑之特征的努力都必须以解释语言的个体语义发生为基础,这种解释既能帮助我们理解人类进化,又不会造成人类与其他物种之间的符号隔阂。我们知道大脑是在我们与环境之间的关系变得日益复杂的背景下进化的,这个环境必须同时指自然环境与社会环境,而且二者同等重要。(这里有可能受困于研究趋势的来回变化的风险。二三十年前,当这一点刚被大家理解时,大家所考虑的只是物理环境;随着人们对社会智力的认识不断加深,这种观点得到矫正,然而重要的是在两者之间保持平衡——不仅仅是因为两者都重要,而且是因为两者相互交融以至于你无法只"意指"一方而不涉及另一方。语法不会让你这么做。)

这就是我最初绘制系统网络时所谓的语法的"元功能"(抱歉使用这个希腊语与拉丁语的混合词)基础的来源。这种双重视角被内置于语言的架构之中。但这并不单纯是表征人类生态社会环境中的这两个方面的问题。语法性大脑以互补性的方式来处理两者之间的关系:它既"识解"生态环境,又"演绎"社会环境。这就是我们的"经验"(或者更广义地说是"概念")与"人际"元功能。(剩下的那个"语篇"功能是语法用于实现此复杂性管理的自我组织方式。)正是因为而且仅仅因为它们属于不同的符号模式,所以它们的意义能够相互独立地发生变化,以至于任何"反映"都可以是任何"动作"的机会。

　　表意又依赖于"实例化",即依赖于每一个表意活动都表现为许多深层系统的实例这一原则。正如前文指出的,这个过程依赖于记忆:"系统"是潜势,通过对不同实例进行抽象概括而形成,而这解释了什么是"相同"符号活动的"重复"呈现。也许从婴儿刚刚区分表意与动作时(区分符号活动与物质活动时)他就开始运用这种方法建构其"表意潜势"了。

　　向高级符号发展还依赖于"层次化"。作为初级符号系统的原语言已经包含作为内容与表达相融合的体现关系。但通过引入语法层,语法性大脑使表意潜势得到了无限扩展,因为在每个界面上都可以有多对多的映射,而且至少在其中一个界面(语法与表达之间的界面)上体现关系可以在整体上是规约性的,即层次之间无需具有象似关系。(其结果是在语法之下的体现关系大体上但并不完全是规约性的,而语法之上的体现关系大体上但不完全是象似性的。)因此当大脑将物质转换为符号而后再转换回来时,任何身体动作作为能指都可以体现大脑对环境的构建中的任何要素(此处"构建"同时包含经验识解与人际演绎)。

　　无论是经验识解还是人际演绎,语法都必须进行"范畴化",以确定现象在哪些方面可以被构建为相似或相异。最后让我们来讨论一下语法性大脑的范畴化策略。

　　先前的观点认为我们经验中的范畴都是自然类别;更近的新观点认为不存在自然类别,所有的范畴都由语法建构。我认为有无穷多的自然类别;任何事物总会在某个方面与其他事物有相似之处。语法总是在众多可能的类别中选择那些合理的类别,其合理性在于所形成的范畴能够共同建构一个世界使人类能生活于其中,即有助于当前生态社会条件下人类的生存。

　　这种任务如今被称为"复杂性管理";其中不可避免地涉及交叉分类、协同、互补等策略。如果现象要被转换为表意潜势网络,它们必须经过多重分类;诸如学习、煎熬等非常复杂的经验领域在表意潜势网络中也会拥有多种不同的地址,即语法图谱中的不同位置。具体来说,各类现象从不同的视角看起来往往会有不同;"自上而下"(功能聚焦)的视角与"自下而上"(形式聚焦)的视角会产生不同的特征组合,而语法总是在这两种视角之间进行协调。在建构这些无处不在且几乎与经验的每个方面都息息相关的范畴时,比如建构时间、施事范畴等时,语法借助了互补策略,即提供相互矛盾但又必须同时采纳的多个解释从而使其整体阐释圆满或"厚实"。这些互补性解释并非科技语言的特有属性,而是我们常识性理解的特征,是日常生活语法的一个部分,而儿童在刚开始向母语过渡时就在使用此策略了。

　　在语法对人类经验的映射过程中,范畴无论如何划定都存在不确定性——这不是令人遗憾的缺陷,而是必要且完全有益的特征。词汇语法层连续体中的所有范畴都是模糊的;当我们试图用元语言来命名这些范畴时这似乎是个缺点,但模糊性对于语言的整体元稳定性具有根本意义。出于同样原因,把这些范畴归入各种选择集合与系统也有赖于这种不确定性——因选择所导致的不确定性。我们说话时不同选项被"选中"的不同频率体现了语言潜在的概然性;这些量化模型对儿童学习母语具有关键作用;它们使语法得以因概然率的变化(有时概然性也可转变为必然性)而随着时间进化。[2]

　　要使语法作为一种生活方式取得成功,重要的是其选项不能具有同等的可能性:我们依赖于这点来在嘈杂环境下进行互动。有趣的是,香农和韦弗[Shannon & Weaver,1949(1964)]认为语言总体的冗余度大概是50%,这一点也没错。之所以"有趣"是因为他们实际上测量的是由 26 个字母加上空格组成的书面语的冗余度。但我自己对一些常见语法系统的量化研究至少表明他们的发现也许是语言某个整体属性的一个特例。

　　最后,不确定性也意味着"灵活性",也就是系统在其中有很大的灵活性,一种存在于语义与语音空间中的弹性。当儿童从原语言中的肢体性发音方式向更为数字化的发音模型过渡时,他们必须限制这些参数;但他们最终形成的仍然是具有很高弹性的语音空间。语义空间也与语音空间类似:其语义参数也比原语言中的参数定义得更为紧致;但是语义参数的数量变得更多,而这种多维意义空间必然能容纳无限的灵活性。

　　如果我们从语法视角来看语言性大脑的进化,则语法的本体发生过程提供了一种方式来追踪高级意识或符号过程的发展,并显示婴儿在成长为儿童的过程中可能实施了哪些符号策略。这是一个元功能视角,考虑到了语言在人类生活中发挥的关键作用,即建构并演绎个人、群体及种系与其社会和物理环境之间的关系。表意潜势需要"学习",需要"建构"。如果我的理解是对的,那么儿童在建构表意潜势的过程中,也在相同时间并以相同的方式建构个性化形式的大脑网络。这种个性化的大脑网络是个体独特经验的产物,受到文化的影响,并转换为随着物种一起进化的表意潜势。我把语法称为"驱动力",因为我认为语法作为符号过程的能量源泉而拥有特殊的地位(图 9.8 对此进行了总结)。[3]

1　多维化(厚实度)

元功能 { 概念意义[识解经验("现实建构")]
人际意义[演绎人际关系("社会智力")]

实例化　意义系统化("语法化")

层次化 { 象似性(物质与符号的界面)
规约性(符号内)

2　范畴选择(多视角选择原则)

交叉分类

协调

互补

3　范畴组合(不确定性原则)

模糊性

概然率与冗余度

"灵活性"

图 9.8　语法能量的模式

注释

[1] 菲利普研究了奈杰尔在 1 岁 6 个月至 2 岁 6 个月间"相同性、相似性、差异性、对立性"表意的发展过程。她为最后阶段(2 岁 3 个月至 2 岁 6 个月)的表意发展绘制了意义系统网络;她将这些系统网络作为线索,逐渐勾画其发展轨迹,从而展示了在 12 个月期间奈杰尔表意潜势的这个方面是如何一步步建立起来的(参见 Phillips,1985;关于情态与假设意义的发展过程,请参见 Phillips,1986)。

[2] 显然语法性大脑对通过大量实例总结出的相对使用频率也会做出反应。韩茹凯和她同事的研究发现在这方面显得尤为重要,因为他们揭示了幼儿如何把其母语学习的特定家庭环境中所呈现的独特频率模式在自己的语言中重建[参见 Hasan,1991,1992a,1996;Hasan & Cloran,1990(2009);关于语法的量化研究,参见

Halliday(1993b)]。

[3] 需要说明的是我并没有学习过有关大脑的知识,也没有这一领域的专业知识。在
我读过的有关此方面的有限著作中,有两个近期研究所呈现的结果我感觉与我对
语言的个体发展的分析完全吻合,即迪肯(Deacon,1997)与兰姆(Lamb, 1999)的
研究。最初引导我去阅读大脑进化知识的是埃德尔曼(Edelman,1992)的研究,初
级与高级意识的概念正是从这个研究中来的。

第 10 章
论物质与意义：人类经验的两个领域(2005)①

1

本章探讨事件的本质，特别是构成人类经验的事件的本质。事件发生了即成为历史。研究并讲述所发生事件的人是历史学家。我不是历史学家——我可以享受阅读历史带来的乐趣而没有阅读专业领域书籍时那种纠结。年轻时我最大的发现感来自阅读戈登·柴尔德(Gordon Childe)的《历史上发生了什么》。和我同时代的学者克里斯托弗·希尔(Christopher Hill)与埃里克·霍布斯邦(Eric Hobsbawm)让我总是能够在需要时重温这种发现感。"讲述"意味着以这样或那样的比例进行选材、组织、解读与解释。然而正如霍布斯邦(Hobsbawm，1997)指出的，历史学家研究的是真实的事件。[1]当然我们可以建构想象的"虚拟"事件，比如梦中的事件，但这样的事件也要仿照真实经验来建构。

许多年前我还是个学生时，接触的是中国历史。由于我在中国香港写这篇论文，而香港是中英历史交汇之地，因此我以中英历史中的事件与事件讲述方式为例，其主题是大家所熟悉的主题，即历史循环，或历史事件顺序中的循环模式。中国古代历史可以用循环来解读，每个新朝代从兴起开始，再到成熟，再至衰落，直到被下一个朝代推翻，又经历一遍相同的历史事件

————————
① 首次发表于：《语言学与人类科学》(*Linguistics and the Human Sciences*)第 1 卷第 1 期，2005 年 1 月，第 59—82 页。

序列。每一个典型的循环一般持续 250 年至 300 年。

英国同样经历了许多循环，总是先与欧洲大陆疏离，然后又被迫回归，每一个循环约 500 年。(历史上)首先来的是凯尔特人，他们从其早期的东方家园长途跋涉到这里；500 年后罗马人来了；再过了 5 个世纪，盎格鲁-撒克逊人又来到这里；而后就在 1 000 年前诺曼人来了。每一次入侵都强化了英国作为欧洲一部分的地位(就像冰川融化之前英国客观上一直是欧洲的一部分)；而在两次入侵之间，英国又会渐渐脱离欧洲，建立起鲜明的自我身份。

在过去的 1 000 年里，这样的循环一直在延续；只是入侵采用了不同的形式：不再表现为武力，而是表现为思想与政治压力。这样的事件今天也能看到，比如英国多少有些不情愿地(这取决于每个人的观点)被拉入欧盟、欧元区以及其他欧洲组织。欧洲循环再次到来。但是 500 年前还有一个循环，欧洲人称之为"文艺复兴"，那是探究精神"重生"的运动，新的知识形式开始出现。这次运动始于意大利，但迅速遍及整个欧洲，在英国导致了后来所谓的"工业革命"。

众所周知，中国早在南宋时期就已具备了许多条件，这些条件在几个世纪后的欧洲成为工业化的起点：纺织领域已有大规模工厂化生产，先进的机器由可靠的水利能源驱动。中外历史学家都常常在问，虽然汉朝以来中国一直在技术方面领先于欧洲，为什么中国没有迈出通向机器时代这至关重要的一步。对这个现象的解释已有许多不同的观点(Elvin，1973；Needham，1978 - 1995)。或许我们应该换一个方式提问：为什么这样的发展出现在西欧？是什么样的条件促成了资本主义经济与科学工业技术的演变？

显然我现在不打算给出一个答案。我所关心的——我提出这个历史问题的原因——是可能提出的解释的类别。从最广泛的意义上讲，有些讨论突出了当时这些地区所获得的科技与其他物质条件；有些则强调信仰体系、社会关系、话语形式等诸如此类的因素。许多年前李约瑟(Joseph Needham)提出，欧洲人将上帝作为终极动因的思想，与他们为物质效应寻求科学解释却不再求助上帝之间是有关联的。"马克思主义"的解释常常被认为是完全从物质视角出发而且是以某种形式的经济决定论为基础的，尽管正如霍布斯邦(Hobsbawm，1997：第 13 章)指出的，马克思充分认识到思想作为历史推动力的重要性,他只是强调意识不能独立于一个社会的经济基础。大部分历史学家寻求解释时会把两者相结合,即把物质条件以及我们称之为非物质的历史条件相结合。

但什么是"非物质"条件?它们可以从意识形态、宗教、社会、心理、认知、文化等方面来思考,毫无疑问还可从其他方面来思考;我们可以在许多标签下对它们加以描述并展开有效探讨。然而非物质条件在何种程度上构成了人类经验中一个连贯统一的领域呢?我认为这里有一个统领概念,一个隐藏于所有非物质现象背后的根本因素:意义。我们人类生活于两种现象领域中,即物质领域与意义领域。人类历史是两个领域之间不断相互作用、相互矛盾的展现。

从物质中我们可以找到形容词"物质的"(material)。从意义中我们无法派生出任何形容词;因此我们只能求助于希腊语而称之为"符号的"(semiotic)。我们生活的两个领域是物质领域与符号领域;二者已经融入我们经验中的方方面面。

2

我已经说过我不是历史学家;我必须补充一点,我也不是哲学家。从专业训练角度看,我是一名语法学家——这不仅是训练原因,而且还是性情使然:我倾向于从语法角度进行思考,特别是当我遇到需要解决的问题时。这并不意味着我会对上述历史问题给出一个语法解释。虽然欧洲与中国有相似的技术条件,科学工业革命却发生于欧洲而非中国的一个地区,但我不认为这与汉语语法和英语语法或是其他欧洲语言语法之间的差异有关系。每一种语言都有潜力成为科学思维与科学理论的载体;汉语在此道路上已经走得很远了——在1200年也许只有阿拉伯语、拉丁语和梵语才能达到这种水平。

当然每一种语言都以自己独特的途径实现这一潜力,某些步骤在一种语言中所需要的语法能量也许比另一种语言少,或许某一语言的某一历史时期所需要的语法能量也比另一时期少——虽然从长远来看这很可能会保

持平衡。例如，对比科技话语中使用的现代汉语与现代英语，我们会发现
① 科技术语与科技分类所需的语法能量汉语比英语少；② 英语复合型
名词表达所需的语法能量较少；但是③ 逻辑（相互依赖关系）序列在两种语
言中所需的语法能量等同（Halliday，1993a）。我们要拒绝任何这样的观
点：认为英语（或者是荷兰语、德语、法语）语法中的某些特征能够让其使用
者建构科学理论与制造蒸汽机，或是汉语语法中的某些特征阻碍了中国学
者与工程师沿着相同的道路前进。[2]

　　那么语法在何种意义上发挥重要作用呢？这里当然不是指人们（包括
一些水平很高、具有理论头脑的其他学科的学者）日常观念中的"语法"形
象。这种语法仍然是小学课堂中的语法；学生们被告知语言是一套必须遵
守的规则，是无论用母语说话还是写作或是努力掌握一门第二语言或外语
时都必须遵守的规则。这就好像我对数学的印象是去努力证明直角三角形
斜边的平方等于另外两条边的平方之和，但却不知道为什么要求我去这样
做。语言是非常复杂的系统——也许是已知的宇宙中最复杂的系统之一。
这使语法成为强大的思维工具。同样，当我们探究语言如何运作时，我们不
可避免地会涉及抽象的思考与推理领域，需要使用含有相关概念分类体系
的技术性话语。人们常常排斥关于语言的技术性术语体系，即使他们的小
学数学与科学课程含有大量的专业术语——而这对一个八岁孩子的大脑来
说不会造成很大的问题。

　　语言是一个意义系统，用专业术语来说是一个"符号"系统。但语言并
不仅仅停留于此，它还是一个意义创造系统：不仅具有符号性，还具有"语
义生成性"。我们的生活中有许多意义系统，但并不是所有的系统都能创造
意义。比如铁路信号系统或者交通信号灯系统是符号性的，但它们不具备
语义生成性。还有其他一些符号系统确实能创造意义，比如各种形式的视
觉艺术与音乐；但是语言的独特性或许在于其语义生成能力。我要强调这
一点，是因为与语法一样，这一特征与人们对于语言公认的看法不太一致。
通常我们谈论语言时会说语言"表达"意义，就好像意义已经在那儿——已
经以某种方式存在，等待语言将其转换为声音或是某种其他可视符号。但
是意义是由语言创造的，实现意义创造的能量、语义生成能力的来源就是
语法。

让情况变得复杂的一个因素是语言中不止有一种意义;因此语法同时做着多种事情。用功能性的术语来说,语法同时"识解"与"演绎":它演绎社会过程,演绎我们彼此之间的人际关系;它也识解人类经验。在系统功能语言学中我们称之为"元功能":"人际"元功能与"经验"元功能。[3]

此处我想探讨经验方面的意义:作为人类经验识解的意义。人类经验特别丰富多样,经由不同的感官在不同的层次形成;语法所做的事是将此经验转变为意义。人类生活在相同的星球上,拥有相同的大脑,相同的神经生理构造,因此将经验转化为意义的方式在每门语言中存在许多共同之处。但也存在变异空间,有的变异源于不同群体的不同生态社会环境,有的源于系统的自我组织策略,有的完全是随机的。我们与环境的互动非常复杂、多维,因此为了使互动得以进行,经验识解必须包含很多的"灵活性"或不确定性。

语法"将经验转换为意义"是什么意思呢?其实就是语法是人类经验的"理论"。词汇语法表征或"措辞"(我应该说明的是"语法"包含词汇,词汇是措辞中较为具体的成分)——我们识别为口语或书面语的话语片段——识解真实或想象的经验片段,使每一个实例与此总体理论相关联。因此如果有人对我说,几个星期前确实有人这样说过,"That window was blown open by the typhoon"(实际是用汉语说的,即"那个窗子给台风吹开了"),这并不只是对所观察或叙述事件的记录——这不只是"注解"行为,还是"阐释"行为,是以理论方式进行的识解,是一种涉及过程、动因以及共享的(或者想象的)视觉空间的复杂建构,建构对象包括时间上的不同阶段与方面、各种实体与作用力、它们被赋予的范畴等等。因此这种识解将此特定现象与无数其他现象以无数多的方式关联起来。

正如我之前所言,人们能够自信地说每一种语言都具有进行科学推理与理论建构的足够潜力,这是因为每一种语言在其日常语法中都包含了关于人类经验的复杂理论。blown open、was、by等词语,或者汉语"吹开""了""给"等词语,抑或是window(窗子)、typhoon(台风)等词语所识解的意义都是关于我们自己与环境的复杂理论模型中的一部分;这样的理论模型并非一蹴而就的,而是经过上万辈"智人"的进化而形成的——这些智人又从更遥远的猿人祖先那里继承了该理论模型的基础。

有了此类经验识解，我们就可以在另一水平上对它进行再次理论化，可以指称各种能被精确衡量的物质、结构与作用力，并计算它们之间的数学关系。这就是我们所谓的"科学"理论，与我们日常语法中蕴含的常识理论有区别。科学理论同样是长期进化的结果，只是得益于精心设计的大力支持；而常识理论在下意识层面运作，换言之，直到成为一名语法学家之后你才能意识到常识理论的运作。科学理论的元素具有更加抽象的本质——它们可以是虚拟实体，仅仅存在于符号层面，与物质世界没有直接的相似性；但这样的理论在根本上还是语法的语义发生力量的产物。

3

在思考这一章节的题目时，我想到生物学家乔治·威廉姆斯(Williams，1995：43)在讨论中提到的一段话，他是这样说的：

> 进化生物学家……在两个几乎不相容的领域中从事研究：一个是信息领域，一个是物质领域……无论在"简化主义"所包含的何种意义上这两个领域都无法统一起来。你可以用相同的术语去谈论星系与尘埃，因为它们都有质量、电荷、长度和宽度。你无法用相同的术语去谈论信息与物质。信息没有质量、电荷或毫米级的长度。同样，物质没有字节。你无法用很多字节测量黄金。黄金没有冗余性、准确性或任何其他用于信息的描述符。由于缺少共享的描述符，物质与信息成为两个独立的存在领域，需要用各自的方式分开探讨。

在其他地方我也引用并评论过这一段落[Halliday，1998b(2004)]。这里的要点是两个不同现象领域的概念，每一个领域都是人类生存条件的根本组成部分，且任何一方都无法简化为另一方。对威廉姆斯来说，它们是通过各自能被测量的特性来定义的：物质通过质量、密度与空间中的延展性来测量；信息则通过字节——千字节、兆字节、吉字节以及任何其他后面的单位来测量。

对于这样的信息概念，我有一个问题：不是针对信息现象本身，也不是针对信息的字节测量，而是针对将如此定义的信息作为与物质领域同等的终极现象领域这个观念。此处我想用"意义"取代"信息"：物质与意义两种领域，即物质领域与符号领域。这不仅仅是因为我以语法学家的方式来思考，虽然这种思维方式也明显是我潜在理据的一个因素；还因为我不认为所有的意义都可被测量。毫无疑问，某些意义或至少某些意义的表征可被测量；将"信息"这个词仅用于意义领域中能够用字节测量的那部分——或是能够用信息与冗余度测量的那部分倒是合情合理[巧合的是信息冗余度能非常有效地用于语法意义的量化（Halliday & James，1993）]。但我认为，总能用量化方式来表达并不是第二个现象领域的本质属性。这就是为什么我倾向于使用"意义"这一更为概括的概念，即物质与意义，而不是物质与信息。

这就是人类所生活的两个现象领域。我们生活在物质世界，也生活在意义世界。从开篇时我提到的历史视角来说：在任何既定历史时刻，任何人类群体所处的环境——所处的生态社会语境——都是物质与符号两个领域之间的特定交集。此环境同时具有使能性与限制性：它自身既包含活动的潜势，又包含对可能活动的限制。如果能够收集足够的数据，也许我们就能计算出这些活动的概然率。物质条件或符号条件中任何单个的方面均无法起决定作用；只有二者间的互动才能定义人类的环境——不管是对个体、对社会单位、对国家还是对整个全人类来说都是如此。

中国早于欧洲大约5个世纪发明了活字印刷术。到元朝时，中国学者已经发展出了各种欧洲后来才发展起来的"科学思维模式"[由 Crombie（1994）发现]，唯一的例外是概然性思维模式（Elvin，2002）。然而，正如马克·埃尔文（Mark Elvin）指出的，中国在知识的记录与传播方面存在一个弱点：中国人治学缺乏连续性，以至于意义无法随时间积累。我们可以对比一下欧洲的强烈延续意识，对比将哥白尼、开普勒、第谷、伽利略、牛顿联系在一起的知识链。然而我们也可以看到，在这之前的1000年里，欧洲人基本上没能继承古希腊的知识体系；是阿拉伯学者继承并发展了这一知识体系。很明显，当今各种思想与信仰体系、各种形式的社会互动都发挥了作用；这些同样也是表意方式——也是意义"交换"的方式，因为符号过程与物质过程一样本质上都是交换的过程。符号过程背后潜藏的符号系统与物质系统一样同时具有使能性与限制性，而且也同样表现出随着时间在使能与限制之间来回摆动的趋势。意识形态以开放事物开始，最后却以封闭事物结束。

　　然而我对意义的观点、对符号系统与过程的观点显得过于理所当然；这一观点需要被当作问题来探讨。或许各种文化背景的人都能意识到存在的非物质层面，这个非物质层面拥有自己的维度与价值体系。这种意识有许多机构化的体现形式，其中一端是令人费解的神秘主义，另一端是社会道德标准；这一意识被识解为各种二元对立的概念，例如身体与灵魂、物质与心智、生理与心理；在概念图式更为理论化的层面，此类二元对立概念的例子有唯物主义与唯心主义。我们可以对这一意识在语法上进行分析，用语法理论中的过程类型来分析。当我们考察过程类型时，发现许多语言在物质与非物质过程之间有清晰的"语法"区分，非物质过程被识解为（人类典型的）意识过程——认识、思维、感觉——其中物质实体不能作为此类过程发生的载体。通常还会有其他一些区别：物质过程与意识过程在和时间的关系及事件结构上都有所不同。与日常语法中几乎所有的重要特征一样，这些区别都存在于人们的意识层面之下。麦蒂森曾经说过，我们许多熟悉的概念，如"心智"及其相应的专业术语"认知"，最终都源于语法本身固有的二元性，且在我们每次用语言听说时都得到强化（Matthiessen，1993，1998），这一观点很令人信服。换言之，我们倾向于用这些二元对立的概念去思考，是因为我们的语言正是以此种方式组织起来的。在语法对经验的识解中，物质事件与符号事件被识解为截然不同的过程类别也就很好理解了。

4

　　因此我们以二元对立的方式来思考也就不足为奇了：语法为我们识解了这种二元性。此类模式注定是潜意识的；如果随时都意识到这类模式我们就无法说话了。但如果我们听儿童学习语言——学习他们的第一语言，即母语——我们就能观察到这种二元对立的模型是如何建构,然后又如何被深藏于我们的潜意识之中的。这样的二元对立一开始具有使能性:它帮助我们理解生态社会环境,并帮助我们在其中生存下来。然而如果这样的二元对立变成一种约束也不足为奇。我在其他地方谈到过[Halliday,1990(2003)]这种二元对立,即有意识存在与无意识存在之间的鲜明对立正使我们摧毁我们的生态社会环境。从精心设计的理论层面来看,许多科学家和哲学家都发现这种二元对立的思维习惯现在已经有严重的功能障碍了(Rose,2003)。

以下我将从物质与意义的角度来重构这种二元对立的语境。我不认为在人类意识层面发生的过程都可称为"信息";但我认为可以把它们概念化为表意过程。不是所有的表意过程都最终体现为措辞;措辞只是语言把表意过程组织为"词汇语法"(词汇与结构)的方式;但有的表意过程被组织为其他方式,而其他表意过程也许根本未被组织。[4]我们解读为表意的有些过程实际上并不属于人类:我们认识到其他生物同样懂得用自己的方式表达意义;有些向人类表达意义,比如狗与马;而有些动物相互之间能够交流,比如鸟和许多哺乳动物。有很多种类的人类符号并非由语言构成:音乐、舞蹈以及图像;仪式化和半仪式化的行为方式,如服饰;图像和各种各样的图形表征——表格、曲线图、示意图、地图、图标等等。

这些人类符号都在不同程度上依赖于语言:从由语言组成却拥有自身表意与价值模式的文学,到也许最不依赖语言的音乐,但即使音乐最终也需依赖用语言交流的演奏者。把所有这些过程相互联系在一起且与语言保持联系的,是它们的产生对物理过程的依赖。这种物理过程可以是在某种媒介中,通常是空气中传播的声波;或是光波以及反射光的物质——建筑材料、油漆、纸、电脑屏幕等等。意义依赖于物质从而得以传递给接收者;用语言学术语来说,意义的体现依赖于物质。符号"系统"由意义组成,但意义要体现为过程必须首先物质化——变成物质。

在这个方面,符号系统与生物系统、社会系统等其他种类的系统没有什么差别。这些系统同样由物质构成。与其他所有事物一样,它们遵循物理定律。但它们提出了一个有趣的等级排序问题。社会系统也必然是生物系统,但反过来却不成立。让我们从物理系统开始。一个物理系统只是一个物理系统。被系统化的只是物质本身，而实现系统的过程同样是物质的。但是生物系统更加复杂：它既是生物的也是物理的，即在物质基础上添加了生命成分；社会系统变得又更为复杂：它既是物理的，又是生物的，同时又添加了社会等级或社会价值的成分。因此符号系统的复杂性又进一步增强：它是物理的、生物的、社会的，也是符号的，被系统化的是意义。从进化的角度看，它是具有第四量级复杂性的系统。

　　这也许会招致反对：这真的是向前迈了一步吗？没有意义就真的不存在社会等级吗？确实如此。然而从这个意义上讲，是否存在没有意义的生物等级？甚至是没有意义的物理等级？我已经说过意义需要物质才能体现；也许我们应该更进一步地说物质需要意义来组织。这等于是说任何组织形式，任何有别于纯随机状态的形式，都是意义的形式。一个物理系统并不只是一个物理系统——或者说，并不只是由物质构成；作为一个系统，它还由意义构成。这个观点合情合理，尽管似乎意义的意义已被扩展到超越了我正在描述的符号系统概念。

　　其奥妙在于"系统"这个词，或是在于系统与现象领域的差别。如果我们描述一个系统的特征，比如一个社会系统的特征，我们是在说其组织发生在哪个层面，或者是在说什么东西被组织起来；在这个意义上，我们完全有理由说语言是具有第四量级复杂性的系统。第一，语言的传递是物理性的，通过在空气中传播的声波进行；第二，语言的产生与接收是生物性的，通过人脑以及相关的发音和听觉器官来进行；第三，语言的交流是社会性的，在由社会结构所建立并定义的语境中进行；第四，语言被符号性地组织为意义系统——我称之为"表意潜势"。如果我们想要一个语言的解释模型，以上提到的这些构件缺一不可；它们都参与了语义生成过程。当然，各组成部分之间并不存在理想化的和谐一致；它们内部和相互之间肯定存在冲突、分裂与妥协，就像任何此类复杂组织一样；但是每个部分都是整体组织必不可少的成分。

　　也有可能所有这些不同量级的复杂度和不同的系统等级形式最终能通过使现代物理学得以产生的相同方法来解释。物理学家能够理由充分地说，这样的简化主义策略已经借助生物化学、分子生物学与基因学的研究在生物系统中得到了证实(Wilson，1998)。但我们仍然还有很长的路要走。

如果我们在物质与意义两个现象领域之间建立一个连续体,其中间的点通过二者不同程度的融合来确定,那么物理系统靠近"物质"端:此时只有当我们把所有的系统组织定义为意义时,意义才出现;符号系统靠近"意义"端:只有在意义体现的过程中物质才出现。然而在任何一端都没有"纯粹"的范畴,因为这两个现象领域必定总是相互渗透的,正如我刚才所说,意义需要物质来体现,而物质需要意义来组织。从这个角度看,语言最终由物质的物理组织进化而来:语言是宇宙大爆炸的间接产物。

物理系统为我们提供了探究物质环境复杂性的原型,而符号系统则为我们提供了探究另外一种非物质环境复杂性的原型。第一种探究的方法论源于物理学。在第二类探究中,由于语言是迄今所知最为复杂的符号系统,也许其方法论将不得不源于语言学,即把数学的角色赋予"语法学"(关于语法的理论)。但此种情况下,我觉得首先需要排除关于语言中意义的本质的错误观念。

5

对于与语言相关的意义可以有三种差别很大的假设:它们之间虽然有所差别,但也相互联系。第一种假设是意义仅限于概念意义:意义是"内容"。第二种假设是意义是表征形式:意义是"象征符"。第三种假设是所有的意义均可测量:意义是"信息"。请允许我逐一略作评述。

第一种假设在"内容"一词所包含的根深蒂固的隐喻中体现得最为明显:这与"管道隐喻"相关,确切地讲是这个隐喻的一部分。雷迪(Reddy,1979)曾经在一篇著名的论文中探讨过该隐喻的广泛性。如果我们放弃这个隐喻,比如选择说意义是指称,我们就无需否认意义领域可以指称物质领域,前提是我们要认识到现实世界中往往没有对应的相似物:比如许多科学话语是关于虚拟实体的,而虚拟实体仅存在于符号层面。"概念意义"这个术语旨在克服这些局限;由此它也有助于明确真实的问题所在,即意义不限于识解。意义还可以"演绎"。如果我对你皱起眉头或是做出威胁性的手势,我们当然可以用表征的方式描述这些动作——我们可以给这些动作命名,就像我做的那样。但是这些动作本身还体现了另外一种表意活动,此时意义不再是一种反映模式,而是一种活动模式。也就是说,我针对你来表达意义。"情感内容""自我表达"等说法的问题在于谈论我们的态度与情感这个动作将它们从演绎变成了识解。但它们的表意模式表现为符号过程,而不是内容;当情感用语言表达出来时,比如咒骂某人时,这一点就显得十分清楚了,此时的意义显然不是措辞体现的经验内容。用我们功能语法学的术语来说,意义不仅是"概念"的,也是"人际"的。

因此这也和我提到的第二个假设有联系,即意义可理解为象征性表征。我们习惯于用象征符去思考意义,将意义看作可以"代表"另一事物的象征,例如字母表中的一个字母可以代表语言中的一个音位;书写也许为这样一种思维方式提供了无意识模型。但在这样的情况下,我们首先需要定位"另一事物",即必须预先存在然后才能被指代的那个实体。悉尼·兰姆指出,当我们试图从神经认知的角度解释意义时,这种假设变得问题重重。一个符号系统最好被视为一个联结系统,而不是一个象征符的集合。兰姆花费了大量的时间与精力来研究并制定出了一个"联结主义"模型,把语言解释为人脑中的关系网络。系统功能语言学的网络表征虽然与此种类不同(它们是分析工具,而不是大脑的映射),但它们与兰姆的论述十分契合,彰显了承袭自索绪尔和叶姆斯列夫的纵聚合维度,而非继承自结构主义的横组合关系。兰姆的模型可以作为一般符号系统的原型(Lamb,1999,2004)。

第三个假设我已在前面提出质疑,即意义可以通过字节来测量——意义只是"信息"的别名。我不是说语言中表意潜势的任何方面都无法量化。我们至少可以将表意潜势中的某些成分表征为一个系统网络集,即各种符号选项的网络。想象一个由 14 个二元选项组成的网络,所有选择项相互独立且概率等同;计算此类网络包含的信息很简单。但语言系统并非总是二元的;各系统的运作并非相互独立——系统之间通常存在部分联系;系统项的概率也并非总是等同的。而且仅仅在语法层就存在成千上万的系统。但是原则上按照信息论定义的信息与冗余度[Shannon & Weaver,1949(1964);Halliday & James,1993]计算一个语言网络中的表意潜势还是可能的。我们现在收集到的数据还远不足以让我们做到这一点。但即便是我们做到了,这也不会穷尽人类的表意潜势。尽管价值系统、道德系统、审美系统等肯定是不同类型的符号系统,但这些系统无法简化为用字节计算的信息。与情感一样,我们可以从常识角度运用语言对它们进行解释与讨论,我们还可以为它们建构抽象的理论。但是任何一种现象都可以讨论,都可以被理论化。科学理论作为精心设计的符号形式,其本身也可以被量化为信息,但这对我们理解理论旨在解释的现象没有任何用处。(理论中包含的意义到底能否被量化根本没有定论。物理学家喜欢宣称他们的理论是,或者应该是"简洁的"。不过,我怀疑简洁性是否能便捷地用字节来量化。)

当然有些符号系统会呈现出某些或所有这些限制性特征。一个例子是杜安·朗博(Duane Rumbaugh)设计的原创图形字系统,用于研究倭黑猩猩使用符号的能力;在其有限的视觉符号中,每个符号拥有相同的使用率,且各自指代猩猩生活环境中的特定实体(Benson et al., 2002)。但我认为,将它们看作整个符号领域的典型特征是错误的。

6

大约 25 年前我们被告知生活在"信息时代"。这是在"石器时代、青铜时代、铁器时代、机器时代"这个序列中的一种新的说法。它体现了科技的又一次发展,但这一次却是更为根本性的发展。如果正如其名称所示,信息交换超过了商品与服务的交换,成为人类互动的主要形式,这意味着从物质领域向意义领域的重大转变,至少对人类中的某些少数群体(人数少但拥有强大力量的群体)来说是这样的。新的问题不断产生,因此需要新的应对策略:数据保存与管理、信息保护与加密、信息过载与在过载中存活——这是塌方或雪崩中的存活在信息领域中的类比。信息科技与信息科学不久便在研究活动与教育机构的课程设置之中找到了一席之地。

信息机器当然是计算机,它拓展了人类的符号力量,就像工具和机械拓展了人类的物质力量一样。计算机由人脑创造(所有机器都由人脑创造),就像人脑加工的意义与控制人脑的意义都由人脑创造一样。但是迄今为止我们对既包括脑力又包括计算能力的符号性能量还缺乏清晰的概念。事实证明,这个欠缺也许就是我们发现自己不太擅长信息交换的一个原因。诸如核电站等地方发生的工业事故常常是由简单的信息故障所导致的:关键的信息没能传递到需要的地方。大约五至十代人以前,我的祖先离开英格兰乡村,来到矿山、工厂以及船厂里操作新机器;他们学习新技术的速度非常快。现在他们的后代要学习更多技能,学会如何操控意义而不是物质;他们在使用计算机本身时毫无问题,计算机只不过是另外一种机器;但他们发现管理与评估计算机的输出要棘手得多。信息质量控制总体来说不是很成功。[5]

　　依据马歇尔·麦克卢汉(Marshall McLuhan)40 多年前提出的观点,罗伯特·洛根(Robert Logan)识别出人类符号进化过程中的六个阶段(McLuhan,1962,1967;Logan,2000):口语、书面语、数学、科学、计算与互联网。他称之为"语言模式",其中互联网在他的书名中被称为"第六语言"。而我更愿意将它们看作符号模式或者表意模式,因为它们各自与语言的系统性关系差别很大:书面语是语言功能的拓展,数学是从语言派生出的抽象工具,科学是由语言识解的知识形式。然而这并不是否定洛根的核心论点,即在人类历史已知的各个阶段,人类的符号力量都经历了一个持续不断的拓展与细化过程。每一个阶段都对人类的能力与制度提出了新的要求(参见 Logan,2000:第 7 章),同时也带来了新的弊病,因为每一次技术进步(用麦克卢汉的话说)"都会麻痹人类的意识":洛根列举了如"未来恐慌、信息过载、政治僵局、民族主义兴起、种族排外"等"信息时代的弊病"(2000:208)。

　　20 世纪后期人类"向野蛮的堕落"(Hobsbawm,1997:ch.20)中有多少方面能归咎于信息技术,这不太可能说得清楚。我想洛根应该会同意,只要技术被指认为一个原因,那么技术中物质成分与符号成分之间的互动才是至关重要的。可以确定的是二者均能麻痹人类意识。信息技术所做的是在整个社会权力结构的组织与运作中极大地提升符号力量的相对重要性。这就是巴希尔·伯恩斯坦在其意义深远的社会学与教育学的理论研究中所关注的核心问题。伯恩斯坦(Bernstein,2000:110)区分了物质资源控制(生产领域)与话语资源控制(符号控制领域):

　　　符号控制主体可以说是控制了话语语码,而生产(流通与交换)主

> 体则主导了生产语码……我当时就区分了复杂的符号控制劳动分工与经济领域中复杂的劳动分工。这两种分工和它们各自的复杂性都是20 世纪新兴技术的产物,并由教育体制不断传承。

他在其他地方评论说,他关于知识教育化的观念是"更宏观的符号性控制理论的一部分"(Bernstein,2000:189)。在信息时代,权力必须总是包括符号权力;而控制不仅是对话语传播机构(大众传媒)的控制,而且是对话语本身的控制,即控制所产生并交换的意义。韩茹凯(Hasan,2004)借鉴伯恩斯坦的研究成果,提出抵御此类符号入侵的唯一方法是发展一种不同的读写能力:一种"反思性读写能力",它给受众提供元符号资源来拨开总是遮蔽他们双眼的罗网,否则互联网的民主力量也许将不足以阻止"信息"成为大规模杀伤性的符号武器。

7

大约在相同时间——25 年前——语言学家中非常流行将术语"语义"(semantic)替换为术语"认知"(cognitive);语义指"语言中生成的意义,即语言意义"(与之不同,"符号"指所有种类的意义),而认知具有跨学科的意味,因此更有可能获得研究资助。由于主流的形式语言学或是将意义全部排除在外,或是仅仅将意义简化为对句法的次要评论,"认知语言学"于是被看作让意义重归舞台中心的标志。这是个遗憾,兰姆早在 1971 年就已经使用这个术语来指代旨在"为存在于典型……个体心智中的信息系统建模"的研究(Lamb,2004:418)——后来他(Lamb,1999)又提出"神经认知"来澄清他早期的用法。但这在另一个意义上也是一个遗憾,因为它否认语言本身的组织中语义层的存在。

换言之,这个观念强化了结构主义关于语言止于措辞的观点;意义(作为"认知")被加进来是为了解释措辞,但是它位于心智的某个其他区域。这不仅为整个语言模型增添了毫无必要的复杂性,正如麦蒂森和我(Halliday & Matthiessen,1999)指出的那样,而且也没有区分语言中识解的意义与作为其他符号系统的属性的意义，从而使我们难以对符号整体概念化。

符号系统不像物理系统。我们这些既非科学家又非哲学家的人习惯于将人类知识的本质统一性留给自然科学家去探究：留给像爱德华·威尔逊(Edward Wilson)一样的学者，他的著作《知识大融通》(*Consilience: The Unity of Knowledge*，1998)针对这一话题作了有力阐述。我接受威尔逊的许多观点；但他倾向于认为，现象的物理学解释十分成功地帮助人们深入理解物质世界，同样能为整体人类认识提供一个模型。就各种系统都扎根于物质基础这个意义上来说，这个观点无可厚非：意义是大脑的活动，而大脑可以通过物理和生物化学过程来理解。"心智"按照苏珊·格林菲尔德(Susan Greenfield，2000)的观点可以理解为"个人化的大脑"，即在个体独特经验模式的语境下发展的大脑。但与此同时，我们确实还生活在一个非物质性的现实层面；这就完全是另外一回事了。

我们其他人——甚至是语法学家！——也应该去争取这样一种权利（或说接受这样一种义务），去审视整个人类知识领域，去提出一种与物理学家、化学家或是生物学家互补的视角。从符号角度思考各种现象，从而提升我们的认识"厚度"，为我们提供新的认识维度，这是有价值的。这种互补性视角就是意义研究的视角（即后现代之前的本源意义上的"符号学"视角）。在这个非物质性的符号领域中，类典型的现象是语言。语言的动力源泉是其语法（更准确地说是"词汇语法"，即句法与词汇相统一的层次）；因此对意义的思考意味着用语法思考。正如我之前所说，语法学——语法的理论——就是一般性意义理论中的数学。

虽然符号系统与物理系统不一样，但意义确实涉及能量的消耗；但这是一种不同的能量，也就是语法能量。比如，隐喻创造需要耗费额外的语法能量，因为隐喻是两个层次或是语言的两个组织层面，即意义层与词汇语法层之间的交叉耦合。隐喻在许多具有重要价值的话语中都是根本性组成部分。众所周知，诗人依赖于隐喻，科学家也依赖于隐喻，只是他们使用的隐喻属于不同的类型，是借助结构与词性而非单个词汇来创造的隐喻[Halliday，1998b(2004)]。诗人与科学家呈现出（至少我们这样认为）对现实的不同建构，但他们的语义生成策略是有联系的，而且都消耗了大量语法能量。

8

  与此同时出现了另一种不同的理念,即认为信息是物质的终极基础。这与伟大的物理学家约翰·惠勒(John Wheeler)的研究相关。在他九十岁的生日研讨会上,约翰·惠勒提出了五个非常重大的问题。冯·拜尔(von Baeyer,2003:5xi)引用最后一个问题说道:"其含义是物质世界——这个它者世界——完全或部分由信息,即比特建构而成。"数十年来,信息作为量子思维中必要的成分逐步主导了物理学话语;当我作为一名外行尽力理解所阅读的文献[如大卫·雷泽(David Layzer)的《宇宙起源》]时,我逐渐认为基本量子肯定属于物质与意义分化之前的时代(就像一个婴儿刚刚出生时他最初的行为也同样没有经历物质与意义的分化)。

  这种"信息"首先由香农[Shannon & Weaver,1949(1964)]在半个世纪前做出了解释;它与"意义"有明显的区别:信息可以测量,而意义不能。针对第四个非常重大的问题即"是什么创造了意义?",冯·拜尔评论道(von Baeyer,2003):[6]

   第四个问题"是什么创造了意义?"涉及给意义概念下定义这样一个棘手的哲学问题。同时这也让我们想起工程师们的沮丧,因为他们虽然有许多方法来测量一条消息中的信息量,但却没有任何方法来处理意义。

他们似乎在"总体信息"概念上达成一致。冯·拜尔(von Baeyer,2003:232-233)在最后一章中对这个概念做了介绍,并把它归功于蔡林格(Zeilinger)与布伦克(Brukner):

   "总体信息"最终被证明是"信息内容"的量子力学实现……哲学家们称之为"语义信息内容",因为它要依靠消息中的真实意义,而这一点明显被香农忽略了。与意义的连接是通过出人意料的元素实现的。

"出人意料的元素"可以测量，但仍然以比特为单位；"比特"被重新定义为"人类知识的根本量子"(von Baeyer，2003：234)。

我必须就此打住。因为我刚刚拿到冯·拜尔的书，只挑着读了一下，几乎还没开始理解书中的语义信息内容。作为一名语法学家，我习惯于以各种互补性视角来思考：量子理论中"相互矛盾的属性之融合是原子系统中的常态"(von Bayer，2003：183)这个观点也是理解语法系统的有用策略。即便是"否定的平方根"(von Bayer，2003：189)，在我们分析如何在日常语言中识解归一性时也可能有用。如果物质不仅仅是由信息"组织"的，而且是由信息"构成"的，那么意义就成了这对概念中的无标记概念：物质是意义的特例，而不是说(像我们通常的思维所认为的)意义是物质的特例。这对于语法学家来说是一个令人满意的结论。

9

让我最后回到超原子的、人类尺度的事件上来。我所关心的是我们所生活的两个现象领域以及它们之间相互渗透的本质。我以"历史"概念作为切入点。在任何已知的或可知的历史场景中，物质层面的事件和条件与符号层面的事件和条件之间是什么关系？克里斯托弗·希尔(Hill，1975：383 - 384)在讨论英国革命时写过这样一段话：

> 在这本书中我们反复注意到 17 世纪的激进分子迅速超越了他们时代的技术可能性。之后的圣经学与人类学对于《圣经》的神话学研究也做出了更好的解读；便宜且便捷的避孕用品为自由恋爱做出了更好的注解。现代物理学与化学正在迎头赶上他们思想中的辩证成分；现代人类学作为关于社会的科学无需依赖星系知识，而现代的无痛分娩理论也没有顾及关于人类堕落的神学假设。进化的概念使得构想一个外因不是第一原因的宇宙成为可能。即使对于创造失业不再被视为政府主要任务的社会来说，对于"联邦之美"可以优先于私人利润、国家主权甚至国民生产总值的社会来说，这些技术实现的可能性现在也可能

存在。我的目的并非支持这些激进分子,夸奖他们"领先于他们的时代"——这是懒惰的历史学家常提的陈词滥调。在某些方面他们领先于我们的时代。但在我看来,值得我们今天去研究的正是他们的洞察力——诗学般的洞察力。

遗憾的是我们无法倾听那些17世纪激进主义者的言论,或是直接倾听他们的政治演说与教化。但从他们为后代所写下并留存的言辞中,至少我们还可以理解他们表达的部分意义。此类话语使我们能够以与人们所知的活动历史吻合或不吻合的方式来撰写表意的历史。

表意史有质和量两个方面。从质的角度看,会有某些话语类型承载着特殊价值,或者因为在内部它们以某种方式浓缩了它们特定时空的符号本质,或者因为在外部它们在所发生的物质事件中起到了至关重要的作用(Martin,1999;Butt et al.,2004)。另一方面,从量的角度看,支配性符号主题或多或少会随着时间推移逐渐涌现;要对其进行解读与评价,我们需要一个语境化的话语语料库来从总体上加以分析和阐释(Fairclough,2000b)。[关于话语的质性(基于语篇的)与量化(基于语料库的)研究的结合,参见 Thompson & Hunston,2004。]

这本新期刊的名称提出了语言学与人类科学之间关系的议题,而在我看来语言学在这样的语境下要面对三个要求。语言学需要发挥工具、架构以及隐喻的作用。工具作用指的是语言学能够提供语言理论来用于解释与评价话语实例。如果我们懂得某个语篇所用的语言,通常我们不需要语言学理论就能理解此语篇。我已将历史作为我的"语篇",因此,请允许我借用克里斯托弗·希尔(Hill,1969:135)提到的17世纪的一个例子。

> The law locks up the man or woman
>
> That steals the goose from off the common;
>
> But leaves the greater villain loose
>
> Who steals the common from the goose.
>
> 公共土地上偷鹅的男女,
>
> 法律把他们投进了监狱;

　　却让更大的恶棍逍遥自由，

　　他把公共土地从鹅那偷走。

当我们读到这首流行诗时，我们能够毫不费力地在不同维度上把这首诗与其历史背景相联系，既包括符号维度，也包括物质维度。但是语言中有不同层次的意义，对它们的解读也许需要专业技术与策略；比如麦蒂森的"文本概要分析"展示了不同文本类型中义项选择的语义倾向，而韩茹凯的语义网络揭示了不同社会背景的家庭体现的不同"编码倾向"（Hasan，1992a，1992b；Matthiessen，1999，2004a）。马丁和沃达克（Martin & Wodak，2003）用翔实的例子展示了历史语篇中意义的语言学分析方法；请特别参阅马丁所写的题为"撰写历史：阐释的语法"的章节。[7]

　　语言学同样需要提供一个模型。语言可以被看作符号系统的原型；因此旨在彰显语言多维"架构"（Matthiessen，2003）的理论应该有足够的"厚实度"与丰富度，从而能为理解其他符号系统提供启示。并非所有语言向量都会在所有其他系统里相同的相互关系中找到——显然不会如此；但是对语言的理论描述将作为概念工具，用来探索其他形式的人类符号过程，例如图像（Kress & van Leeuwen，1996）、视觉艺术（O'Toole，1994）、音乐（McDonald，2005）等。言语艺术是一个特殊挑战，因为，正如之前提到的，这实际上是以与众不同的价值系统和阐释水平来运作的语言［Butt，1984，1988；Hasan，1985b(1989)；Thibault，1991b］。

　　每一种理论都是对理论化对象的隐喻；正如经常被指出的，语言学的特殊性在于——在其他领域中理论由语言组成而研究对象则不是——语言学中理论与研究对象都由语言构成。因此语言学与语言拥有许多相同的特征［参见 Halliday，1997(2003)］。从更一般的角度来说，语言通过在人类生命体与生态社会环境之间提供一条符号轨迹从而使人类的生存条件理论化：这条轨迹的一边是物质与社会过程环境，另一边是用于意义生成的听说器官（Thibault，2004）。语言学又对这条轨迹进行了理论化：它通过对各种意义进行识解来解释各种表意过程。因此除了为语言提供一个隐喻，在另一个层面上语言学也为用于理论化的整体意义提供了一个隐喻，即在（迄今为止）人类不懈的求知努力中符号领域将自身识解为连续的虚拟现实层之能力的隐喻。

任何非物质的东西都是意义。所有人类意识中的现象——那些被语法识解为"感知"过程的现象[英语中的动词如 think（思考）、believe（相信）、know（知道）、like（喜欢）、hope（希望）、want（想要）、fear（害怕）、see（看见）、hear（听见），还有名词如 thought（思想）、idea（观点）、belief（信念）、knowledge（知识）、love（喜爱）等等，以及概括词 mean（ing）（意义）本身]——都属于我们所生活的非物质领域，它们的统称概念是符号过程。正如与它们有同源关系的"言说"过程一样，感知过程也能"投射"：它们都含有"意思是"这个语义特征，被语法视为具有语义生成性——它们创造意义，并把意义归为某个来源，比如例句"we all believe the sun will rise tomorrow"（我们都相信明天会出太阳）。我们的经验中有一部分就是表意经验；每一种语言都有自己的方式将表意经验转换成意义。

看来意义作为信息量子（比特，或者"量子位"）就是世界的起源，而信息量子仍然是物质的终极成分。随着物质发展成生命，再发展成有血液生命、温血生命以及有大脑的生命形式，意义又在更高水平上出现，这次是作为可感受的特质而不仅仅是量子出现。关于此类意义——在生物领域、最终在人类领域中的意义——的科学是符号性的；由于语言是意义的前沿，语言学就是符号学的前沿。如果信息确实是宇宙的基本原料，那么物理学终究会被发现是一种语言学。

注释

[1] "毫无疑问在过去的 200 年里，世界上'发达'国家居民的平均物质条件得到了大幅提升。这一事实无可争辩……任何假定此事实未曾发生的历史学理论都是错误的。"（Hobsbawm，1997：168）

[2] 实际情况要比这种简单的说法所能描绘的更复杂——也更有趣。确实"语言"没有产生至关重要的影响（尽管语言可能会影响对现象进行研究的顺序）。但是"文字"的影响也许更为久远。腓尼基人接过埃及表意文字时，发现其并不适合他们的（闪族）语言，于是将其发展为音节文字；希腊人接过音节文字时，发现其并不适合他们的（印欧）语言，于是将其发展为字母文字。一个字母明显就是一个象征符；因此运用字母表示其他一些事物，如数字或是形式上的关系，就变得非常容易。而一个"表意字"并非一个明显的象征符；它会把其意思在你眼前鲜明地呈现，中国人（对

他们的语言来说表意文字——一种基于词素的文字——非常适合)从未将文字和
其意思(词素)相分离,从未将文字当作纯粹的符号使用。因此他们的数学与语言
学在发展过程中没有使用象征符(Halliday,1981；Tong,1999)。即使这些表意
文字被用来转写其他语言,比如用在 13 至 14 世纪时的汉蒙手稿中,它们也从未被
当作纯粹任意的语音符号；汉蒙文章中使用的文字数量大约是其所代表的音节数
量的两倍,因此中国科学很少使用符号象征的发展方式也许同汉语的书写特性有
关。同理,希腊人、印度人和之后的阿拉伯人把象征符引入他们的知识组织形式
中,是因为他们的书写系统已经依赖于书面象征符的任意性。

[3] 更准确地说,第二种是"概念"元功能,其中还包括与"经验"成分互补的"逻辑"成
分,二者共同构成"识解"资源,即用于建构现实的资源(Halliday & Matthiessen,
1999)。

[4] 被"措辞表达"的意义不一定就已外在化,它们可以是无声的言语表达。在需要时
去提取这些意义并非难事(就像在创作一个书面语篇一样)。更加不可言说的是那
些"深不可及而难以言表"的思想——但它们毫无疑问仍然是表意过程。

[5] 信息交换的问题似乎在于交换的过程和交换的产品都是符号性的；但在物品与服
务的交换中,过程是符号性的,而产品却是物质性的。我是在研究儿童语言发展时
第一次注意到这一点：物品与服务的交换很早就有了,在原语言阶段(婴儿时期)
就有了,而信息交换——把你知道某人尚未与你共享的一段经历告诉他——则要
等到母语学习一段时间之后才能开始发展。物品与服务的交换无需"措辞"相
伴——尽管人类常常会使用措辞；但这确实包含一个表意活动序列[Halliday,
1975(2004)]。

[6] 这让我想起早年计算机工程师所经历的苦恼。他们发现虽然有各种方法来在词典
中查找单词和词素,但在机器翻译上他们一点也不成功。

[7] 在发表于《欧洲评论》(2003 年 10 月,第 11 卷第 4 期)的题为"焦点：历史与记忆"
的论文里,当读到作者对二战记忆所做的旁征博引的学术性描述时,我不禁感到能
对相关话语做语言学分析是多么有价值的一件事。

第 11 章
语词中的高山：将自然之建筑识解为意义(2009)①

1

十分高兴能与大家在布拉维贾亚大学相聚。这要感谢托马索瓦(Tomasowa)博士与其同事盛情邀请我参加此次大会。我发现大会题目令人兴奋——但也极具挑战。看到题目的前半部分"空间、光照与阴影的语言"时，我立即觉得我可以有所贡献；但题目的后半部分"语言与建筑的系统交织"让我觉得碰到了难题。我对建筑一无所知；把建筑与语言系统性交织的人是我的好友迈克尔·奥图尔，他的大作《展示艺术的语言》过去是、现在仍然是有关此领域的主要知识源泉。但我对高山确实有所了解，而高山被称为"自然之建筑"。高山也是在空间、光照和阴影中塑造的，因而如果我把空间、光照和阴影的"语言"解释为含有自然语言所识解的空间、光照和阴影(以及高山的其他特征)的话语，这也只能算是个小小的作弊。

我要解释一下我的论文标题"语词中的高山"。其来源有两处。一是尼古拉斯·奥斯勒(Nicholas Ostler)2005年出版的名为《语词中的帝国》一书，其副标题为《世界语言史》。我的论文或许是高山语言史的一小部分。更确切的出处源自罗伯特·麦克法兰(Robert Macfarlane)2003年出版的

① 首次宣读于印度尼西亚国际系统语言学大会(Indonesian International Systemic Congress)，东爪哇玛琅市布拉维贾亚大学，2009年12月5日至7日。

《心中的高山：恋山史》，其中（用出版社对该书简介中的话来说）作者力图
回答"为何高山——由一块块岩石与坚冰组成的高山——会对人类想象力
产生如此奇特但有时却致命的吸引力"这个问题。这当然只反映了现代欧
洲的视野，因而我们需要意识到在世界范围内与高山以及人类想象有关的
更为广阔的语境。我想讨论人们在交谈、特别是写作中使用的有关高山的
语言；我使用的语篇来自英语（偶尔也有从其他语言翻译成英语的语篇），只
间接提及其他非欧洲的传统用例。

2

我在英格兰北部长大，我的家庭酷爱高山，一有时间就出去在山岗中漫
步。十多岁时我最爱读登山家所写的讲述他们登山故事的书。以下段落选
自其中最杰出的作家之一——斯林斯比（W. C. Slingsby）所写的关于他在
挪威的一次登山经历，其中讲述了他和他的向导约翰尼斯·威格尔
（Johannes Vigdal）穿越汤斯伯格达尔斯布莱（Tunsbergdalsbrae）冰川的
情景：

On either side there are fine precipices, and on the west is a
narrow cul-de-sac of rock fringed with ice. At 6:15 we enjoyed an
alpine sunrise, the beauty of which cannot be realised until seen.
While it is yet twilight, the sun suddenly touches the snowy crown of
the highest peak with a soft rose colour, which insensibly spreads
down the mountain, and as it does so the colour of the snow passes
through the softest gradations and most delicate tints to pure
glistening white at last. Each peak in order of height receives the
gladdening rays, and whilst the stars fade one by one away, bright
daylight takes the place of brilliant starlight, and warmth often
replaces bitter cold. (Slingsby, 1941: 141)

两边是精美的峭壁；西边有一条狭窄的断头石巷，边缘挂满了垂冰。6点15分我们欣赏到了阿尔卑斯山式的日出，其绝美之处只有亲眼看见才能领会。天色尚微明，朝阳突然给白雪覆盖的顶峰染上了一抹淡淡的玫瑰红，再徐徐蔓延至整座高山，而积雪也从柔和之至的各种层次与色泽一路渐变，最终成了熠熠生辉的洁白。各座山峰从高到低渐次披上了喜庆的霞光；随着晨星一颗颗隐去，明亮的阳光代替了闪烁的星光，而丝丝暖意也时时驱走严寒。

登山发生在 1881 年 8 月 14 日星期日。我将在后面再回来讨论这个语篇；此处要说明的是登山叙事经常会暂停以便为此类描写段落创造空间。当写到朝阳升起照亮了阴影之处时，描写本身又变成了叙事。

让我重回我的幼年时代，回到那时丰富多样的传统儿歌与民谣（这类歌谣在当今的电子时代或许已不再传给孩子了?)中。2 岁前，我们听到了《杰克与吉尔之歌》(*Jack and Jill*)（语篇 1）：

> Jack and Jill went up the hill
>
> To fetch a pail of water.
>
> Jack fell down and broke his crown,
>
> And Jill came tumbling after.
>
> 杰克吉尔上山来，
>
> 两人一起把水抬。
>
> 杰克跌倒摔破了头，
>
> 吉尔也跟着滚下来。

山岗可能有危险：当你往山岗上走，也许会跌倒，可能摔断骨头。在 19 世纪这充满乐观精神的年代，人们创造了一首新儿歌，加了一个喜剧性的结尾，但却无法令人信服。

我们约克郡的山岗却大都十分友善，许多歌谣里都说你"在山岗上与山谷里徜徉"(roamed o'er hill and dale)（山谷被称为 dales，而山岗实际上被称为 fells）。山岗与山谷在乡村起伏交错，另外一个常用的叙事短语是 up hill and down dale(山上山下，即到处)。不过山还有一个更具危险性的方面，能在神话故事与早期的儿童文学作品里看到，比如诗人沃尔特·德·拉·梅尔(Walter de la Mare)所写的这首诗(语篇 2)：

> Up the airy mountain,
> Down the rushy glen,
> We daren't go a-hunting
> For fear of little men.
> 天朗而气清的高山上，
> 长满灯芯草的峡谷下，
> 我们不敢去打猎，
> 害怕碰见小矮人。

这首诗写的是苏格兰风情，其中小山岗变成了高山，而峡谷则被称为glens。这些景致仍然秀丽动人——airy(天朗而气清)和 rushy(长满灯芯草)都是赏心悦目的特征；山岗虽然怪石嶙峋，但却依然温文尔雅，连绵起伏；而高山却奇峰突起、险峻异常——而且巍峨耸立。你 go up(走上)或者 walk up(漫步走上)山岗，但却不得不 climb(攀爬)高山。高耸入云的高山与芦苇密布的峻壑都可能潜藏着异形生物。

在我们的儿童语篇里，高山是用以下方式来识解的：

次要过程	up(上)、down(下)、over(越过)
物质过程	fall(跌倒)、tumble(滚落)、break (bones)[摔断(骨头)]
心理过程	dare(敢)、fear(害怕)
实体	mountain(高山)，hill、fells(山岗)，valley、dales(山谷)

其中 up(上)、down(下)、over(越过)既是动作也是状态：你走(漫步、爬)上山，即动作；但你也可能住在山上，即状态。比较一下 walk over the fells(走过山岗)与 live over the hill(住在山岗上)。它们既是你生活的空间所在，也是你前往的目的地(以及回来的出发点)。最后一个例子选自学校

中常见的最早的"成长"诗之一,由华兹华斯所作(语篇 3):

> I wandered lonely as a cloud
> That floats on high o'er vales and hills...
> 我孤寂地游荡着像一朵云
> 高高漂浮于峡谷山岗之上……

山岗也许有点高,但浮云更高——它们 on high(高高)漂浮于山巅之上。

至此在符号层面和物质层面你都获得了关于山岗和高山的丰富多样的体验:两者都是作为语言所识解的意义来体验的,既存在于事实中也存在于虚构中,而且是作为视觉、听觉、触觉甚至嗅觉、味觉等感官可感受的物体来体验的。我们每个人的经历都各不相同。对我来说山岗和高山的体验都有经久不衰的积极意义。它们是视觉美景之所在:蔚蓝的天空、碧绿的野草、乳白的石灰岩或黝黑的磨石沙砾;还有浮云,要么流散着轻盈的白色,要么翻涌着忧郁的深灰色,要么泛起浓密乳白的湿气把我笼罩其中,但总能让我心旷神怡。但对其他人来说,高山也许"只不过是一块块岩石与坚冰",甚至感觉其充满危险与敌意。

3

在并不遥远的过去,在最早的农耕者与放牧人眼里,高山是神祇的府邸、精灵的家园,是超自然力量的发源地。尤其是那些远离主脉的突兀孤峰,比如奥林匹斯山(Olympus)、撒芬山[Zaphon,现在被称为杰贝尔·埃尔阿格拉山(Jebel el-Agra),是古腓尼基神巴力(Ba'al)的居所]或者富士山(Fujiyama);还有那些富有特色的山,比如有多条河流发源的山。布尔罕·合勒敦山(Burkhan Khaldun)是蒙古人的圣山,也是斡难河(the Onon)、克伦河(the Kerlen)、图拉河(the Tuul)三条河流的发源地。《元朝秘史》讲述了铁木真,即后来蒙古人的第一任统治者成吉思汗,在年轻时候常常隐退于此山中拜谢上苍、静心冥思并为其征战寻求指引。人们发现事实上耸立的高山——无论是否是因为其稀薄的空气对大脑的影响——总能使我们产生神秘的体验。

　　山上的神灵当然可以对那些亵渎其府邸的人施加惩罚：迈克尔·佩林（Michael Palin）讲到有一次他试图去攀爬尼泊尔的安娜普娜山，他的尼泊尔夏尔巴人向导旺珠（Wongchu）向他解释为什么那么多登山者死在了山坡上：他们的行为冒犯了山上的神灵。这些住在山上或山中令人敬畏的生灵就像挪威北部的山精一样，在人类想象中比多数其他传说中的生灵逗留的时间都要长，这也就毫不奇怪了。高山变化无常，而人类需要去解释那些看似随机的事件，比如山体滑坡、雪崩或者突然而至的极端天气。这些无法预测的事件十分危险，甚至可能致命。但高山本身通常被接受为自然秩序的一部分；造物主判定了它们的存在，就像大海与长空一样，无需再做解释。但在希腊-基督教的文化传统中有一支流以不同视角来看待高山（Palin，2005：128）。

　　"完美"的概念本来源自希腊，却出现在了基督教神话中，用于描述上帝以及所有上帝的作品。比如球体就是完美的形状。人们知道地球是圆球形的，因而以基督徒的观点来看，作为上帝造物的核心，地球应该是完美的球形，而不会被参差不齐的山脉上裸露的岩层弄得变形。17 世纪晚期，英国牧师及剑桥学者托马斯·伯内特（Thomas Burnet）数次穿越阿尔卑斯山，因其壮丽与雄伟而深感敬畏，但又因其混乱与无序而无比惊诧。彼时的欧洲科学活动兴盛，所有传统定论，包括《圣经》中上帝造万物的故事，都受到质疑。伯内特想到《创世记》中的记述应该是个隐喻性解释，于是他提出了自己对高山形成的观点。他说，高山因地球的平整表面破裂而隆起，其内部水分从裂隙中涌出；地表的某些部分崩裂，水体退去后剩下的就是布满了巨大悬崖峭壁的地形（Lukin & Webster，2005：438 - 439）。

　　伯内特的观点充满争议，因为他断言山脉在真实的时间中也拥有自己的历史，因而打开了通往进化科学之先驱即地质学的大门。同时他也改变了人们对于高山的整体观念：高山成了某种存在，即使对那些从未亲眼看过的人来说也不例外；高山还拥有了自己的特征，即雄伟壮丽，令人望而生畏，同时也激发了人们的惧怕与恐怖感。麦克法兰写道：

　　　　伯内特在山地风光中看到了雄伟壮观的一面并把它表达出来，由

此为以全新的方式感受高山奠定了基础。(Macfarlane，2003：29)

1688 年约翰·丹尼斯(John Dennis)在描写山地景色时，把此种仰慕与敬畏并存的心情描述为"恐惧中带有高兴，喜悦中又有害怕"；这在 18 世纪的西欧家喻户晓，并被称为"雄壮"(sublime)。"sublime"一词源自早期希腊修辞学家朗加纳斯(Longinus)一部作品的拉丁语译本；朗加纳斯把它用来描述语言，指伟大作品给读者产生的印象。在其大作《雄壮与优美观念之起源的哲学探究》(*A Philosophical Enquiry into the Origin of Our Ideas of the Sublime and Beautiful*，1757)中，哲学家埃德蒙·伯克(Edmund Burke)把雄壮感解释为由宏伟与力量感所引发的愉悦感，往往伴有恐惧甚至痛苦感。雄壮成为浪漫主义运动的基调，它与高山的联系被英国"湖畔"派诗人进一步强化，特别是华兹华斯——他也讲述了法国革命开始时的那种激动感，这种激动感随后为"恐惧"所取代。下面的诗句选自 1791 年(原文如此)华兹华斯的长篇自传诗《序曲》，其副标题为《诗人心灵的成长》(参见《序曲》第 6 章，第 340～342 行以及第 525～534 行)(语篇 4)：

> But Europe at that time was thrilled with joy,
> France standing on the top of golden hours,
> and human nature seeming born again...
>   That very day,
> from a bare ridge we also first beheld
> Unveiled the summit of Mont Blanc, and grieved
> To have a soulless image on the eye
> which had usurped upon a living thought
> That never more could be. The wondrous Vale
> of Chamouny stretched far below, and soon
> with its dumb cataracts, and streams of ice,
> a motionless array of mighty waves,
> five rivers broad and vast, made rich amends,
> and reconciled us to realities.

> 但彼时的欧洲因喜悦而震颤，
> 法兰西正站在黄金时代之巅，
> 使得人性得以重现光芒……
> 　　　　　　　正是在那天
> 从裸露的山脊上我们也首次瞭望
> 勃朗峰显露的容光，但却悲伤地
> 发现满眼死气沉沉的景象
> 掠夺走了鲜活的思想
> 使其不复往常。山下美丽的
> 夏蒙尼峡谷伸向远方，顷刻间
> 以无声的瀑布与冰冻的溪流
> 不动声色的磅礴巨浪
> 以及五条宽阔大河，给予富饶补偿，
> 使我们与现实握手言欢。

诗中 thrilled with joy（因喜悦而震颤）清晰地表现了雄壮之美，而且是在 on the top of golden hours（黄金时代之巅）所感受到的，换句话说，是在特定时间在山峰上看到的。在穿越阿尔卑斯山时他们至少看到了天空上的顶峰——勃朗峰。但这里也有矛盾的地方。对华兹华斯来说，其情感的源泉是内心的声音，是其想象力——a living thought（鲜活的思想）而不是 soulless image（死气沉沉的景象）；景色本身缺乏生机，而且实际上 usurped（掠夺走了）——取代并摧毁了——想象中的奇观。这种体验我们十分熟悉；现在我已经看过了这个小镇，看过了这所大学，再也回想不起我以前想象中它们的样子了。那么华兹华斯的鲜活思想源自何处呢？——要么来自 18 世纪的山地景色绘画，但这只是些另外的视觉形象，要么来自语言之中，源自他从幼年时代起所听到或读到过的关于高山的语言。

　　现在华兹华斯通过所看到的 wondrous Vale of Chamouny［美丽的夏蒙尼峡谷，现代地图上称之为夏蒙尼克斯（Chamonix）］——通过他识解景色的语言技巧——而 reconciled... to realities（与现实握手言欢）。这些语言，即那些构型为名词词组的词项，通过三个语义矛盾的词组来识解这番景色：dumb cataracts、streams of ice、motionless waves（无声的瀑布、冰冻的溪流、不动声色的巨浪）。瀑布不是无声的，而是喧闹的；坚冰不会流动，而是完全封冻了；巨浪不会不动声色，而是完全由运动的水体组成。语法把这些语义矛盾的词语呈现为峡谷的特征或属性［with its（以）］，从而使它们在情感类的心理过程中发挥施动者的功能，而我们成了过程的感受者［which... reconciled us to realities（使我们与现实握手言欢）］。

4

这正是华兹华斯时代高山所变成的样子，即变成了现实，19世纪世俗眼光中的现实——尤其在英国，那时"工业革命"正酣，所有人类经验都以物质性形式来识解。在19世纪初，高山仍然主要用来"观光"——从一个安全舒适的距离来观赏，而后也许会被写下来。不久华兹华斯就读到了托马斯·威尔金森（Thomas Wilkinson）1824年出版的《不列颠高山游记》；如今我们知道这点是因为这本游记给华兹华斯的名诗《孤独的割麦女》带来了灵感。

作为工业革命景观的一部分还有另外一个更具破坏性的后果：高山可以用来开采。高山上的岩石曾经总是被开采用来做建筑材料，但通常此类开采速度很慢，而且只在缓坡上进行。但随后人们发现山上富含储量巨大的贵重矿物，而且可以通过使用爆炸装置由机器来快速开采。采矿过程充满危险，而且矿山总是位于偏远地区，那里神出鬼没的古老居民可能埋伏在周围。乔治·博罗（George Borrow）在1850年徒步穿越威尔士时，记录了他与一位丘陵地带的铅矿采矿工之间的一段对话（年份不详：441）（语篇5）：

> "你喜欢矿工生活吗？"我问。
>
> "十分喜欢，"他说，"如果没有山岗上的喧闹声，我会更喜欢的。"
>
> "你是指炸药爆炸声吗？"我问。
>
> "哦，不是！"他回答，"我对爆炸声毫不在意，我是说矿区的山中精灵发出的喧闹声。"

那时的高山已经有人开始攀爬了。大约从 19 世纪 40 年代开始，爬山成了公认的娱乐形式，现在被称为 mountaineering（登山）。最初的 mountaineers（登山家）当然是山中居民；其中就有瑞士人，以及那些在崇山峻岭中成长、谋生且极其擅长爬山的人，他们把自己训练成登山向导以服务于那些视登山为运动的初来乍到者。最有名的是英国人，其中许多人已成了优秀的登山运动员。他们研究各种必备的技巧，设计各种合体的服装，发明了各种能随身携带的设备以在需要时投入使用，这些设备能在紧急情况下用来迅速处理突发挑战。在 19 世纪 50 年代的某个时候，他们成立了英国阿尔卑斯俱乐部；俱乐部的某些成员不仅是坚毅敏捷的登山家，而且，对我们来说幸运的是，还是才华横溢的作家。

杰弗里·温斯洛普-扬（Geoffrey Winthrop-Young）在介绍布莱克威尔出版社 1936 年出版的登山丛书第一卷时写道：

> 对高山美景的清晰披露主要归功于卢梭（Rousseau）……使登山得以普及的第一部书是爱德华·温珀（Edward Whymper）的《攀登阿尔卑斯山》……此书融合了"初见"的高山美景与美妙的新奇探险故事。（温斯洛普-扬，《引言》，参见 Stephen，1936：ix）

其探险意味在莱斯利·斯蒂芬（Leslie Stephen）所取的书名中就已表露无遗，其使用的 playground（游乐场）一词暗示休闲与玩乐之意。此书本身虽然刻意以"文学"作品形式呈现，但对于确立描写与叙事相融合的标志性登山写作模式贡献巨大。

下面我举一个斯蒂芬写作的例子。首先让我回到前面所引斯林斯比的"日出"段落（见本章第 2 节）。其中一般过去时的叙事后面紧跟着一般现在时的描写，而对不断移动和色泽变化的光线描写本身也是以叙事方式展开的。这种描写在词汇语法上被识解为高山与光源之间的互动：

the sun touches the crown of the peak
the colour spreads down the mountain
each peak receives the gladdening rays

> 阳光轻抚着山峰之巅
> 色泽沿着整座山蔓延
> 每座山峰都染上了喜庆的光芒

其中穿插着光线本身在色泽上的变化：

> a soft colour passes（by soft gradations via delicate tints）to glistening white
> bright daylight takes the place（as stars fade away）of brilliant starlight
> 柔和的颜色渐渐（通过精细色泽上的层次变化）过渡到闪亮的洁白
> 明亮的日光（随着晨星隐去）取代了闪烁的星光

每个名词都带有一个强度稳步上升的性质语（epithet）（如 gladdening、soft、delicate、bright、brilliant）。然而最后一个小句的呈现秩序发生了变化：明亮的日光因其存在已经建立起来而变成了已知信息（the Given），而星光虽然在真实事件序列中是已知的，此时却变成了新信息（the New）；其性质成分 brilliant（闪烁）提示我们高山上的天空中夜色本身也被阳光照亮了。下面从莱斯利·斯蒂芬（Stephen，1936：21－22）的书中节选了一段（语篇 6）以作比较：

> As we reached our burrow, we were gratified with one of the most glorious sights of the mountains. A huge cloud, which looked at least as lofty as the Eiger, rested with one extremity of its base on the Eiger, and the other on the Mettenberg, shooting its white pinnacles high up into the sunshine above. Through the mighty arched gateway thus formed, we could see far over the successive ranges of inferior mountains, standing like flat shades one behind another. The lower slopes of the Mettenberg glowed with a deep blood-red, and the more distant hills passed through every shade of

blue, purple and rose-coloured hues into the faint blue of the distant Jura, with one gleam of green sky beyond. In the midst of the hills the Lake of Thun lay, shining like gold. A few peals of thunder echoed along the glacier valley, telling us of the storm that was raging over Grindelwald.

　　当回到雪洞时,我们异常兴奋地看到了高山上最绚丽的景色之一。一片巨大的云,看上去至少与艾格尔峰一样巍峨,其底部的一端搭在艾格尔峰上,而另一端搭在梅滕贝格峰上,云上许多白色小尖塔高高仰起刺入上方的阳光之中。透过白云形成的宏伟拱门,我们可以看见天际边绵延不绝的低矮群山,就像许多平面的帘子层层叠叠地排列在一起。梅滕贝格峰低处的斜坡上闪耀着一片深红,而稍远处的众多小山岗相继出现明暗交替的蓝色、紫色、玫瑰红色,直至延伸到远处的汝拉峰变成了暗蓝色,汝拉峰以外则现出一抹青绿色的天空。山岗环绕之中坐落着图恩湖,闪耀着金光。隆隆的雷声在冰川峡谷中回响,提醒我们格林德瓦市上空暴风雨正在肆虐。

此段中作者保留了叙事性的过去时,从而把场景定位在当天的事件序列中〔整个段落开头和结尾都是用 we 和 us(我们)来完成的〕。介绍浮云之后,段落的主位推进就以空间顺序来展开：through the mighty arched gateway thus formed(透过白云形成的宏伟拱门),the lower slopes of the Mettenberg(梅滕贝格峰低处的斜坡上),in the midst of the hills(山岗环绕之中);这些主位形成一个连贯的序列,其中每个环节都通过衔接手段与前面的空间定位相联系。

　　正如斯林斯比的选段一样,光线被识解为各种颜色的连续变化,只是此处各种颜色同时存在,其变化过程通过空间而非时间方式来追踪。高山往往呈现给我们黑白两色——黑色的岩石与白色的积雪和坚冰交错;因而除了描写浮云,强烈的黑白色彩并未像往常一样被提及。坚冰的颜色即使被提到,也可能被识解为蓝色,就像阿尔弗雷德·威尔斯(Alfred Wills, 1937：113)这篇文章(语篇 7)所写的：

The appearances presented by some of the blocks of ice and

dark, deep blue crevasses of the higher parts of the Strahlhorn, which were still in the shade, or just tipped with a narrow band of glistening sunlight, was of extraordinary wildness and beauty. Many of the crevasses on the glacier we were ascending were also of wonderful beauty; we strayed out of our way to gaze into some of them, which were only to be approached with caution, as the ice nearly met on either side, and disclosed beneath dark blue caverns, of fabulous depth, with long pendants of lustrous ice fringing the sides, and hanging in fantastic groups from the translucent roof. As the sun shone down into some of them, or forced his way, in delicate floods of pale green light, through the overhanging domes of ice, the scene seemed to belong rather to fairyland than to reality.

　　斯特拉尔峰仍然处在背阴处，仅仅在尖顶处覆上一条狭长闪耀的阳光丝带；在其高处，一些冰块与深蓝色冰隙展现出不同寻常的狂野之美。我们正在攀爬的冰川上，也有许多冰隙美妙绝伦。我们离开主路过去观赏，但只能小心翼翼地靠近。许多裂隙两边的冰几乎要挨着了，显露出下方深蓝色的洞穴，深度惊人，两边装饰着晶莹剔透的长长冰锥，一簇簇从透亮的洞顶上垂下来。阳光洒下来，透过悬在顶部的冰穹，淡绿色的光流涌入，映入些许冰锥中，整个景色似乎更像在仙境而非现实之中。

美的体验往往用"黑白两色"来表达，即用极限值来表达。对于登山家来说这几乎肯定有积极意义，正如刚刚所引的这些段落所示。前面引述中与旷工进行对话的乔治·博罗并非登山家，而是一位不知疲倦的旅行家，在可能的情况下还喜欢徒步旅行到偏远的地方。1854 年他在威尔士乡村徒步旅行了四个多月，不时对丘陵与高山的风景发表评论。与登山家不同，他也承认景色的反面，看到了某些显然不那么美丽的景象。下面的选段中他把美丽与丑陋的景象进行了对比（Borrow，年份不详：517 - 518）（语篇 8）：

I went on—desolate hills rose in the east, the way I was going, but on the south were beautiful hillocks adorned with trees and hedgerows. I was soon amongst the desolate hills, which then looked more desolate than they did at a distance. They were of a wretched russet colour, and exhibited no other signs of life and cultivation than here and there a miserable field and vile-looking hovel; and if there was here nothing to cheer the eye there was also nothing to cheer the ear. There were no songs of birds, no voices of rills; the only sound I heard was the lowing of a wretched bullock from a far-off slope.

I went on slowly and heavily; at length I got to the top of this wretched range—then what a sudden change! Beautiful hills in the far east, a fair valley below me, and groves and woods on each side of the road which led down to it. The sight filled my veins with fresh life, and I descended this side of the hill as merrily as I had come up the other side despondingly.

　　我继续往前走——荒凉的山岗在去路的东边隆起,但南边有许多美丽的山丘,长满了高大的乔木与低矮的灌木。我很快就来到了荒凉的山岗之中,发现它们比远看更加荒凉。这些山岗满是破败的黄褐色,没有多少其他生命与农耕的迹象,只零星分布着荒芜的田地和破败不堪的小屋。如果说山岗上入眼所见无任何可喜之景,其入耳所闻也无任何悦耳之音。既听不见啾啾鸟鸣之声,也听不见淙淙溪水之声。我唯一听到的是远处山坡上一头可怜的小牛犊发出的哀鸣。

　　我拖着沉重的步子继续慢慢地往前走,终于来到了这片破败山景的高处——多么突兀的变化! 远处的东方有众多美丽的山岗,在我下方有一条秀丽的峡谷,通往峡谷的小路两边满是果园和小树林。这番景致使我心中充满了鲜活的生机。我刚刚从山岗的那边上来时充满沮丧,现在从山岗这边下去时却满怀喜悦。

博罗虽然是位头脑清醒而经验丰富的旅行作家,还流利地说着包括威尔士语在内的多种语言,但却发现自己在贬损这些景象时"词穷":desolate(荒凉)一词出现了 3 次,wretched(破败)也出现了 3 次,而多数贬损都是通过选择语法上的否定结构来体现的,如 no other signs of life and cultivation

（没有多少其他生命与农耕的迹象），nothing to cheer the eye（入眼所见没有任何可喜之景），nothing to cheer the ear（入耳所闻也无任何悦耳之音），no songs of birds（听不见啾啾鸟鸣之声），no voices of rills（听不见淙淙溪水之声）。甚至连 russet（黄褐色）这个至少中性，而且在我看来颇有正面联想意义的颜色词，也被修饰词 wretched（破败）重塑成了贬义词。

词项本身并不能发挥其作用；它们通过语法来获得生命与效力。这个段落由一系列表示在空间中移动的物质过程小句建构起来，其动作者（Actor）为 I（我）：I went on（我继续往前走），I got to the top（我来到山顶），I descended（我下来）；其中第一和第三个词组表明动作的开始与结束，而第二个词组预示从丑陋到美丽的过渡。第一次移动［up hill in ugliness（上山景致丑陋）］把其经历识解为两组序列，每个序列各包括四个小句，其中第一个序列与所见相关，而第二个与所闻相关；每个序列包括三个存在小句，而第四个小句设定其基调，表明哪种感官受到影响；基调小句在第一个序列中出现于首句［which then looked more desolate（它们比远看更加荒凉）］，而在第二个序列中出现于尾句［the only sound I heard was（我唯一听到的是）］。第二次移动［down hill in beauty（下山景色美丽）］有很大不同，由一个感叹小句与三个零句组成，每个零句由一个名词词组构成，里面包含一个地点性修饰成分（qualifier）来限定空间环境。然后所有描述被浓缩成一个名词化词组 the sight（这番景致），作为物质过程 filled my veins with fresh life（使我心中充满了鲜活的生机）的动作者——这是使役归属性小句 caused me to feel invigorated 的词汇语法隐喻。有了这个结构，第一个以 trees and hedgerows（高大的乔木与低矮的灌木）结尾的小句复合体实际上起着引子的功能，预示着接下来的两个主题，而以一个 I 小句［I was soon amongst...（我很快就来到……）］作为过渡。这种穿插着个人叙事的描写性段落结构在讲述三维空间中的移动过程时十分常见。

5

高山是如何被识解为空间中的现象的呢？简短地说，是通过攀登来识解的——要注意的是，对于登山家来说，"登山"意味着攀登到顶峰。比较一下"这座山从未被攀登过"这个说法，其意思是尚未有人到达过顶峰，至少未徒步到达过。

　　这意味着用语言来识解高山时，语篇的主要模式不是像识解建筑一样展开描写，而是叙事。当然其中常常会穿插着描写，有时这些穿插的描写还包含与建筑的比较，就像下面莱斯利·斯蒂芬(Stephen，1936：160)的选段一样：

> The fantastic Dolomite mountains... recall quaint Eastern architecture，whose daring pinnacles derive their charm from a studied defiance of the sober principles of stability. The Chamonix aiguilles... inevitably remind one of Gothic cathedrals.
> 　　奇妙的白云岩山……让人回想起古雅的东方建筑，其大胆的尖顶因为刻意打破朴素的稳定原则而别具魅力。夏蒙尼艾吉耶地区……不可避免地使人想起哥特式大教堂。

但此类比较十分罕见；一般来说描写性段落都被置于叙事场景中，因为这些段落所描写的是在攀登途中遇见的特征，包括其中所遇到的具体挑战与危险。正是叙事赋予了高山以意义和物理形式。

　　正如可预料的一样，此类叙事以各种不同的风格展开。有幽默风格，或嘲讽式的（比如 Stephen，1936：99 - 100 ＋ 120）或风趣式的（比如 Mummery，1936：218-224）；有精巧的、语法复杂的风格（比如 Freshfield，2010：58 - 59）；也有民族志式的风格，如今不再讲述各种精灵而是讲述威尔士人、瑞士人、挪威人、高加索人等——几乎都是正面叙述，毕竟这些人也是攀登者，是原初意义上的攀登者（Borrow，年份不详：132；Slingsby，1941：15 - 16；Mummery，1936：226 - 227）。还有可以称之为"率真"的叙事风格，这种风格特别为威尔斯和斯林斯比所钟爱。我将采用此类率真风格作为示例，其中附带一些略微展开的评论，因为这类相对不加修饰的叙事能使我们最清晰地洞察以人类建构物形式存在的高山。

　　下面所选三段是斯林斯比讲述的 1876 年 7 月 21 日在挪威的一次充满

挑战的登山经历,那是他首次登上名为斯卡加斯特(Skagastölstind)的山峰。章节的名称是"征服斯卡加斯特峰";这是军事术语被这些作家偶尔使用的一个例子,就像说对此山发起"进攻"(attack)或者"突击"(assault)一样。我预计能找到很多此类例子,但却发现它们实际上极其罕见。高山一般不会被识解为必须征服的敌人或是敌占区。这三个段落给人的感觉是体现了率真的叙事风格。我们可以写一整本专著来分析这种长度的选段。但我想做的是从某个特定视角来对此语篇做个评论,即此语篇如何把高山识解为人类经验的一个方面——识解为我们独特现实中的一座"丰碑"(Slingsby,1941:100 - 101)(语篇 9):

We had some interesting step-cutting through some séracs where a jutting crag contracted the glacier. After this, we turned a little to the left quite under Skagastölstind, which towered proudly 3,000 feet above us. Hardly any débris seemed to have fallen from this awful precipice on to the glacier; a good sign for us, which suggested firm rocks above, whilst on the other hand an avalanche thundered down to the far side of the glacier from the ridge above it, and echo answered echo again and again.

Near the top of the glacier, there about 500 yards wide, a large crevasse stretched nearly across. Where we first reached it about the middle of the glacier, it looked like a ravenous, open-jawed monster, awfully deep and ready to swallow a whole Alpine Club. As there were no snow-bridges here, we followed it to the western side where the friction of the rocks had broken down the snowy wall and had partially choked up the crevasse. Here we made sure of crossing. In the best place, however, there was a wall of névé, 12 feet high, above the snow in the crevasse. My companions anchored themselves safely and paid out my rope while I climbed down into the hollow. Twice I cut my way up the wall, but though I cut a dozen large steps, I could not get over on the top, as the snow, at that late hour of the day, was too soft for my ice-axe to hold in, and twice I came down again to the soft snow in my fruitless endeavours. The second time, my feet passed through and revealed uncanny depths and a blue haze which was not reassuring. If the snow had been strong enough to hold a second man safely, we could have got up the wall, as I could have stood on his shoulders and have hacked away a sloping staircase to the platform above. I tried once more, and though I failed I all but succeeded. For some time, Knut had been calling out "Til höre" (To the right). Now, I replied, "Ja, nu maa vi gaa til höre." We retraced our steps and, to our great joy, found a substantial bridge close to the eastern side.

The glacier became steeper, but we soon reached the black belt of rock, where from below we expected to find considerable difficulty or possibly defeat. Fortunately the bergschrund at the head of the glacier and at the foot of the rocks was choked up with a snow avalanche, which gave us a readymade road on to the rocks.

一扇突出的峭壁使冰川缩小,在峭壁的一些冰塔上我们饶有兴致地砍出了些冰阶。而后我们稍稍左转,来到斯卡加斯特峰的正下方,顶峰在我们上面 3 000 英尺处傲然耸立。似乎没有任何碎石从这座令人望而生畏的峭壁上跌落到冰川里,这对我们来说是个好迹象,说明上面岩石坚固。而另一边积雪崩塌隆隆地从山脊上滚落到冰川的另一边,隆隆声在山谷中久久回荡。

靠近冰川顶部约 500 码的地方,一个巨大冰隙几乎横跨整个冰川。我们刚到达大约位于冰川中部的裂隙处,裂隙看上去像个大嘴张开的饥饿怪物,深得惊人,随时准备吞下所有阿尔卑斯俱乐部的成员。由于此处没有雪桥,我们沿着裂隙走到西边,那里岩石的摩擦把雪墙撞碎了,塞住了部分裂隙,我们肯定可以穿过。但最理想的穿越处是裂隙中积雪上方的一座 12 英尺高的坚实雪丘墙。伙伴们把自己安全锚定在雪丘墙上,从手中徐徐放出登山绳让我下到洞穴中。我两次试图在墙上砍出一条路来,虽然砍出了十几个大冰阶,但却不能踩着冰阶上去,因为在当天那么迟暮的时候积雪太过柔软使冰斧无法扎实。我又两次下到柔软的积雪上，但却无济于事。第二次下去的时候我的双脚走过去了，但却看到了深得不可思议的脚印和一团腾起的蓝色冰雾，令人不安。如果积雪足够坚实能安全承受住第二个人的重量，我们就可以爬上这堵雪丘墙，因为我可以站在他肩上砍出一条倾斜的冰阶通到上面的平台。我又尝试了一次，虽然失败了，但离成功也近在咫尺。有一段时间克努特一直喊"往右"。现在我答道："是的，我们现在必须往右了。"我们往回走，而后十分高兴地发现了一座靠近裂隙东边处的坚实雪桥。

冰川变得越发陡峭，但我们很快就到达了岩石的黑带处，在下面时我们原本预料会碰到很大困难甚至可能无法爬上来。幸运的是冰川顶部与岩石脚下之间的冰后隙被雪崩塞满，为我们铺好了一条现成的路直达岩石上方。

第一，或许最显眼的是一些陌生词汇，比如 crevasse（冰川隙）、sérac（冰柱）、névé（雪丘）、bergschrund（冰后隙）等。crevasse 是指冰川的冰层上很深的裂隙或裂缝；sérac 是从冰川上突出的巨大冰柱，常常出现在陡坡上；névé 是坚实的积雪构成的雪丘或雪墙，经常能在冰川顶端看见；bergschrund 是冰川边缘与相邻岩石之间的冰后隙或者过渡带，这些岩石通常是被长期的冰块运动破坏而变得易碎松散的岩石（moraine，即冰碛）。这些特征只对登山家（即现代意义的登山者）来说存在。岩石、悬崖、坚冰与积雪是由大山"赋予"的作为物理现象的客观特征；冰柱与冰后隙以及其他实体只对那些在其上面踩踏、攀爬的人来说存在，这些登山者通过其身体与所想出的对策对这些实体施加影响，且常常相互讨论如何以最好的方式爬上、爬下、越过或者绕过这些实体的边缘。这些词汇与 snow-bridge（雪桥）、ice fall（冰瀑）、rock face（岩壁）、chimney（狭缝）等其他更为英国读者所熟知的术语一起发挥作用，把高山转变成了意义的大厦。

第二，如果我们去追踪第二段的主位推进模式，就可以看清空间上的描写如何变成了时间上的叙事。这段第一部分的主位都是些表示空间的短语或从属小句：near the top of the glacier（靠近冰川顶部），where we first reached it about the middle of the glacier(我们刚到达大约位于冰川中部的裂隙处)，as there were no snow-bridges here(由于此处没有雪桥)，here(此处)，in the best place(最理想的穿越处)。而后，以我们的视角以及我们自己为过渡中介[my companions anchored themselves safely(伙伴们把自己安全锚定)]，前面用一个评价性词汇 best 作为铺垫，主位变成了表示时间的词语：twice(两次)，the second time(第二次)，for some time(有段时间)，now(现在)；其中还有一个从属的条件小句 if the snow had been strong enough(如果积雪足够坚实)用来投射未真实发生的备选事件序列 we could have got up the wall(我们就可以爬上这堵雪丘墙)。此段的最后一个主位 we(我们)把描述与叙事序列引入了登山者的视野。

第三，环境式归属过程清晰地从人类视角——特别是从 homo scandens(作为登山者的人的视角)——来呈现大山。第一位著名的女登山家是桃乐茜·皮利(Dorothy Pilley)，即《登山时光》(*Climbing Days*)一书的作者，也是莱斯利·斯蒂芬的女儿。但马默里(Mummery)书中的引言与第一章实际上是由他的妻子写的。此处我们看到斯卡加斯特山 towered above us(耸立于我们上方，实际上是 towered proudly above us，即在我们上方傲然耸立)，a large crevasse stretched nearly across[一个巨大裂隙几乎横跨(整个冰川)]；不同寻常的是一个使役性的归属小句 a jutting crag contracted the glacier(一扇突出的峭壁使冰川缩小)，"使冰川变得稀薄"，其施动者是一个自然特征即峭壁(可与下一段的例子进行比较)。在相同记述的后面部分我们看到了 a snow cornice which overhung the northern precipice(悬挂在北边峭壁上的雪檐)(参见附录 6 中本语篇的后续部分)。其他一些属性成分则描述了登山者在路上遇见的其他特征：the snow was too soft for my ice-axe to hold in(积雪太过柔软使冰斧无法扎实)；the glacier became steeper(冰川变得越发陡峭)。比较一下这些短语中的性质词：firm rocks(坚固的岩石)，the snowy wall(雪墙)，the soft snow(柔软的积雪)，a sloping staircase(倾斜的冰阶)，the black belt of rock(岩石黑带)经由 a substantial bridge close to the eastern side(一座靠近裂隙东边处的坚实雪桥)可到达。此处的 bridge 当然是由紧实的积雪形成的自然之桥。

第四，我们思考语篇中的物质过程时，可以发现许多物质过程都由某种自然特征或自然力量充当动作者。有些是"中动态"（不及物）过程，其动作者即过程的介质（Medium），比如 hardly any debris seemed to have fallen（似乎没有任何碎石跌落），an avalanche thundered down（积雪崩塌隆隆地滚落）。此时过程中没有使役成分——我们的语法把重力视为理所当然，登山者也如此认为。但我们也发现在"施效性"（effective）（双及物）过程中一些自然特征与自然力量充当施动者，比如 the friction of the rocks had broken down the snowy wall and had partially choked up the crevasse（岩石的摩擦把雪墙撞碎了，塞住了部分裂隙）；还有被动小句 the bergschrund was choked up with a snow avalanche（冰后隙被雪崩塞满），其被动结构使 bergschrund（冰后隙）获得了主位的地位。在这种环境下，人类不再是主要施动者，当然也不是最有力量的存在。

第五，许多措辞表达了登山者对自己所处情景的解读，比如发现自己有希望、有危险等。其中一个例子出现在摘录的第一段：Hardly any débris seemed to have fallen...; a good sign for us, which suggested firm rocks above（似乎没有任何碎石……跌落；这对我们来说是个好迹象，说明上面岩石坚固）。任何特征或多或少都能被解读为某种征兆，因而这些措辞的词汇语法体现极其多样："征兆"可以是一个强调式（intensive）的属性，比如此处；也可以是属性的载体，比如在小句（the crevasse) looked... ready to swallow a whole Alpine Club［（裂隙）看上去像……随时准备吞下所有阿尔卑斯俱乐部的成员］之中；也可以是心理过程中的施动者，比如在（uncanny depths and a blue haze) which was not reassuring［（深得不可思议的脚印和一团腾起的蓝色冰雾），令人不安］小句中；也可以是把方位定义为有利处所的某个特征，比如在小句（the black belt of rock), where from below we expected to find... difficulty or... defeat［在（岩石黑带）下面时我们原本预料会碰到很大困难甚至可能无法爬上来］中。征兆被视为或凶或吉的预示物，因而总是带有人际性的评价成分，比如 a good sign（好征兆），awfully deep（深得惊人），not reassuring（令人不安）。认知性心理过程 we expected（我们预料）清楚地表明登山者看待高山的方式：把它看作任何未知的事物，但其中某些一般性的系统属性使预料前方路程上的情况成为可能（对登山者来说这是必不可少的）。

以上三个段落提供了合适的例子供我来讨论有关特征,即词汇语法中表明语言与高山"系统性交织"的那些特征。这些语篇把高山——自然之建筑——识解为意义,这个意义为语篇所拥有并使我们实现对世界的现代化建构。在此过程中,这些语篇也通过方位介词和副词、或多或少被语法化的"部位"(facet)名词以及少量词汇性形容词和动词,在物理空间维度上识解高山。在这个选段中我们发现了密集的表示空间的词语,分散于各种词类中:

介词:above、at、from、into、on、on to、through、to、up

副词:above、across、down、over、through

部位名词:the head、the foot、the left、the right、the top、the middle、the far side、the eastern/western side

形容词:close、deep、high、sloping、steep、wide

动词(关系性):stretch、tower

动词(物质性):climb、cross

我把此语篇中的更多内容放在了附录 6 中,以便提供更多例子来体现语篇整体的风格,并使读者自己去判断斯林斯比是否"成功"了,即他是否到达了山的顶峰。

6

就像我们在后婴儿期所经历的任何其他事物一样,高山也是通过语言折射给我们的,即被转化成意义。在此过程中,它们以语义复合体的形式出现,成为其物理存在与人类经验中的价值的汇合物。高山是空间上的构造物,有其客观的物理特征——当然也要为人类感知能力所处理,但能被任何来自其他星球的观察者所衡量。同时它们也是人类价值的承载物,被人类根据美丽、危险等标准来加以判断。用以识解它们的语言同时包含了这两个视角。

我只选择关注某类特定语篇的语料，即 19 世纪下半叶英国登山家所写的登山见闻类作品，那时那些拥有先进技术并献身于物质解释与物质价值的人已经对高山有所认识。在这种文化氛围中，高山成为一种重新兴起的反现实现象，广受欢迎。正如麦克法兰（Macfarlane，2003：275）所说，21 世纪的写作中，信息比机械对于驱散几乎所有剩余的神秘现象所起的作用更大：

> 最重要的是高山最终促进了我们的好奇感。

至少对我来说这些语篇确实提升了我的好奇感。但由于这些文章的作者不仅在观察这些高山，而且还在物理上通过其身体牵涉其中，高山"获得了生命"——它们变成了参与者与我们互动。正如语篇中所描写的，它们被认为很美丽（有时也很丑陋），在与处于天空中不同方位的太阳互动时因为阳光与色彩而显得流光溢彩。但在叙事过程中，高山与"我们"互动，包括关系性互动[stretching across our path（横亘在我们的路上）、towering above us（耸立在我们上方）]以及作为运动方位的物质性互动[we climb up or down them（我们爬上、爬下）]；在物质上高山也通过引起雪崩、阻断冰隙等方式来体现大自然最为积极的存在感。所有这一切意味着它们必须被"解读"为符号——作为当前状况的符号以及未来事件的征兆。也许高山是一个娱乐场，但不是那种会向孩子们推荐的娱乐场。

这种高山文学体裁早就不再时髦了。约翰·亨特（John Hunt）20 世纪的经典之作《登上珠穆朗玛峰》（*The Ascent of Everest*）记录了埃德蒙·希拉里（Edmund Hillary）与夏尔巴人丹增（Tensing）在 1953 年登顶珠峰的过程，采用了相同的叙事传统，其中很大一部分在讲述登山策划以及登山过程的细节（亨特是登山领队，但不是登顶者）。如今我们在杂志与旅游指南上能读到高山的介绍。许多人仍然在登山，虽然这些山很少是被第一次攀登——珠穆朗玛峰已经成了当代的娱乐场。此外还有一些优秀的叙事作品，比如乔·辛普森（Joe Simpson）的《触摸巅峰》（*Touching the Void*）就是一个讲述生存事迹的感人故事。阿尔卑斯俱乐部的早期成员所写下的故事，即使在今天已经没有很多人阅读，仍然作为我们符号遗产的一部分而留存，其语言仍然为我们在识解自然之建筑时所借鉴。

第 12 章
语言进化：表意史的系统功能反思(2010)^①

1

能来参加系统功能大会总是件十分高兴的事——对我这个年龄来说也是一种特殊且珍贵的荣幸。大会由罗宾·福赛特刚发起时还是"工作坊"的形式。这些工作坊我想是在 1983 年的加拿大发生了突变，成为"大会"——但无论采用什么名称，重要的是随着新问题的出现以及对语言活动新领域的探索，我们的语言观也经历了稳步的演化。这是我们开展此类思想交流的第 37 个年头。本届大会的主题不是语言学进化而是"语言进化"：不是语言思想的进化而是语言本身的进化。

语言当然毫无疑问会发生变化；我们都知道语言时时刻刻都在变化。语言整体以及任何特定的语言个体都有其历史。我发现把这个整体历史分为三种相互区分的历史会有所帮助：这包括语言作为系统的历史——语言的系统发生（phylogenesis）史；个体语言使用者的历史——其个体发生（ontogenesis）史；每个语言实例的历史——语篇史，我称之为"语篇发生"（logogenesis，其中 logo 使用其"话语"本义）史。它们沿着三个不同的轨迹进行。语篇在时间中"展开"；它可能直奔某个目标，也可能迂回前行（多数语篇是两者兼有），但随着语篇每时每刻都在重塑后面内容的语境，其意义

---

① 首次宣读于第 37 届国际系统功能大会（the 37th International Systemic Functional Congress），不列颠哥伦比亚大学，2010 年 7 月。

不断累积。

个体使用者的语言沿着其生命历程而发展变化：从零基础开始发展，逐渐发展成熟，最后消亡，或许中间还有一个衰落期。只有语言的系统才会进化，会经由与环境互动中的持续变化而持续进化。早期的比较语言文学家把达尔文的进化论作为其榜样，这很好，只是他们对相关环境的构成所持的观点十分狭隘，因为他们的焦点在音节语音学或者词汇语义学上。语言使用的任何既定实例都是这三种历史的产物，即语言进化、语言发展和语言展开的产物。

我想在记住这三种历史的同时突出强调"进化"。让我重温一下多年前与杰伊·莱姆基讨论时所得到的启示：语言系统具有元稳定性，通过与环境互动中的持续变化而保持稳定。与特伦斯·迪肯（以及当今的许多其他人）一样，我认为至少在过去，人类语言与人类大脑共同进化。语言的直接环境是大脑本身，正如悉尼·兰姆在其关系网络理论中为语言学家所做的建模一样。此时大脑被视为语言的两个层面，即表达层与内容层，以及物质环境的两"端"之间的界面。表达层是涉及语音产生与接收的生理系统（发音与听觉感知）；内容层是那些我们建模为"语境"（文化语境，以及它的实例化情景语境）的现象，我们把那些现象作为语言的一个层次来处理（这是"适用"语言学的一个重要条件）。

当我们说语言与环境互动时，我们同时指称这两个方面：一方面，在表达层是保罗·蒂博特所描述的"表意身体"（the signifying body），即在表意的普遍压力下发音器官的生物进化（大概还包括听觉器官的生物进化，否则舌头快速运动就可以蒙蔽我们的耳朵）；另一方面，在内容层是"生态社会语境"，即塑造并定义着人类生活环境的日益复杂的物理与社会过程。人类表意潜势的进化同时涉及这两个因素：作为能指（"表达"）的人类身体以及作为所指（"内容"）的人类生态社会环境。早期的语文学家采用进化视角来看待语言并没什么错。他们的局限在于孤立地或者最多是在某个局部的单一层次环境里看待单项特征，特别是语音和词项特征。

让我来简要回顾一下关于人类的语言能力是否是独特的这个老问题。也许所有温血物种都交流意义；其中有些温血物种比如倭黑猩猩还能完成使用规约性符号这种人类游戏，甚至能听到一个个独立的人类发音。但任何其他物种能否完全切断内容与表达的联系，实现必须以开放的发音或其他符号生成系统为条件的"构型二重性"，这十分值得怀疑。除非你发展了一个真正"任意性的"符号系统，把表达与内容相分离，否则你无法进行指称，而没有指称你也就无法把经验识解为意义。整体经验的符号化看起来确实是独特的人类属性，是人类特有的表意史的一部分。

　　这篇有些散漫的文章是围绕这个话题来组织的：从独特的人类符号视角来看待表意史。当我们思考语言进化时，我们通常想起语音系统或者词汇语法的某些具体特征——词汇语义场，或者能通过形式来识别和定义的语法系统。我提出的问题是：我们能否思考语言的表意潜势的进化过程，如果可以的话，有哪些相关的语境因素使对表意潜势进化的探究合乎情理、有所裨益？

2

　　如果暂时切换到个体发生视角，我们就可以追踪随着儿童语言的发展而发生的儿童表意简史。儿童从非指称性的"原语言"发展到指称性的"语言"——发展到成人（后婴儿期）意义上的语言。他们几乎立即就从"专有指称"发展到了"普通指称"（从个体指称对象到类属指称对象），再从"具体指称"发展到"抽象指称"（从可感知的指称对象到想象性的指称对象），再从"一致性指称"发展到"隐喻性指称"（从实际指称对象到虚拟指称对象）。这一系列发展步骤——从指称到概括，到抽象，再到隐喻——大致与意义交流的语境的系列变化相匹配：先是家庭和社区，然后到小学，再到中学。这当然不是巧合，因为这些语境是长期发展而来的社会习俗，以便充分利用儿童表意潜势的发展序列。

　　我们也可以从知识的持续发展来思考这些阶段。关于知识发展没有公认的术语，但我通常会谈到家庭和社区中的常识知识、小学中的教育知识以及中学的技术知识。如果你接受"知识"发展从一出生（或者在出生前）就开始了这个观点，那么我们或许还可以分辨出在家庭中、处于前常识阶段、与前原语言及原语言相关的"个性化"或自我意识知识，以区别于在社区中、发端于原语言到母语之间的过渡阶段的常识知识。但这需要另外讨论。此处需要强调的要点是，无论我们分辨出哪些阶段，每一阶段都包含前一阶段的所有发展结果。（确实，虽然前面阶段的某些细节可能会丢失，就像身体的总体发展一样，但这不会使前面的整体发展结果变得无效。）知识是累积式发展的，这个过程包含了这种情况：某些已学会的东西在下一阶段被重新组织起来，就像儿童在小学学习诸如物质守恒这类事情时，会想起他们在日常生活经验中已经掌握的某条原则。

这种概念化过程有一个问题：我假定所谓的"知识"只涉及概念知识——而且我刚刚还把表意发展史描述为指称方式发展史，而这同样也只聚焦于概念意义。但是无论从哪个历史维度来看表意都包括语言的所有元功能，表意史也包括演绎以及识解——包括人际以及概念元功能。我们可以在"知道如何做……"这个意义上把人际维度引入"知识"概念中，而概念维度是"知道某事是……"。但这意味着类似"技能"的事情，即技术或管理技巧，而人际意义依然是语言的意义，只是它是"演绎"社会与人际关系的语言。知道语言是如何演绎社会与人际关系的并且能指称人际意义的当然是概念知识。但这与投身于表意活动有所不同，因为每个表意活动都包含着人际与概念成分。这正是我总是把表意说成做事的原因——比如说话而非理解——比如把我早期的一本书命名为《学习如何表意》(*Learning How to Mean*)，人们常常对此颇有微词，特别是此书的译者。必须指出的是，我不得不对英语稍作调整以使其能表达此类意思，那他们为何不以类似方式对他们的语言稍作调整呢？

但是等等——这是否在告诉我们知识本身的本质与历史呢？让我再回到进化视角，以历史时间的深度来看这个问题。表意史受言语团体(speech fellowship)［我使用弗斯的这个术语而非更为常见的"言语社区"(speech community)，以表明其本质是意义共享的社区］本质性变化的驱动——或者说是言语团体本质性变化一部分。言语团体从游牧进化到农牧业团体，再进化到工业团体（我暂时忽略后工业的数字/电子团体，并将在后面再回来谈这点）。我们的祖先遵循此进化路线。对于我们来说，我们的表意潜势经历了一个在丛林、农场和工厂中的意义交流史。在此发展过程中语言的外在面貌也进化了。其面貌从语音发展到书写，再从书写发展到印刷：由说者向听者说出的作为过程的语篇,发展到由作者面向读者提供的作为实体的语篇,再发展到作为自我复制实体的语篇,并有众多复制本供"读者群"阅读,而这读者群是与语篇原创者互不认识的一群接收者。当然,所有这些历史产物现在仍然与我们相伴:我们文化中的多数青少年与成年人在其日常生活中都要与所有这些话语模式打交道。

如果语言的外部面貌以此种方式发生了进化,那么其内部面貌呢?——或许你无法拥有内部面貌;我们也许可以说内在本质。语言的内在本质是否作为同一发展过程的一部分而进化了呢? 显然进化了。如果我们想使用一套术语来表示相应的序列,我们可以列举"口语""书面语""标准语"这个术语系列。这些术语我在卡赫鲁研讨会(Kachru Symposium)上讨论"世界英语"的语境时使用过,而且我还增加了第四个术语"全球语言",这被用来指称当今英语的地位。本章中到目前为止我一直忽略了表意史的最新阶段,即数字与电子化的大众传媒与多媒体的阶段,让我对这个话题也说几句。我们需要一个更具概括性的词来囊括这类与多模态相关的语篇,这些语篇与政治疆域无关,涉及从福克斯新闻,到因特网与万维网,再到使新时代的每一代儿童被社会化的日常短信等广阔领域。原则上这能发生于任何语言或者语言混合体之中,但更为丰富的语言不可避免地发挥着最重要的作用。

现在已经有许多对 21 世纪语言使用模式的研究,而且还会继续出现许多这类研究——包括对博客语言、推特语言等使用模式的研究。我们能看到书写习惯上的创新:画迷文字、表情文字等创新,语码转换与语码混合方面的创新,以及多模态与多媒体话语创新——所有这一切共同构成了第四阶段多面性的语言样貌。但我不知道这类语言的语义特征在多大程度得以描写:正如克里斯蒂安·麦蒂森所说,这与其说是多模态性还不如说是多符号性,其中包含新的表意方式以及把不同符号系统的表意潜势相融合的新方式。即使在同一语言内部我们也可以看到元功能融合的新模式,其中各种意义往往被打包成一连串小小的语块,以适应小屏幕上被压缩的空间和当今许多互动中被压缩的时间,或许还包括互动双方缩短的注意力持续时间。此时人际和语篇意义都变得更为重要,但原因却各不相同:语篇意义重要性增加是因为它"集成"了不同的符号束,所带来的有趣结果是它在语篇中变得不再那么明确,就像外语电影中的字幕一样;另一方面,语篇中的人际意义变得更为明显,因为意义交流变得日益个体化与个性化(我们从来没在电视屏幕上看过议会辩论,而只看过被认为是"好节目"的夸夸其谈与相互攻击)。

此处你可以发现闯入了我自己语篇中的人际成分,因为很明显,我不喜欢看到那么多意义被缩减为一系列小小的语块,也不喜欢我们选举出来的政府官员之间任何有思想的对话被言语谩骂湮没——为此我要谴责媒体:这解释了我刚才说到"好节目"时用引号的原因。这只是一个小症状,其本身并不重要(症状从来都不重要);但这显示了我所谈到的"知识毁灭"过程,作为一个老派的社会主义者与终生的马克思主义者,我认为这是当今公司资本主义垂死挣扎的一部分。资本主义作为一种社会政治结构,在其刚刚发展起来时(因为其控制力与之一起发展)十分成功,但现在已经过了其有效期——正如多数结构一样,它已经从一种使能性结构变成了限制性结构,并且在其残酷的生存意志支配下将会摧毁一切。

但是对知识来说所发生的事不是绝对意义上的毁灭,而是两极分化,即我们社会中有知者与无知者之间日益扩大的差距(这正在取代有产者与无产者之间的鸿沟,已经变成了一个社会内部而非社会之间的世界现象)。当然无论哪种方式都具有破坏性。让我还是回到历史上来,谈谈我对历史时期划分的各种图式,并追问在我们不同的历史时期中知识是如何用语言来识解的——正如我刚才所说的,当我们的生活空间先后由丛林、农场和工厂来定义时,知识是如何用语言来识解的。[我还没有第四个术语来指称这个系列,此术语应该以 f 为首字母,或许 fantasy(幻想)也挺合适?]

3

有人批评我太喜欢概而论之的归纳,这种批评有足够充分的理由。我的回答是我发现此类概括模式对思考十分有益;它们可以被例证、检验、修正或者放弃。因而我被诱惑去把知识识解过程映射到目前所被归纳出来的图式上。但我不会这么做——不是因为缺乏模式(我很确定有模式存在),

而是因为我对这个主题所知不多,也还没读完足够多的近期著作。因而我将只稍稍讨论在人类历史进程的不同语境中所发展起来的不同的认知方式,即不同的知识编码与传承方式。

在知识发展中发挥了重要作用的一个语类是"叙事"语类,由此对过去(或者想象)事件所保留的记录被以多少有些风格化和仪式化的形式所传诵,其中包含了特定群体所累积的经验。这种认知方式在《星际迷航》原初系列的一个精彩剧集中有所体现,其中柯克船长觉得他的万能翻译机似乎彻底失灵了,[1] 因为当他向这个星球上技术十分先进的居民询问他们是如何找到某个问题的解决方案时——我不记得具体是什么方案了——答案总是呈现为一个故事,即对过去某件事的叙述。最终斯波克先生理解了其中的信息:所叙述的事件包含了集体经验中的重要时刻,由此听者可以自己提炼出必须加以应用的相关原理——这与我们阅读科学论文时所做的事一样。

此类叙事是实例性的:其中包含了特定的主人公(有专门的姓名)以及他们所做的具体事情。除了此类叙事,我们还发现了概括式的命题与提议,它们告诉我们发生了什么,或者在某种条件下可能发生什么,或者应该或不应该做什么。这些不是故事,而是格言,可能以"谚语"的形式为我们所熟知。谚语往往以古朴和/或发音上容易记住的语言来表达,或许带有一丝马林诺夫斯基(Malinowski)所说的"奇异系数"(coefficient of weirdness)式的风格;但其根本特征是以概括的形式来建构知识:其语法使它们脱离于具体的人物与事件,从而清楚表明其中包含着普遍适用的原理。谚语是日常生活情景中常识性知识的传统储存器;在英格兰北部我的家乡中它们融入了我们的童年——在那里我的祖母是最后一代会不自觉地使用谚语的人之一。对我母亲来说这些谚语已经变得有些古怪,因而被用作符号玩具来取乐。

谚语只建构孤立的零星知识,而不会合起来形成更大的知识模型。但叙事可以这么做,而且故事在由知识导向的语篇所构成的大型文汇中还能占有一席之地。与丛林不同,农场能生产剩余财富,这导致了城镇("城市",甚至"城邦")的出现,那里产生了劳动分工:牧师们的深奥知识与工匠们的技术知识相对立,或许还与"哲学家"——那些有闲暇或者被引导来追求知识的人——掌握的更为抽象的知识形式相对立。故事发展成了历史,而且还形成了书面形式。

让我来看看两个古代的知识中心,正是出于这个原因我们称它们为"古典":它们是希腊与中国。在知识建构话语中——比如宇宙学、数学和医学中——新的表意形式在发展,而历史也在其中。卡帕戈达(Kappagoda)研究了古希腊两部宏大叙事作品中的语言,即荷马的《伊利亚特》与修昔底德的《伯罗奔尼撒战争史》的语言。通过对其中某些部分进行细致的语法分析,他考察了两者如何把历史建构为知识。荷马大量使用"明喻":这个事件,或这个主人公像某个其他现象,因而能用来说明某个普遍模式或原则;这种相似性可以是与某个更高级的领域相似,比如与神或者自然的力量相似。到修昔底德时期对知识的探索已历经两三个世纪,出现了宇宙学、几何学和医学领域的语篇,还涉及一些数学的基础原理。修昔底德通过因果关系来寻求解释,把其识解为小句复合体,并借助表示过程与性质的抽象名词来识解——借助经由形容词与动词的转范畴化并由语法隐喻发展起来的术语。在此过程中,系统性知识随着常识性知识一起发展起来。其渠道不是口语而是书写,而其词汇语法特征与具体对象进一步脱离。

在相似的条件下,中国古代的战国时期也出现了类似的知识发展过程。各诸侯国随后被一统成了汉朝,这与罗马人占领古希腊和东地中海地区的时代一样。他们的语言,即"古代"汉语与拉丁语成为接下来两千多年中大部分时期系统性知识的载体。两门语言的语义系统持续发展;当然我们无法去精确计算,但我的印象中,汉朝汉语与宋朝汉语之间发展出的差异,与古典拉丁语与中世纪拉丁语之间发展出的差异所经历的时期大致相同。我不知道如何去描写这种差异——这需要做适当调查;但是抽象知识的语言并没有与其他话语相隔离,而是与技术语言(尤其在中国,那时其技术总体来说更为先进)和常识语言(尤其在欧洲,那时在把拉丁语作为二语学会之前学者们说着各式各样的方言,而且这些方言逐渐成了学术话语的媒体)都相互影响。我们还要记住欧洲与中国之间的接触虽然常常被中断,但从来没有彻底停止;那些拥有或者很快掌握了相似语义资源的人促成了这种接触:先是拜占庭人和波斯人,而后是阿拉伯人,最后是蒙古人。蒙古人打开了通往整个亚欧大陆的大门,也为下一阶段知识的语言建构铺平了道路——实际上我们现在就走在这条道路上。

4

我们当前阶段知识建构的语义标记是"隐喻"，更具体地说是"语法隐喻"。语法隐喻创造了一个虚拟事物构成的平行符号世界，特别是虚拟实体与虚拟过程构成的符号世界，而所有这些虚拟事物都是很好的思维工具。如今知识采用了"理论"形式，这些理论是解释性、预测性的，并且生成假说；假说是可检验的，从而使理论得以被确证和完善。对个体发展来说，中学阶段能达到这个水平的专业技术知识——在小学时学生可以处理速度、产品、二等分等单个抽象概念，但完全隐喻的表意模式在儿童进入青春期前多半无法理解。

我想强调的是，所有这些不同的认知方式都是我们符号意库的一部分。后一表意模式的出现并没有抛弃前面的表意模式。我们的表意潜势与我们的身体和大脑一起发展进化，而随着"智人"的出现人类大脑就已经进化到其现在的水平了。我所讨论的不是"智人"之前的祖先；我所谓的丛林意义是指那些支撑了加拿大第一民族，澳大利亚与新几内亚的土著居民，南非、南美以及北极的第一代原住民中许多人的生活的语义资源，无论这些人是生活在丛林、稀树草原、北美草原、荒漠还是冰原地区。在他们当今的代表中，也许没有，或者只有很少部分孤立的族群完全保留着他们所继承的知识模式。这类知识中的许多细节肯定已经失传了。如果随着农场与工厂的到来成百上千的植物已经消亡，你就无法传承你所掌握的关于这些植物的药用知识。但支撑着此类知识的表意方式已经成了人类经验的一部分——成了其中的根本性部分。我们发现它们存在于我们的词汇语法模式中，存在于我们为我们的生态社会环境——我们与之互动的社会群体以及我们在其中的位置——建构符号模型时所采用的方式中；也包括为我们生活所处情景中的重要特征建构符号模型，以及为我们试图对这些情景加以管理（无论是成功还是失败）的能力建构符号模型时所采用的方式中。

如果我们说表意潜势在各个认知阶段一直都在扩展，我们需要说明这要在何种意义上——在哪个历史维度上——来理解。我从大脑开始谈起。大脑的表意机能——我们应该把其表意潜能称为"潜势"——在所有人类种群中都相同。虽然这种表意潜势明显是有限的,但没有理由认为它接近枯竭了。人类个体的表意潜势随着他们在整个儿童与青少年期的母语学习而扩展。如果他们学习一种或多种其他语言,其表意潜势也会扩展,而这一点我们的教育者似乎没有意识到。但语言系统的表意潜势是怎么回事呢? 这个概念有意义吗,还是仅仅是幻想?

我认为语言系统的表意潜势是一个有意义的概念。我们不要被那些否认语言个体甚至语言整体存在的人所蒙蔽;他们只是拒绝上升到理论层次,拒绝上升到以系统和族群来思考的层次。我们把时空中某个任意位置作为起点——比如盎格鲁-撒克逊人入侵之后,600 年左右位于英格兰中部的麦西亚王国(这正好是我的故乡所在地)。这些居民说着撒克逊方言的一种变体:我们称之为麦西亚语——但他们刚到达时麦西亚语或许还没有书写形式,但很快就开始有了书写形式。书写形式的出现是否扩展了其表意潜势呢? 我们来仔细思考一下。如果我们的书写活动与其使用语境相割裂,那么答案是否定的;书写本身不会影响一门语言的表意潜势。但书写当然不是这样发生的:书写不是一个脱离语境的过程,书写以及其发展和传播所处的语境肯定会增加表意潜势,无论是在贸易关系和商品交易中、法典制定中、技术开发中,还是任何类别的记录中——这些语境包括在反映与发展共享知识和共享语篇的过程中意义得以产生的所有语境。从我们第三个维度即语篇发生史的维度来看,书写使得新话语形式与其语境保持新型关系成为可能。

数百年后,麦西亚语的一种变体发展成为英格兰这个新兴民族国家的"标准"语言,并得到"印刷"技术的支持;印刷技术从德国传入英格兰,但起源于中国某个更早的时代。这是否增加了这门语言的表意潜势呢? ——同样,对表意潜势产生影响的是印刷文本这种新媒介与语言使用环境的结合,在此处是与英语发展成为商业、行政和法律用语的环境相结合。在原来书写传播宗教知识之处,印刷推进了科技知识的传播。印刷语篇面向"他人",即语篇作者不认识甚至不知道其存在的大众群体;它创造了自己的表意群体,即由某些日益专业化领域中的共享知识连接在一起所形成的言语团体。

从此以后任何单独个体都无法掌握整个系统的表意潜势（如果有人过去曾经做到过）；但教育史告诉我们即使在个人层面其表意潜势一般也有增长的趋势。

正如每个个体有自己的故事，每门语言也有自己的故事，虽然许多语言特征为共同的文化带所共享——举例来说，在中世纪晚期，多数欧洲语言社区中许多表意潜势都用拉丁语编码。中国的模式也是双语体制，只是两种语码（汉语书面语与口语体）之间的差距较小；中国和欧洲在社会政治演替上也有差异：与欧洲相比，中国古代的封建制度有更强的中央集权与官僚化特征，而社会政治等级没那么森严。中国的史学家推算出在中国拥有土地家庭的更替率约为每个世纪 5%，我猜测在欧洲的情况也差不多。我想这样低的社会流动率是否会限制表意潜势的增长呢？但这只是个一闪而过的念头。

5

虽然很多都只是猜测，但我觉得这个基本命题还是有道理的：一门语言的表意潜势至少在某些条件下确实趋于增长。但不管怎样我们都无法去测量表意潜势的增长，无论是种群（潜在的潜势）、言语团体还是个体的表意潜势增长。我们只能试图把一个阶段与另一阶段或者把一种状态与另一种状态相比较。但我要指出的是这种描述没有任何价值评估的意味；我们必须把价值观念从发展进化的过程中相剥离，从而净化我们的学术空气。你可以有自己的个人喜好——毫无疑问每个人都有自己的偏好。（我成长于工厂地区，但童年时代也有很多时间在农场区域度过；我喜欢农场区的物理环境，也喜欢工厂区的人际环境。但我喜欢现在我们任何生活地区的职业环境，特别是医生和牙医的职业环境。）进化过程以时间为序，而这往往使我们迷惑，认为后面发展起来的事物肯定比前面的事物更好（或者对某些人来说更坏）。但这不是进化问题的一部分。

这里确实会出现一个价值问题，但这不是价值判断上的问题，而是对整体系统的效应问题：是否某些表意活动或某些个体在扩展一门语言的表意潜势中具有特殊分量？我过去把这称为哈姆雷特因素，因为在英语中具有此类特殊效应的一个明显例子就是莎士比亚，最典型的就是哈姆雷特语篇。其他可能的例子有《詹姆士国王钦定版圣经》、弥尔顿、乔纳森·斯威夫特、弗朗西斯·培根、艾萨克·牛顿；更具体地说，在英式英语中，有简·奥斯汀、狄更斯、达尔文、路易斯·卡罗尔、毕翠克丝·波特。然而跃入我们脑海中的是一些具体的只言片语，就像我们在《牛津引语词典》中看到的那样，而真正重要的在于这些作家是否通过其作品的整体影响扩展了或者以某种方式重塑了其语言的表意潜势。现代中国常被引用的例子是 20 世纪上半叶的作家鲁迅，但他的影响更多来源于其所传递的社会信息而非其独特的写作方式。鲁迅的作品或许更像一个宣言而非一个样板；由此他以作家和改革家的双重身份闻名于世，跻身于那些在诸如挪威或者现在的捷克共和国等国家中建立的新"民族语言"作家之列，甚至诸如凯末尔·阿塔图尔克（Kemel Ataturk）等成功地为国民提供了大量符号能源的政治改革家之列。

没有任何表意活动会使一门语言保持一成不变。每次表意活动都会扰动语言系统的概然率，无论这种扰动多么轻微，并由此促进其持续进化的过程。表意潜势是统计性地进行调整的，而这正是其代代相传的方式。衰亡之中的语法系统会变得不稳定，其某个特征项的频率会变得越来越低直至完全消失——就像我成年时期英语情态的一个系统所经历的过程一样。新的系统又会出现，也许是通过语法化手段，就像如今的两个派生词缀-less和-free之间的区别在于它们是两个带有不同人际意味的表示"私密"性的小类：如今它们也能出现于同一个词汇项中［比如 valueless/valuefree（没有价值），模仿了 careless/carefree（没有忧虑）］。此类细微的数量效应会随着说话者与生态社会环境之间的持续互动而不断积累。

6

人类习惯去干预进化过程——试图通过设计来进行优化。我们现在称之为"语言规划"。规划与进化之间没有明确的界限——甚至文字书写的发明也可视为通过设计来干预的一个例子；但有些活动明显就是经过设计以使语言进化加速或者转向，甚至来抑制语言进化的。在古代世界有些语篇被挑选出来奉为经典甚至神圣语篇，要求完整地加以保留和传承；而另外一些语篇或者在不同时代的相同语篇被认为对现有秩序或新秩序构成威胁，因而必须摧毁（比如"焚书"）。许多社会都实行各种形式的语言控制：有的统治者告诉其治下的少数族裔"你们的语言禁止使用；你们必须使用这门语言"；还有一些其他统治者，比如德国的纳粹分子，设计了一套语言来支持他们的意识形态。如今那些掌控信息技术的人对我们能够表达的意义施加限制：他们不仅规定我们的拼写形式，而且对我们的词汇加以限制，甚至还审查我们的语法以确保语法符合他们的"正确"标准（即符合过去某个时间发明的一套任意性的规则）。想必那些施加限制的人没认识到词汇语法是意义表达的机制——或者他们也可能确实认识到了。

这是否意味着语言规划对增加语言的表意潜势没有任何帮助呢？不，我觉得不是这样的。我认为某些情况下语言规划显然能提供帮助。17 世纪英国和法国的语言规划者，比如威尔金斯（Wilkins）、达尔加诺（Dalgarno）、梅森（Mersenne）等在着手规划时，目的是为科学知识建构创造新的语言形式。他们认为所需要的是把词汇系统化以使所有词语之间保持清晰的逻辑关系。他们觉得没必要对语法进行改革；他们对语法所发表的一点点意见大体符合欧洲的主流传统。虽然他们对构词的具体意见从未被采纳，但所提出的词汇分类组织原则却被采纳了。当然这个原则在日常词汇中已经有所体现，但语言规划者使其凸显，而且他们关于如何使分类组织变得足够清晰的想法在后来的化学与生物学术语体系中得到遵循。

现在我们能明白最重要的变革实际上发生在语法中，而且全然未被语言规划者注意到。这个变革就是语法隐喻延伸到了整个话语中，创造了一个由虚拟实体与虚拟过程组成的平行宇宙，从而使得建构精密的科学理论和发展理性的论证链条变得可能。毫无疑问欧洲主要标准语言在词汇语法上的这些扩展——语言规划者也在其中发挥了作用——其整体效应确实扩展了这些语言整体的表意能力。

如今"语言规划"意味着专家委员会为新兴民族语言创造一套套新用语。这有时会受到嘲笑，因为此类用语往往是基于语言纯洁主义的思想来选择的——好像语音借入与词汇借入（借词）相比没那么体面。我记得看到过一个现代希腊语早期的例子：有轨电车刚刚被引入时，希腊人被鼓励称之为 o aftosiderodromos（自动铁轨车），而非欧洲人的通用词 tram（电车）。由于这类新造词能识解新的意义，无论源自何处，它们都增加了这门语言的表意潜势。增加新词是一个重要因素，但这并不是事情的全部。

在表意史上有一群人的角色很容易被忽视，那就是翻译家。通过把其语篇的源语言中的话语和话语模式引入到目的语中，翻译家提供了一种仿真的多语主义环境。让我再次回到中国的历史经验来谈这个问题。在元代，中国科学家的研究水平与其欧洲同行相比，至少是不相上下的。根据历史学家马克·埃尔文的说法，他们发展出了各种后来被证明对西方现代科学发展起着关键作用的表意风格，只有一种表意风格除外。他们的文学语言包含了大量由语法隐喻驱动的抽象术语。但他们没有发展出在欧洲的伽利略和牛顿时代所发展起来的精心设计的隐喻性话语模式。这种话语模式一直等到 19 世纪末才发展起来，那时中国的翻译家利用英语和德语的源语篇，往往还以日语译文为中介，使大量欧洲学术语篇能为大众所见。在短短几十年中，汉语就发展出了由语法隐喻驱动的话语模式，即使与英语和德语相比也毫不逊色。这是否也算语言"转借"呢？我宁愿认为这是一个由翻译家的译作触发的汉语进化过程。这个进化过程由现代世界里中国的环境变化所引起——并促进了此种环境变化的最终完成。

7

问题在于，虽然对于由系统性机构化知识所构成的整体表意潜势库中的特定表意潜势子集来说，我们可以追踪其进化过程，因为它们被记录下来而且其中很大一部分留存了下来，但我们实际上没有任何证据来证明族群的日常生活中其整体表意潜势在进化。我们可以假定人们总是在谈论他们过去在农场、车间和厨房一直使用和维护的技术资源，给它们的部件以及与使用有关的过程和性质命名。至少随着事物变得更复杂多样，相关词汇也往往会增长——但简单地根据词汇容量的大小来衡量表意潜势是错误的。

有些情况下我们可以根据人们过去能理解的事物来考察表意潜势，因为我们有戏剧：包括中国元朝流传下来的剧本以及英国同一时代流传下来的奇幻和神秘剧本。这些戏剧的观众是城镇居民，或者至少是市场常客，主要但不完全是成年男子，其中相当一部分人具有读写能力；不管怎样，这些戏剧的主题和故事应该大体相似。但对于莎士比亚和马洛(Marlowe)来说，因为观众肯定不可能预先知道他们戏剧的情节，那情况又如何呢？两千多年前，雅典人就欣赏过用复杂的语言呈现的复杂悲剧演出；其故事情节选材于人们熟知的史诗和传说——但为何不能是源自阿里斯托芬(Aristophanes)的喜剧，或者罗马剧作家普劳图斯(Plautus)和特伦斯(Terence)的剧本呢？似乎这些城市居民掌握的语言理解水平与当今相比不会有很大差异，至少很有可能是这样。

农场与丛林中的乡村居民因其语言缺乏书写形式而常被认为在语言上头脑简单。过去常有许多故事说他们掌握"至多不过几百个单词"，而这种说法在许多对语言的流行描述里仍然盛行。正如我一直所说的，词汇数量计算给我们揭示的有关整体语言潜势的知识甚少(记住奥格登和瑞恰兹的"基础英语"估计只有 18 个动词)；无论如何，现实大相径庭。一个言语社区的表意潜势有许多构成成分。首先，有大量资源用来识解复杂经验领域，比如日历以及食物和药物来源——同时也用来识解与演绎高度复杂的社会结构与亲属关系系统。第二，缺乏书写形式的群体常常会记忆和传承大量的连贯语篇，包括长篇复杂叙事和仪式语篇。第三，与农场居民相比，丛林居民往往说着三种、四种或者五种不同的土语——不同的语言，或者同一语言迥然不同的分支变体。而我们对他们的真实话语能力所了解或者记录之少令人吃惊。

我们不应该因大小问题而过于分心。这也许是由于在长期的历史发展过程中，语言往往会在使用者的可用选项方面变得更大；但我们无法去测量——即使我们能够计算所有选项的数量，这些选项的值也会不相同。我们能够努力去观察的——而且与"适用"语言学有关的——是表意潜势如何随着时间而变化，或者说它如何在纵向历时和横向共时维度上发生变异。换言之，我们努力去观察和解释正如韩茹凯所定义的那种"语义变异"。韩茹凯展示了在清晰界定的语言使用者群体中，可以如何通过观察和分析其中自然语言交流的大规模量化特征来研究其语义变异；她的工作为科学研究任何能够获得足够数据的语言树立了榜样。如果我们能把此类研究与对语言大小的测量相结合,我们就可以对作为符号力量的表意潜势有所了解。用"符号力量"来指个体、言语团体或语言整体的所有表意潜势,我不确定这是否会是个能被有效探讨的概念。我想它应该是。

表 12.1　与表意史有关的时间序列

语言模式	知识建构模式	场　所	言语社区	认知模式	指称模式	教　育
口头	叙事	丛林	家族	常识	(专有)	(家庭)
＋书面	＋谚语	农场	地区	＋教育	＋普通	＋社区/学前
＋印刷	＋原理	工厂	国家	＋科技	＋抽象	＋小学
(＋电子)	＋理论	(办公室)	(全球)		＋隐喻	＋中学

注释

[1] 该剧集出自《星际迷航:下一代》第 5 季第 2 集"达莫克"。

附录 1　会话录音转写

语篇 1：1960 年左右转写的磁带录音片段

转写符号表：

- 缩进行表示采访者的言语，被采访者言语中的星号标示其言语的起始点，或者其言语的起止点。
- 连字符(-,--,---)表示停顿的相对时长。
- 专有名词是虚拟的，用来代替实际使用的词。
- 被采访者是一位研究生，以标准发音（Received Pronunciation，RP）和正常的风格说话。

1　is this true I heard on the radio last night that er pay has gone net pay

　　but er --

　　retirement age has gone up -- * for you chaps *

　　* yes but er *

5　to seventy *

　　* yes I think that's scandalous *

　　* but is it right is it true *

　　* yes it is true yes it is true *

　　* well it's a good thing *

10　yes　* but the thing is that er - * everybody wants more money --

　　* I mean you've got your future secure *

　　but er the thing is you know -- er I mean of course er the whole thing is

absolutely an absolute farce because -- really with this grammar

15　school

business it's perfectly true that - that you're drawing all your your brains of the

country are going to come increasingly from those schools -- therefore

you've got to have able men -- and women to teach in them -- but

20　you want

fewer and better * * - that's the thing they want

* hm *

- fewer grammar schools and better ones --- * because at the

* Mrs Johnson was saying *

25　moment * it's no good having I mean we've got some very good men where I

am which is a bit of a glory hole-- but er there's some there's some good men

there there's one or two millionaires nearly there's Ramsden

30　who cornered

the -English text book market-- * and er * - yes he's got a net income of

* hm *

about two thousand five hundred a year and er there's some good

35　chaps there I

mean you know first class men but it's no good having first class men dealing

with the tripe that we get * -- * you see that's the trouble that you're wasting it's

40　* hm *

a waste of energy -- urn an absolute waste of energy -- your -- your er method of selection there is all wrong -- ∗ um

∗ but do you think it's better to have -- er teachers who've had a

45 lot of

experience -- having an extra five years to help solve this --
problem of

of fewer teachers -- er or would you say -- well no cut them off at at
sixty-five

50 and let's get younger ∗

∗ it's no good having I would if I were a head I'd and you know and I
know well

I'd chuck everyone out who taught more than ten years on
principle ∗ --

55 ∗ ha ha ha why ∗

∗ because after that time as a boy said they either become too strict
or too laxative ∗ --

∗ ha ha ha ha ha ha- hm ∗

∗ yes -but ha ha ha no they get absolutely stuck you know after ten

60 years ∗ ∗ -

-- they just go absolutely dead -- we all

∗ hm ∗

do- bound to you know you you churn out the same old stuff you
see- but

65 um- the thing is I mean it's no good having frightfully- well anyway
they they

if they paid fifteen hundred a year I mean -- if you could expect to
get

that within-- ten years er er for graduates er you you still wouldn't get

70 the first

class honours- scientists- they'd still go into industry because it's a
present er a

pleasanter sort of life ＊ ＊ you're living in an adult world and you're
＊ yes ＊

75 living in a world which is in the main stream-- I mean school mastering is

bound to be a backwater you're bound to you want some sort of sacrifice

sacrificial type of people you know ＊ ＊

80 ＊ yes ＊

no matter what you pay them you've got to pay them more but you've got to

give-- there's got to be some reason you know some- you're always giving

85 out and you get nothing back ＊ ＊

＊ hm ＊

and --- I mean they don't particularly want to learn even the bright ones they'd

much rather-- fire paper pellets out of the window or something or--

90 no they

don't do that but they they-- you know you've got to drive them all the time --- they've got to have some sort of exterior reason apart from your

94 own -- personal satisfaction in doing it you know

语篇 2：选自斯瓦特维克和夸克 (Svartvik and Quirk, 1980：215 - 218) 的片段

A ‖can be· CONVEX ■ 936 ‖or it can be 'CON + CAVE ■ 937 《4 to 5 sylls》 +
938 + ‖YES ■· 939 ‖that's -- ‖that's △very GOOD ■·+ 940 I ‖wouldn't be △ABLE
■ 941 to ‖ HAVE 'that one ■ 942 for ‖some 'reason you see · '‖THIS ■ ·943 the
‖CHECKER board effect ■ -- 944 [ə:m] I re‖coil '△BADLY from THIS ■ 945 I

||find I Δhadn't LÓOKED at it ■ ⁹⁴⁶ and I ||think it's Δprobably re´minds me
you ´know of Δnursing Δ{WALTER} ´through his ´´ΔTHRÒAT ■ -- ⁹⁴⁷ ||when
you ΔPLÁY ■ ⁹⁴⁸ ||CHÈCKER boards {or ||SÓMETHING ■} ■ ⁹⁴⁹ I ||think
it's [rə] it re||minds me of the ΔLÙDO board that {||WE HÁD ■} ■ · ⁹⁵⁰ and I
||just REΔCÒILED ■ ⁹⁵¹ ||straight AWÁY ■ ⁹⁵² 《and thought》

C ⁹⁵³ ★(-- laughs) · ||[m̂] ■ ★

>A ⁹⁵² 《not》 ||not THÁT one ■ · ★⁹⁵⁴ and I ||didn't look INΔSÌDE ■ ⁹⁵⁵ but
||that's + Δvery ΔFÎNE ■ +

C ⁹⁵⁶ +||[m̂] ■ -+ ⁹⁵⁷ ||[m̂] ■

>A ⁹⁵⁸ ||ÎSN'T it ■ -- ⁹⁵⁹ ||VÈRY ´fine ■ -- --- ⁹⁶⁰ ||YÈS ■

C ⁹⁶¹ it's ||very INTÈRESTING ■ ⁹⁶² to ||try and ΔÀNALYSE ■ ⁹⁶³ ||why one LÎKES
■ ⁹⁶⁴ ||abstract PÀINTINGS ■ ⁹⁶⁵ cos ||I´ΔLÎKE ´those CHÈCKS ◣ ⁹⁶⁶ ||just the
Δ{FÀCT} that they're ´ΔNÒT ◣ · ⁹⁶⁷ ||all [ə:] ·Δat RÎGHT ´angles ■·⁹⁶⁸ ||means
that my Δeyes Δdon't go out of ΔFÒCUS ■ ⁹⁶⁹ ||chasing the ΔLÎNES ■

A ⁹⁷⁰ ||YÈS ■

C ⁹⁷¹ ||they Δactually Δcan ΔFÒLLOW the ´lines ■ ⁹⁷² [əm]with||out -- [?ə:] sort
of ||getting out of Δ FÒCUS ■

A ⁹⁷³ ||yes I've ΔGÒT it NÔW ■ ⁹⁷⁴ ||it's ||it's [i] Δthose ex´act two CÒLOURS
you SÉE·{TO||GÈTHER ◣}◣ ⁹⁷⁵ he ||had [ə:m] -- he ||had a Δblue and orange
CRÀNE ■ -- ⁹⁷⁶ I re||member it Δvery WÈLL ■ -- · ⁹⁷⁷ ||and you know ||one of
those ´things that Δ wind ÛP ■ -- ⁹⁷⁸ ||ÂND [ə] ■ -- ⁹⁷⁹ ||that's ÌT ◣.

C ⁹⁸⁰ it ||does reΔmind MÈ ■ ⁹⁸¹ of MEC||CÀNO ´boxes◣.

A ⁹⁸² ||YÈS ■ ⁹⁸³ +well+

C ⁹⁸⁴ + the ||box+ that CONΔTÁINS★ Mec´cano 《ÂCTUALLY》 ■★

A ⁹⁸⁵ ★ ||YÈS ■ ⁹⁸⁶ ||well we ★ Δhad a ´Δbad ´DÔ you ´know ■ ⁹⁸⁷ we ||had a -- ·
|| 《oh》 we Δhad ▹six or Δeight WÈEKS ■ ⁹⁸⁸ when the ´had [ə:m] -- a ´THRÒAT
■ ⁹⁸⁹ +||which+ was [ə] -- well at

C ⁹⁹⁰ +||[m̂hm] ■ +

>A ⁹⁸⁹ the be||ginning it was ΔLÈTHAL ■ ⁹⁹¹ if ||any body ´else CÁUGHT it ■

C ⁹⁹² ||YÈAH ■

>A ⁹⁹³ it was ||lethal to exΔpectant ´mothers with Δsmall CHÎLDREN ■ -- ⁹⁹⁴

||AND [ə] ■ -- ⁹⁹⁵ I ||had to do Δbarrier ★ ΔNURSING ■ -- ⁹⁹⁶ it was ||pretty HORRIBLE ■· ⁹⁹⁷ and the ||whole [ə] ΔCORRIDOR ■· ⁹⁹⁸ ★ was ||full of Δpails of DISINFECTANT ■ ⁹⁹⁹ you ||KNOW ■

C   ¹⁰⁰⁰ ★ ||[m̂] ★

A   ¹⁰⁰¹ and you ||went IN ■· ¹⁰⁰² ||AND 《of ||course 2 to 3 sylls》 Δ barrier 'nursing I Δdidn't go 'in in a MASK ■ ¹⁰⁰³ I ||COULDN'T with a 'child that SMALL ■ ¹⁰⁰⁴ and I ||didn't 'care if I CAUGHT it ■ ¹⁰⁰⁵ ||but I mean it was [i?] || 《ours Δemptied》 OUTSIDE you SEE ■

C   ¹⁰⁰⁶ ||[m̂] ■

>A   ¹⁰⁰⁷ ||and you Δhad to·Δcome OUT ■ ¹⁰⁰⁸ ||and you · Δbrought Δall these· ΔTHINGS ■ ¹⁰⁰⁹ ||on to a preΔpared ★ 'surgical BOARD ■★

C   ¹⁰¹⁰ ★||[m̂] ■ -- ★¹⁰¹¹ ||[m̂] ■

>A   ¹⁰¹² and you ||stripped your GLOVES off ■ ¹⁰¹³ be||fore you ΔTOUCHED 'anything ■

C   ¹⁰¹⁴ ||[m̂] ■

>A   ¹⁰¹⁵ and you ||DISINFECTED ||oh it was ||oh it was Δreally APPALLING ■

C   ¹⁰¹⁶ ||[m̂] ■

>A   ¹⁰¹⁷ ||AND [əm] ■ -- · -- ¹⁰¹⁸ || I don't think the 'doctor had EXΔPECTED ■ ¹⁰¹⁹ that I ||WOULD do 'barrier 'nursing ★ you SEE ■ ★

C   ¹⁰²⁰★ ||[m̂] ■ ★

>A   ¹⁰²¹ 《I ||think》 she said 'something a'bout [i ? œ] she ||wished that Δeverybody would 'take·[ə:] the 'thing ΔSERIOUSLY ■ ¹⁰²² you ||KNOW ■ ¹⁰²³ when they were ||TOLD {as || I did ■}■ ¹⁰²⁴ cos she ||came in and the Δwhole CORRIDOR ■·¹⁰²⁵ was '||LINED ■·

C   ¹⁰²⁶ ★ ||[m̂] ■

>A   ¹⁰²⁷ ★with★ ||various FORMS of ■· ¹⁰²⁸ ||WASHING · and SO on ■ ¹⁰²⁹ ||BUT [ə] ■· ¹⁰³⁰ ||after ALL ■ ¹⁰³¹ I mean you ||CAN'T go 'down and SHOP ■ ¹⁰³² if you ||know that 'you're 'going to Δknock 'out an exΔpectant MOTHER ■ -- ¹⁰³³ it was ||some ▷ 《violent》 ▷STREPTOCOCCUS {that he'd ||GOT ■}■ -- ¹⁰³⁴ ||AND ■ ¹⁰³⁵ he ||could have gone to an Δiso'lation HOSPITAL ■ ¹⁰³⁶ but I ||think she just ΔDEEMED {that he was ★||too SMALL –

C 1037★||YES ■ 1038 ||[m̂] ■ 1039 ||[m̂] ■·★

>A 1036 {for the EX||PERIENCE ■}■}★ -- 1040 ||and then ∆after he'd ∆HAD him ■ 1041 [ə:] you ||know ∆HAD him for a 'few days at HOME ■ 1042 this ||couldn't be ∆DONE ■

C 1043 ★ ||[m̂hm] ■

A 1044 ||she 'made the DEA[CISION] '∆FOR me REALLY ■ 1045 ||which at the ∆time I thought was 'very IM∆PRESSIVE ■ 1046 but she ||didn't ∆know me 'very WELL ■

C 1047 (-- laughs)

A 1048 I ||think she 'thought I was a ca∆reer ∆WOMAN· 1049 who would be ||only too ∆GLAD ■ 1050or ||would say oh well he's ∆GOT to 'go into a HOSPITAL ■ 1051||YOU know ■· 1052so she ||made the de'cision ∆FOR me ■ 1053 and ||THEN said ■ 1054 it's ||too ∆LATE now ■ 1055to ||put him into a · an ∆iso'lation HOSPITAL ■ 1056 ||I would have 'had to do 'that a ∆few ∆DAYS a'go ■ 1057 《which》 || I thought 《I didn't WANT her to 'do ■》 1058 (-- laughs)

C 1059 || 《this 'one 'man》 [ə:] -- ||do 'nurses ∆TEND to be ag'gressive ■· 1060or ||does one just ∆THINK that 'nurses are ag'gressive ■

A 1061 well ||that was my ∆DOCTOR ■

C 1062★ ||OH ■★

>A 1063 ★||AND★ [əm] ■ -- 1064 she ||didn't at that time UNDER∆STAND me 'very well I THINK ■ 1065 ★she ||DOES NOW ■★

语篇 3：语篇 2 的拼写版

A：Yes; that's very good... I wouldn't be able to have that one for some reason you see：this checker board effect—I recoil badly from this. I find I hadn't looked at it，and I think it's probably because it probably reminds me you know of nursing Walter through his throat，when you play checker boards or something. I think it's—it reminds me of the ludo board that we had，and I just recoiled straight away and thought

[mm] not—not that one, and I didn't look inside; but that's very fine, [mm mm] isn't it? —very fine, yes.

B: It's very interesting to try and analyse why one like abstract paintings, cause I like those checks; just the very fact that they're not all at right angles means that my eyes don't go out of focus chasing the lines [yes]—they can actually follow the lines without sort of getting out of focus.

A: Yes I've got it now: it's those exact two colours you see, together. He had—he had a blue and orange crane, I remember it very well, and you know one of those things that wind up, and—that's it.

B: It does remind me of meccano boxes [yes well]—the box that contains meccano, actually.

A: Yes. Well, we had a bad do you know; we had—oh we had six or eight weeks when he had a throat which was—[mhm] well at the beginning it was lethal if anyone else caught it. [yeah] It was lethal to expectant mothers with small children, and I had to do barrier nursing; it was pretty horrible, and the whole corridor was full of pails of disinfectant you know [mm], and you went in, and of course with barrier nursing I didn't go in a mask—I couldn't with a child that small, and I didn't care if I caught it, but I mean it was—ours emptied outside you see [mm] and you had to come out and you brought all these things on to a prepared surgical board [mm mm] and you stripped your gloves off before you touched anything [mm] and you disinfected—oh it was really appalling [mm]. I don't think the doctor had expected that I would do barrier nursing you see [mm]—I think she said something about she wished that everybody would take the thing seriously you know, when they were told, as I did, cause she came in and the whole corridor was lined [mm] with various forms of washing and so on, but after all I mean you can't go down and shop if you know that you're going to knock out an expectant mother. It was some violent streptococcus that he'd got and he could have gone to an isolation hospital but I think she just deemed that he was too small [yes mm nun] for the experience, and then after we'd had him, you know, had him for a few days at home this couldn't be done. [mhm] She made the decision for me really, which at the time I thought was very impressive, but she didn't know me very well: I think she thought I was a career woman who would be only too glad and would say "oh well he's got to go into a hospital", you know, so she made the decision for me and then said "it's too late now to put him into an isolation hospital; I would have had to do that a few days ago"— which, I thought, I didn't want her to do!

B: Do nurses tend to be aggressive, or does one just think that nurses are aggressive?

A: Well, that was my doctor [oh], and she didn't at that time understand me very well. I think she does now.

语篇 4：选自格里姆肖（Grimshaw，1994）的片段

... ^ and I / think she's a / **ware** of this and I / think you I know she –...// 4 ^

I / think one / thing that'll / **happen** I / think that...// 1 ^ that / Mike may en / **courage** her // 1 ^ and I / think that'll be / all to the / **good** //

P. // 4 ^ to I what ex / tent are / these / ^ the / three / theories that she se / **lected** // 1

truly repre / **sentative** of / theories in this / **area** //

A. // 1 that's / **it** / ^ // 1 that's / **it** //

P. // 1 ^ they / are in / **deed** //

S. // 1 **yeah** //

P. // 1 **oh** // 2 they are / **the** / theories //

A. //1 that's about / **it** //

P. //1 they are / not / **really** repre / sentative / then //

S. //1 **well** there are //1 ^ there are I vari / **ations** // 1 – there are / vari / **ations** // 1

on / **themes** but... //4 ^ but / I don't / know of any / **major** con/tender ^ there

/ maybe // 1 ^ well / I don't / know of / anything that / looks much / **different**

from the / things she's... ^ she has / looked at in the spe / cific / time //

A. //4 ^ ex/cept for the / sense that –

P. //1 ^ so / nobody / nobody would at/tack her on / **that** ground I then if she – //

A. //1 oh no/I don't/**think** so //4 ^ I think the / only / thing that would be sub / **stantially** different would be a // 1 real / social / **structuralist** who would

/ say //4 ^ you / don't have to / worry about cog / **nitions** //1 what you have to /

do is / find the lo/cation of these / people in the / social / **structure** //1 – ^ and / then you'll / find out how they're / going to be / have with / out having to / get

into their / heads at / **all** //4 ^ and / **that** //1 hasn't been / tested //1 – ^ ex/cept

in / very / gross / kinds of / **ways** with// 1 macro / data which has / generally

/ not been / very satis / **factory** //1 **yeah** / ^ //1 ^ so I can / tell her that – //3 ^

you / **know** I –

S. //1 ^ she's / **won** //

语篇 5：口语小句复合体的编舞性标注［参见 Martin（1992）的标注形式，小句复合体选自语篇 3］

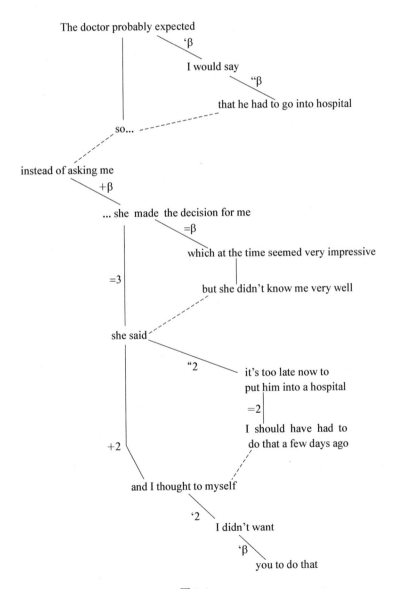

图 1.1

语篇 6：一些书面英语句子的口语"翻译"

注：书面语原文为第 1 组中的(a)句，以及第 2 组左列中的句子。

1 (1a) Strength was needed to meet driver safety requirements in the event of missile impact.

(1b) The material needed to be strong enough for the driver to be safe if it got impacted by a missile.

(2a) Fire intensity has a profound effect on smoke injection.

(2b) The more intense the fire，the more smoke it injects（into the atmosphere）.

(3a) The goal of evolution is to optimize the mutual adaption of species.

(3b) Species evolve in order to adapt to each other as well as possible.

(4a) Failure to reconfirm will result in the cancellation of your reservations.

(4b) If you fail to reconfirm your reservations will be cancelled.

(5a) We did not translate respectable revenue growth into earnings improvement.

(5b) Although our revenues grew respectably we were not able to improve our earnings.

2

Sydney's latitudinal position of 33° south ensures warm summer temperatures.	Sydney is at latitude 33° south，so it is warm in summer.
Investment in a rail facility implies a long term commitment.	If you invest in a facility for the railways you will be committing [funds] for a long term.
[The atomic nucleus absorbs energy in quanta，or discrete units.] Each	[...] Each time it absorbs energy it （moves to a state of higher

absorption marks its transition to a state of higher energy.

[Evolutionary biologists have always assumed that] rapid changes in the rate of evolution are caused by external events [which is why...] they have sought an explanation for the demise of the dinosaurs in a meteorite impact.

[It will be seen... that] a successful blending of asset replacement with remanufacture is possible. Careful studies are to be undertaken to ensure that viability exists.

The theoretical program of devising models of atomic nuclei has been complemented by experimental investigations.

Increased responsiveness may be reflected in feeding behavior.

Equation (3) provided a satisfactory explanation of the observed variation in seepage rates.

energy =) becomes more energetic.

[...] When [species] suddenly [start to] evolve more quickly this is because something has happened outside [...] they want to explain that the dinosaurs died out because a meteorite impacted.

[...] It is possible both to replace assets and to remanufacture [current equipment] successfully. We must study [the matter] carefully to ensure that [(the plan) is viable =] we will be able to do what we plan.

As well as working theoretically by devising models of atomic nuclei we have also investigated [the topic] by experimenting.

[The child] is becoming more responsive, so she/he may feed better.

When we used equation (3) we could explain satisfactorily (the different rates at which we have observed that seepage occurs =) why, as we have observed, [water] seeps out more quickly or more slowly.

The growth of attachment between infant and mother signals the first step in the child's capacity to discriminate among people.

Because/if/when the mother and her infant grow (more) attached to one another//the infant grows/ is growing (more) attached to its mother

we know that/she knows that/ [what is happening is that]

the child has begun/is beginning/ is going to begin to be able to tell one person from another/prefer one person over another.

附录 2

语篇 A.1

出　版　说　明

　　《时代汉英词典》是根据 1979 年出版的《汉英词典》改编的。原书由北京外国语学院（现北京外国语大学）英语系编写；先后参加编写、修改等工作的中外专家有五十多人。

　　为了迎合广大读者的需求，新加坡联邦出版社和中国香港商务印书馆合作，将原书改编成为一部中型词典，称为《时代汉英词典》。

　　《时代汉英词典》保留了《汉英词典》的特色和精华，只删去了原书里冷僻单字、词条和具有强烈地方色彩的例句。此外，改编本还特别标出汉语中最常用的两千个单字。经过改编后，这部《时代汉英词典》将成为各阶层读者、教师、学生和翻译工作者不可缺少的汉英工具书。它内容较新又实用，也可供外国人士学习和使用汉语时参考。

　　《时代汉英词典》收录汉语单字条目五千多条，其中包括极少数的音变字。收录的多字条目四万余条，连同合成词、词化短语、例证等八万余条。

　　本词典的编写，在汉语方面，以现代汉语为主；定义力求准确、简明，例证力求实用；英译尽可能反映汉语拼音的语体特点。

　　词典正文的单字和多字条目按汉语拼音顺序排列。正文前附有部首检字；书末附有汉语拼音方案、汉语拼音各威妥玛（Wade）式拼法音节表等附录。

语篇 A.2

FOREWORD

The Times Chinese-English Dictionary is an adaption of *The Chinese-English Dictionary*. The original edition, published in 1979, was compiled and edited by the Beijing Foreign Languages Institute. Over fifty specialists, both Chinese and non-Chinese, took part in this lexicographical work of unprecedented dimensions.

This edition, which is a joint effort of Federal Publications, Singapore, and The Commercial Press, Hong Kong of China, aims to meet the different requirements of a wider range of dictionary users. This is the first medium-sized, comprehensive Chinese-English dictionary to be published locally.

This DICTIONARY incorporated the special features and approach of the original edition. Only rare words, unfamiliar allusions and strongly localized illustrative examples have been deleted. The 2,000 most frequently used Chinese characters are asterisked.

The adaption of this DICTIONARY is an attempt to provide the learners and users of the Chinese language with a reference book comparatively new in content and more suited to practical use. It will be an indispensable linguistic tool for general readers, teachers, students and translators. It will also be useful for foreigners learning or working in the Chinese language.

There are over 5,000 single-character entries, including a small number of characters with variant tones, besides over 40,000 compound-character entries and over 40,000 compound words, set phrase and examples.

Emphasis was placed on using modern Chinese，and modern English was taken as the basis of all English translations. Care has been taken to ensure that definitions of words and expressions are clear and precise and the examples practical.

All entries are arranged in alphabetical order according to the Chinese Phonetic System. A Radical Index has been placed before the text of the DICTIONARY for the convenience of the user. There are six appendices，including the Scheme for the Chinese Phonetic Alphabet and the Chinese Phonetic Alphabet and Wade System.

语篇 A.3

Publishers' Note

"The Times Chinese-English Dictionary" is adapted from "The Chinese-English Dictionary" published in 1979. The original work was compiled by the English Department of the Beijing Foreign Languages Institute：the Chinese and foreign specialists taking part in tasks of compilation and revision from beginning to end were over fifty in number.

In order to suit the needs of a wide readership，Singapore Federal Publications and China's Hong Kong Commercial Press have cooperated in revising the original work to become a medium-sized dictionary called "The Times Chinese-English Dictionary".

"The Times Chinese-English Dictionary" retains the special features and essentials of The Chinese-English Dictionary，merely eliminating uncommon simple and compound words and examples having a strong local colouring. Other than this，the revised edition still specially marks out the 2,000 most frequently used characters in Chinese. Having undergone revision, this "Times Chinese-English Dictionary" will become a Chinese-English resource book that readers, teachers, students and translation workers at all levels will find indispensable. Its contents are both relatively new and geared to practical use; and it will provide a reference for foreigners when they are studying and making use of the Chinese language.

"The Times Chinese-English Dictionary" has over 5,000 single-character entries, including among them a very small number with tonal variants. It incorporates more than 40,000 multi-character entries; together with compound words, set phrases and illustrative examples the total reaches more than 80,000.

In the compilation of this dictionary, on the Chinese side, Modern Chinese is given priority; on the English side, Modern English is taken as the norm. The meaning of terms is explained with emphasis on accuracy and clarity; the examples are chosen with emphasis on practical use; the English translations as far as possible reflect the stylistic characteristics of the Chinese language.

The entries for single characters and multi-character expressions in the main body of the dictionary are arranged in alphabetical order in Hanyu Pinyin. Before the main body there is an index ordered by radicals; at the end of the book are appendices including a table of Hanyu Pinyin and a table of syllables in Hanyu Pinyin and Wade transcriptions.

语篇 B.1

龟 鹤 衔 芝

此器根据明皇宫陈设的吉祥物龟鹤延年缩小而成,为一仰头挺胸的仙鹤立于回头仰望的老龟背上,口衔灵芝,意味深长。民间传统里,鹤意喻长青,龟代表长寿,而灵芝为返老还童之仙药。一意为延年长青不老;二意以鹤为雌、龟为雄,有爱情如仙鹤立龟般长青不老之意。

长安青铜底蕴无穷　商周秦汉王者风范

语篇 B.2

Crane on Tortoise's Back with Gloosy Ganoderma in Mouth, Ming Dynasty, ornament height-43 cm, proposed and made by Five Rings Cultural Relics Imitation Co., Ltd.

The article is a miniature of the mascot—Crane and Tortoise displayed in the Imperial Palace of Ming Dynasty. Crane stands for youth, tortoise for longevity, and gloosy ganoderma for elixir. The image vividly represents love everlasting.

语篇 B.3

Tortoise and Crane with Iris in Beak

This piece is a miniature based on a talisman representing tortoise and crane, for prolonging life, displayed in the Imperial Palace of the Ming Dynasty. It has a red-crowned crane with head up and breast thrown out, standing on the back of a tortoise with its head turned back, looking up, and with a wonder iris ("glossy ganoderma")held in its beak. It is rich in meaning; in folk tradition the crane symbolizes eternal youth, the tortoise represents long life, and the wonder iris is an elixir which retards ageing and restores youth. One meaning is that of prolonging life and remaining young; a second meaning takes the crane as female, the tortoise as male, signifying love never ageing, like the crane on the tortoise's back.

Changan bronze   **Unremitting search for the inner meaning**
Shang Zhou Qin Han   **Styled and modelled fit for a king**

附录 3

	示　例	争论点	层　次	级	元功能	可能的替代选择
1	the scenic spots of central area is taking	英语错误	词汇语法（句法）	小句	人际的	纠正数的一致：主语＋限定成分
2	... is taking the 100 miles of Li River as central axes	误选（时态）	词汇语法（句法）	小句/动词词组	概念的（经验的/逻辑的）	选择（一般）现在时作为关系过程的无标记选择
	注释：译者的时态选择很可能是受汉语"是以"的影响（但这并不对等）。英语现在时中现在的运用在该过程类型中是高标记的；它在这里会暗示第一次之意。					
3	... as central axes, covering the famous natural land-scapes...	结构不清	词汇语法（句法）	小句复合体	逻辑的	阐明非限定小句与前面（主要）小句的关系
4	covering	无理据转移	词汇语法（词汇）/语义	词（词汇项）	经验的	选择在经验意义（或语域）方面更对等的词

续 表

	示例	争论点	层次	级	元功能	可能的替代选择
5	... and human-culture scenes	过度具体化；失衡	词汇语法（词汇）	名词词组	经验的	删除 human 并使 natural 与 cultural 保持平衡

注释：汉语有"人文景观"（这里"人文"是"人类文化"的简写），scenes/landscapes of human culture，英语中 culture 前不需要加 human；汉语中，平衡的是自然（nature）和文化（culture）之间的平衡。

	示例	争论点	层次	级	元功能	可能的替代选择
6	... form the soul of Guilin's landscape	无理据转移	词汇语法（词汇）	词（词汇项）	经验的	form the essence of landscape

注释：essence 的意思更贴近于"精华"，在搭配和语域上也更恰当。

	示例	争论点	层次	级	元功能	可能的替代选择
7	... of Guilin's landscape, including...	句子分割变化（标点符号）	书写/词汇语法（语义）	小句复合体/名词词组	逻辑的/语篇的	新句子：Among them, there are...

注释：在汉语中这些呈现为独立小句；在英语中它们被降级为一组名词词组，与 the soul of Guilin's landscape 构成依赖详述关系，用在 including 之后。这降低了它们在话语中的显著性（并暗示可能还有其他的自然和人文景观）。

	示例	争论点	层次	级	元功能	可能的替代选择
8	five national level 4A spots	笨拙的词组结构	词汇语法（句法/词汇）	名词词组	概念的（经验的/逻辑的）	把 national level 4A 由前置修饰语转为后置修饰语；由 grade 代替 level

注释：汉语中有"5处国家级4A景区"（five national grade 4A scenic sites）。如果保留 national 就会引起歧义，要表达的到底是"国家 4A 级景区"（sites of national grade 4A）还是"国家的 4A 级景区"（national sites of grade 4A）。替换译文表达为 five national sites of grade 4A。

	示例	争论点	层次	级	元功能	可能的替代选择
9	spots	省略和转移	词汇语法（词汇）	词复合体	经验的	由 scenic sites 代替 spots

续　表

	示　例	争论点	层　次	级	元功能	可能的替代选择
						注释：这个汉语语篇中有"景点"(scenic spot/beauty spot)这个词，但不是这里。景区的意思是 scenic region，或者在这个语境下的意思为 scenic site。
10	the biggest sculpture creation campsite in the world	多余的词	词汇语法	名词词组	概念的（经验的/逻辑的）	the world's biggest sculptured camp ground[参见下文]
	注释：汉语中有"雕塑创作"，这里如果只有"雕塑"(sculpture)一个词则太笼统了，所以有"雕塑作品"(works of sculpture)，"雕塑制品"(sculptural artefacts)。但是英语中的 sculpture 可以独立指代单个手工制品。					
11	campsite	对等选择	词汇语法（词汇）	词（词汇项）	经验的	选择限制较少的词 camp ground
	注释：汉语中有"营地"[campsite/camp(ing) ground]；英语中的 campsite 指的是今天仍在使用的场地，这里指的是(我认为)一个历史驻军场地，甚至可能是 barrack ground(营房)的意思。					
12	Yuzi Paradise	（机构的）专有名形的）专有名词选择	词汇语法（词汇）	词（词汇项）	人际的	选择更恰当的词，例如 Park
	注释：汉语有"乐园"，它被用作 paradise 的翻译；但是它的意思为 pleasure garden，或者甚至为 playground。作为专有名词，如果要保留 pleasure 的意思，英语更喜欢使用 Park 或 Pleasure Park/Garden。					
13	the biggest tigers & bears raising base	结构成分顺序	词汇语法（句法）	名词词组	作为"词复合体"的逻辑词组	the world's biggest breeding station[参见下文]for bears and tigers.
	注释：汉语名词词组只允许前置修饰（没有后置修饰）。这里英语中的前置修饰运用的很糟糕，并且如果要保留的话，也需要使用 bear 和 tiger 的单数形式。					

续 表

示 例		争论点	层 次	级	元功能	可能的替代选择
14	raising base	意义不清晰	词汇语法（词汇）	名词词组搭配	经验的	选择下面的搭配：breeding centre 或者 breeding station
15	[最后一整个句子]	固定短语串	语境/语义	小句/短语/词组作为独立成分	人际的	修改以达到更大程度的语境对等；或者删除。

注释：在这个句子的 20 个词素（汉字）中，16 个是固定短语形式，负载文学渊源人际意义的 4 词素（4 汉字）短语——在此语篇中，主要为积极评价意义。译者保留了其中一些（参见我对该段落的"直"译）；我本来在这里也打算试着以这种方式翻译，但是这在英语旅游指南中很不合时宜，所以在我的大部分翻译中我也只能把它们删除了。

附录4　原语言对话示例

1岁6个月

奈杰尔在等他的午餐。他拿起叉子，用手掌试叉。"ooh，"他用低沉的呼吸声音说道。意思是"ooh, it's sharp"。

他把叉子放在桌子上。"oo，"这是一个简短而尖锐的尖叫声。"Ooh, dropped it，"我说。"Is it sharp？"

安娜把午饭拿了进来。

"Do you know what it is？"安娜说。"You're having fish."

"lù，"奈杰尔说。"lù"

"Lunch，yes，"安娜说。"It's fish."

"vò"（鱼）

奈杰尔自己去吃午餐。一些鱼从叉子上掉下来。

"ô ô"是另一种尖锐的尖叫声。

"Ooh you lost a big bit then，"安娜说。"Where did it go？"

" bâiba，"奈杰尔抬头看着安娜，邀请她分享她的回忆。

"âiba... bâiba，"他说。

"Yes，all the trains went away，and you said 'byebye'，didn't you？"她说。

"bâiba，"奈杰尔悲伤地挥了挥手。

他吃完午饭了。"nōumò... nōumò"

"Where has it gone?"安娜问他。

奈杰尔把注意力转向了盐。"adīdà,"他问道。

"That's salt,"安娜说。"Salt and pepper."

"ùh... ùh"(我要盐)

安娜把它交给了他。"That's salt."

奈杰尔用手指戳了戳顶部的洞。"lôu! lôu"(一个洞!)

"Yes，it has a hole in it,"她说。

"adīdà"

"It's salt."

"lò"

"Salt."

"lò"

1 岁 3 个月

奈杰尔坐在他的高脚椅上。他的母亲给他一片烤面包。

"There you are，Bootie,"她说。"Toast."

"dòu,"奈杰尔一边说，一边捡起它。"dòu"

他看着我的烤面包。他再次说"dòu"。

"Yes，I've got a piece of toast as well."

奈杰尔吃完他的烤面包。他坚定地说"dòu"。

"Do you want some more?"

"n"是一个短而尖锐的吱吱声，嘴唇张开，这意味着在别人要提供商品和服务时回答"yes I do"或"yes do"。

他的母亲开始在烤面包上涂黄油。奈杰尔越来越不耐烦地看着她。

"ùh... ùh...mng!"(我要，我要。给我面包!)

"All right，it's coming! You want some butter on it，don't you? See! That's butter."

"bàta"

扑通一声,还有一声猫叫,邻居的猫出现在奈杰尔的身边。

她是一位常客。

"ab æ... abæ"

这是对猫的问候。除了安娜、他的母亲和我以外,这只猫是另一个与奈杰尔交换意义的个体。他们说相同的语言。

12 个月

奈杰尔和我一起看他的书。奈杰尔握住我的手指,将手指轻轻按在其中一张照片上。

"èya,"他说。

意思很清楚,即"You say its name。""It's a ball,"我说。

"è-e-eh,"奈杰尔长长地叹了口气,意思是"Yes，that's what I wanted you to do。"。他很高兴表达了自己的意思,而且在读整本书的过程中都重复了这一过程。

后来他开始自己看书。

"dò... èya... vèu"

这是奈杰尔的第一句复杂言辞,也是后面多个月中唯一的一次。但这很有意义。他拿起绘本,翻到有球的那页,然后用手指向图画。好像他说了很多话,"Look，a picture! What is it? A ball!"

10 个半月

奈杰尔坐在我的膝盖上。我们面前的桌子上有一个水果盆,里面有一个橘子。奈杰尔挣扎着去够。

"nà nà nà nà,"他说。意思是"I want it. Give it to me."。

我把橘子给了他。他把它放在桌子上滚动,它掉了下来。"nà nà nà nà,"他又说。

游戏结束后,他趴下来,爬走了,沿着走廊消失了,一边爬一边发出"呜呜呜"的声音。然后没声音了。他母亲开始想他在哪里。

"奈杰尔!"她喊道。

"è-e-eh"是他对呼唤的特别回应,即"Here I am."。"Where is he?"妈妈说道。"奈杰尔!"

她去找他。他摇摇晃晃地站在沙发床旁,看着挂在墙上的照片。

她进来时,他说道"dòh",意思是"Hullo—shall we look at these pictures together?""dòh... dòh"

"Are you looking at your pictures?"他妈妈问他。"dòh... dòh"

附录 5 实用意义与理性意义示例：奈杰尔 1 岁 6 个月至 1 岁 9 个月

(a) 实用意义		(b) 理性意义	
chuffa stúck	奈杰尔呼唤别人帮他拽出玩具火车	molasses nòse	"我鼻子上有糖蜜"（伴随着喜悦的表情）
find fóryou	"我丢东西了,帮我找吧!"	big bàll	玩球时常说;还说 little ball
throw úp	"再把兔子扔到空中"	mummy bòok	拿起书发现里面没有图片时常说("是妈妈的书")
low wáll	奈杰尔准备从手提箱上跳下来,要求接住他	red swèater	看见时: red jumper(同一物体)
high wáll	首次用于在公园里从高矮不一的墙上跳下来时	black brùsh	也说 green、red、blue、yellow, 与 stick、light、peg、car、train 等搭配使用
squéeze	"替我挤橙子"	bìg one	用于指货物列车、泡泡等;调核在 big 上,与成人形式相同
gláss	"我要杯牛奶"	baby dùck	指照片中的小鸭子;也说 mummy duck
orange lèmon	"唱《橘子和柠檬》";伴随着音乐手势,这是实用意义的另一种实现方式,因此用降调	too bìg	使用频繁;有时得当,如试图把物体推过铁丝网时说;有时不当,如试图用棍子触球时说(＝too far)
turn aróund	当把形状拼成智力游戏时,奈杰尔重复给出指令:"这就是我必须做的吗?"	that bròke	即 that's broken(那个坏了)

（a）实用意义		（b）理性意义	
play chúffa	"让我们玩火车"	loud mùsic	当音乐中响亮乐段开始时常使用的评论
open fóryou	通常要求打开箱子等物品	chuffa stòp	用于游戏中（父亲抱着奈杰尔跳，奈杰尔是"快车"）；父亲停下来
back tóothpaste	"把牙膏放回橱柜里"	two green pèg green stick fìnd	"绿色的棍子找到了"
more grávy	还有 more omelet、-lettuce、-tomato、-bread、-bun 等	old green tràin...	两部分都用降调
bounce táble	"我想在桌子上弹橘子"	green old tràin	第二部分虽然概率小些,但在内容上应该是合适的
cárry	"抱着我！"	dada black brùsh	"爸爸的黑刷子"
háve it	"我想要那东西"的通常表达方式	no more wàter	
tóast	"我要烤面包"；也说 breakfast、tomato 等	toothpaste... òn tòothbrush	on 与 toothbrush 均为降调；没有完全形成一个单一结构
hit flóor	"我要用锤子砸地板"	tree fall dòwn	后来说: big tree fell down
that sóng	"唱你唱过的那首歌"	dada got bàll... nila got bàll	
háve that	同 have it	ball go under càr	比较: water gone plughole
hedgehog bóok	"我要这本有刺猬照片的书"		
play ráo	"我想和狮子一起玩"		
train under túnnel... getit fóryou	两部分均为升调		
dówn... table... sugar... spóon	"把糖放在桌子上,让我把勺子放进去"；down 和 spoon 均为升调		

附录 6 （节选自 Slingsby，1941：100 – 105）

We had some interesting step-cutting through some séracs where a jutting crag contracted the glacier. After this, we turned a little to the left quite under Skagastölstind, which towered proudly 3,000 feet above us. Hardly any débris seemed to have fallen from this awful precipice on to the glacier; a good sign for us, which suggested firm rocks above, whilst on the other hand an avalanche thundered down to the far side of the glacier from the ridge above it, and echo answered echo again and again.

Near the top of the glacier, there about 500 yards wide, a large crevasse stretched nearly across. Where we first reached it about the middle of the glacier, it looked like a ravenous, open-jawed monster, awfully deep and ready to swallow a whole Alpine Club. As there were no snow-bridges here, we followed it to the western side where the friction of the rocks had broken down the snowy wall and had partially choked up the crevasse. Here we made sure of crossing. In the best place, however, there was a wall of névé, 12 feet high, above the snow in the crevasse. My companions anchored themselves safely and paid out my rope while I climbed down into the hollow. Twice I cut my way up the wall, but though I cut a dozen large steps, I could not get over on the top, as the snow, at that late hour of the day, was too soft for my ice-axe to hold in, and twice I came down again to the soft snow in my fruitless endeavours. The second time, my feet passed through and revealed uncanny depths and a blue haze which was not reassuring. If the snow had been strong enough to hold a second man safely, we could have got up the wall, as I could have stood on his shoulders and have hacked away a sloping staircase to the platform above. I tried once more, and though I failed, I all but succeeded. For some time, Knut had been calling out "Til höre" (To the right). Now, I replied, "Ja, nu maa vi gaa til höre." We retraced our steps and, to our great joy, found a substantial bridge close to the eastern side.

The glacier became steeper, but we soon reached the black belt of rock, where from below we expected to find considerable difficulty or possibly defeat. Fortunately the bergschrund at the head of the glacier and at the foot of the rocks was choked up with a snow avalanche, which gave us a readymade road on to the rocks.

Though we were still 1,114 feet below the summit, Mohn said he felt tired and needed rest. Both of my companions on principle wore boots which were quite innocent of nails or spikes, and in consequence they had found the steep portion of the glacier to be very trying, and they both acknowledged that their theories were wrong, and that Alpine nails were excellent and prevented many a fall.

As it was nearly 5 p.m., and the great tug of war was yet to come on, I said that we could not afford time for a rest, so I untied myself and soon reached the steep snow-slope at the top of the belt of rock. This snow-slope was nearly 600 feet high. As it was partially frozen it required very great care, and an ice-axe was a *sine quâ non*. I rather feared the descent of this part, as being in the shade the snow crust was then hardening, the angle was severe, and a fall was not to be thought of. Where the rocks were feasible I preferred them, and left the snow until the rocks were too steep to climb.

An hour after leaving my friends I reached the top of the skar, and then took a look around. On the north or opposite side to that which I had ascended, instead of a friendly glacier or couloir close at hand, there was a grim precipice, and at its base was a glacier, the Skagastölsbræ, the sister to the Midt Maradalsbræ, which projected its icy foot into a mountain tarn, on the placid surface of which many quaint little icebergs were floating. Above the tarn and glacier rose the black precipices of the northern Dyrhougstinder, a grand wall.

Figure 6.1

Looking towards the true Skagastölstind, 518 feet above the skar, I felt that I was beaten after all, and my dream at an end, as it is difficult to imagine any mountain presenting a more impracticable appearance than is shown at first sight by this peak from the skar. The skar consists of a narrow and flat ridge, perhaps 100 yards in length, of which one end abuts against a huge oblong tower of gabbro, the great peak itself. On the right is the precipice above the tarn, and on the left the base of the tower springs from the glacier which we had ascended nearly perpendicularly and almost entirely without ledges. There seemed to be no proper arête to connect the peak with the skar, and merely a narrow face, mostly consisting of smoothly polished and almost vertical slabs of rock. The first 150 or 200 feet appeared to be the worst, and I thought that if those could be surmounted, the top might be won, but really I did not then think there was the slightest possibility of doing it. Of course there was no snow couloir, as the rocks were much too steep to allow snow to accumulate there in any quantity.

Behind me, and rising some 300 feet at a comparatively gentle angle from the other end of the ridge, was another peak now called Vesle, or the little, Skagastölstind. As this seemed to be relatively easy to ascend, and thinking that it was better than none, I set off to climb it before my companions arrived. When I had gone a short way I looked down and saw the others rounding a rock just below the skar, so I hurried down and joined them.

"What do you think of it, Mohn?"

"Well, I suppose that we can now say it is perfectly impossible."

"We have not yet proved it to be so; we must not give it up without a try. Will you come?"

"No."

"Knut, will you?"

"No, I shall not risk my life there."

"I will at least try, though I do not think I can manage it."

Fortunately I was perfectly fresh, and of course had an excellent stimulant in the uncertainty of my enterprise and the delights of entering still further into the unknown; and besides this, it is rarely safe to say that a mountain wall which you have never studied in profile, but have face to face with you, is unclimbable.

I recommended the others to climb the lesser peak—then unascended. Mohn said philosophically, "Aut Cresar, aut nihil." Then I left them and passed under a snow cornice which overhung the northern precipice like a wave arrested when about to break on a shingly beach, and I soon reached the rock wall. Now! farewell to snow, that great aider of mountain ascents, and! —500 feet of cold rock! I found a small buttress projecting from the face of the rock a little to the south of the skar. It formed a corner. Up there I must go, or nowhere else: of choice there was none; but still, when viewed closely it looked more hopeful than at the first glance. I soon found that the rocks were firm; the ledges, though so tiny, were secure. The strata of the rock inclined the right way, downward from the outface towards the centre of the mountain.[①] Better than all, I was quite cool and in perfect training. Still, no trifling must be indulged in here.

After being hidden from my friends by the snow cornice, I came into view again, and every movement was eagerly watched by my well-wishers. Soon I got into difficulties in the corner, and, but for a ledge not so broad as my hand, from which I had to knock away the ice, I should thus early have been defeated, because without the aid of this foothold the mountain, on this side at least, would be inaccessible. My friends saw me at this place, and vainly tried to call me back, but with the help of my well-tried ice-axe I surmounted the difficulty; I avoid going into details about this and other places, though I made minute notes the following day because if I were to attempt to describe them I should undoubtedly be accused either of exaggeration or perhaps of foolhardiness by readers unaccustomed to alpine work, when at the same time I might be guilty of neither. Suffice it to say that what under the most favourable conditions must be a tough piece of work, was made more so by the films of ice with which every little ledge was veneered. Three times I was all but beaten,

---

① 在《攀登阿尔卑斯山》这部讲述登山经历的最好的书籍中，在第 287 页，温珀(Whymper) 先生说明了在不得不攀登危险的岩石时有多么依赖岩层上的凹陷处。

but this was my especial and much-longed-for mountain，and I scraped away the ice and bit by bit got higher and higher. In sight of the others I reached what from the skar we had judged to be the top. I raised a cheer，which was renewed below，when I found that there was a ridge—a knife-edged affair—perhaps sixty yards long，and that the highest point was evidently at the farther end. There are three peaklets，and a notch in the ridge which again almost stopped me. For the first time I had to trust to an overhanging and rather a loose rocky ledge. I tried it well，then hauled myself up to terra firma，and in a few strides，a little above half an hour after leaving my friends，I gained the unsullied crown of the peerless Skagastölstind，a rock table four feet by three，elevated five or six feet above the southern end of the ridge.

参考文献

[1] Baker, M., Francis G. and Tognini-Bonelli, E. (eds) (1993) *Text and Technology: In Honour of John Sinclair*. Amsterdam: John Benjamins.

[2] Baldry, A. and Thibault, P. J. (2006) *Multimodal Transcription and Text Analysis*. London and Oakville: Equinox.

[3] Bateman, J. A. (2008) *Multimodality and Genre: A Foundation for the Systematic Analysis of Multimodal Documents*. London and New York: Palgrave Macmillan.

[4] Benson, J. D. and Greaves, W. S. (eds) (2005) *Functional Dimensions of Ape-Human Discourse*. London and Oakville: Equinox.

[5] Benson, J. D., Fries, P., Greaves, W. S., Iwamoto, K., Savage-Rumbaugh, S. and Taglialatela, T. (2002) "Confrontation and support in bonobo—human discourse", *Functions of Language* 9(1): 1 - 38.

[6] Bernstein, B. (1971) *Class, Codes and Control*, Volume 1: *Theoretical Studies towards a Sociology of Language*. London: Routledge & Kegan Paul.

[7] Bernstein, B. (1996) *Pedagogy, Symbolic Control and Identity: Theory, Research, Critique*. London and Bristol, PA: Taylor & Francis.

[8] Bernstein, B. (2000) *Pedagogy, Symbolic Control and Identity: Theory, Research, Critique*. Revised edition. Lanham, MD: Rowman & Littlefield.

[9] Borrow, G. (n.d.) *Wild Wales*. London and Glasgow: Collins [Library of Classics].

[10] Brazil, D. (1995) *A Grammar of Speech*. Oxford: Oxford University Press.

[11] Burk, E. (1757) A philosophical Enquiry into the Origin of Our Ideas of the Sublime and Beautiful. London: printed for R. and J.Dodsley, in pall-mall.

MDCCLVII.

[12] Burns, A. and Coffin, C. (eds) (2001) *Analysing English in a Global Context: A Reader*. London: Routledge [for the Open University].

[13] Butt, D. (1984) "The relationship between theme and lexicogrammar in the poetry of Wallace Stevens", doctorate degree dissertation, Macquarie University.

[14] Butt, D. (1988) "Ideational meaning and the existential fabric of a poem", R. Fawcett and D. Young (eds) *New Developments in Systemic Linguistics*, Volume 2: *Theory and Application*. London and New York: Pinter.

[15] Butt, D. (2008) "On the robustness of realizational systems", J. J. Webster (ed.) *Meaning in Context: Implementing Intelligent Applications of Language Studies*. London and New York: Continuum. pp.59 - 83.

[16] Butt, D. (in press) "Motivated selection in verbal art, verbal science, and psychotherapy: when many methods are at one", Y. Fang and J. Webster (eds) *Developing Systemic Functional Linguistics: Theory and Application*. London: Equinox.

[17] Carter, R. (2002) "Language and creativity: the evidence from spoken English". The Second Sinclair Open Lecture, Department of English, University of Birmingham.

[18] Carter, R. and McCarthy, M. (1995) "Grammar and the spoken language", *Applied Linguistics* 16: 141 - 158.

[19] Catford, J. C. (1965) *A Linguistic Theory of Translation*. London: Oxford University Press [Language and Language Learning 8].

[20] Childe, V. G. (1942) *What Happened in History*. Harmondsworth: Penguin Books.

[21] Cloran, C. (1994) "Rhetorical units and decontextualization: an enquiry into some relations of meaning, context and grammar", *Monographs in Systemic Linguistics* 6. Department of English, University of Nottingham.

[22] Cookson, S. (2009) "Zagreb and Tenerife: airline accidents involving linguistic factors", special issue of *Australian Review of Applied Linguistics* 32(2) on *Aviation English*.

[23] Coulthard, M. (2000) "Whose text is it? On the linguistic investigation of authorship", S. Sarangi and M. Coulthard (eds) *Discourse and Social Life*. London: Longman.

[24] Crombie, A. (1994) *Styles of Scientific Thinking in the European Tradition*. London: Duckworth.

[25] Davies, P. and Gregersen N. H. (eds) (2010) *Information and the Nature of Reality: From Physics to Metaphysics*. Cambridge: Cambridge University Press.

[26] Deacon, T. (1997) *The Symbolic Species: The Co-evolution of Language and the Human Brain*. London: Allen Lane [Penguin Press].

[27] Deacon, T. (2010) "What is lacking from theories of information?", P. Davies and N. H. Gregersen (eds) *Information and the Nature of Reality: From Physics to Metaphysics*. New York: Cambridge University Press. pp.146 – 169.

[28] Edelman, G. (1992) *Bright Air, Brilliant Fire: On the Matter of the Mind*. New York: Basic Books; London: Allen Lane.

[29] Eggins, S. and Slade, D. (1997) *Analysing Casual Conversation*. London: Cassell.

[30] Ellis, J. O. (1966) *Towards a General Comparative Linguistics*. The Hague: Mouton [Janua Linguarum Series Minor 52].

[31] Elvin, M. (1973) *The Pattern of the Chinese Past*. London: Eyre Methuen.

[32] Fairclough, N. (1989) *Language and Power*. London: Longmans.

[33] Fairclough, N. (2000a) "Dialogue in the public sphere", S. Sarangi and M. Coulthard (eds) *Discourse and Social Life*. London: Longman. pp.170 – 184.

[34] Fairclough, N. (2000b) *New Labour, New Language*. London: Routledge.

[35] Fawcett, R. P. and Perkins, M. (1981) "Project report: language development in 6- to 12-year-old children", *First Language* 2: 75 – 79.

[36] Fawcett, R. P. and Tucker, G. (1990) "Demonstration of GENESYS: a very large, semantically based systemic functional grammar", *Proceedings of COLING 90*, Volume 1. Morristown, NJ: Bell Communications Research. pp.47 – 49.

[37] Firth, J. R. (1935) "The technique of semantics", *Transactions of the Philological Society*. [Reprinted in Firth, J. R. (1957) *Papers in Linguistics*, 1934 - 1951. London: Oxford University Press. pp.7 - 33.]

[38] Firth, J. R. [1950 (1957)] "Personality and language in society", *Sociological Review* 42(2). [Reprinted in Firth, J. R. (1957) *Papers in Linguistics*, 1934 - 1951. London: Oxford University Press.]

[39] Foley, J. A. (1998) *English in New Cultural Contexts: Reflections from Singapore*. Singapore: Oxford University Press [for Singapore Institute of Management].

[40] Fowler, R. (1982) *Literature as Social Criticism: The Practice of Linguistic Criticism*. London: Batsford Academic and Educational.

[41] Fowler, R. (1986) *Linguistic Criticism*. London: Oxford University Press.

[42] Freshfield, D. W. (2010) *Italian Alps*. Oxford: Basil Blackwell. [Blackwell's Mountaineering Library.]

[43] Gibbons, J. (2003) *Forensic Linguistics*. Oxford: Blackwell [Language in Society series].

[44] Greenfield, S. (2000) *Brain Story* [video recording]. London: BBC Worldwide.

[45] Grimshaw, A. D. (ed.) (1994) *What's Going on Here. Complementary Studies of Professional Talk*. Norwood, NJ: Ablex.

[46] Halliday, M. A. K. (1969) "Relevant models of language", special issue of *Educational Review: The State of Language* 22(1): 26 - 37.

[47] Halliday, M. A. K. [1975 (2004)] *Learning How to Mean: Explorations in the Development of Language*. London: Edward Arnold. [Reprinted in Webster, J. J. (ed.) (2004) *The Language of Early Childhood* (*The Collected Works of M. A. K. Halliday*, Volume 4). London and New York: Continuum.]

[48] Halliday, M. A. K. (1978) "Meaning and the construction of reality in early childhood", H. L. Pick and E. Saltzman (eds) *Modes of Perceiving and Processing of Information*. Hillsdale, NJ: Lawrence Erlbaum Associates.

[49] Halliday, M. A. K. (1979) "One child's protolanguage", M. Bullowa (ed.)

Before Speech: The Beginning of Interpersonal Communication. Cambridge: Cambridge University Press.

[50] Halliday, M. A. K. (1981) "The origin and early development of Chinese phonological theory", R. E. Asher and E. J. A. Henderson (eds) *Towards a History of Phonetics*. Edinburgh: Edinburgh University Press. pp.123 – 139.

[51] Halliday, M. A. K. [1987 (2003)] "Language and the order of nature", N. Fabb, D. Attridge, A. Durant and C. MacCabe (eds) *The Linguistics of Writing: Arguments between Language and Literature*. Manchester: Manchester University Press. [Reprinted in Webster, J. J. (ed.) (2004) *On Language and Linguistics* (*The Collected Works of M. A. K. Halliday*, Volume 3). London and New York: Continuum.]

[52] Halliday, M. A. K. [1988 (2004b)] "On the language of physical science", M. Ghadessy (ed) *Registers of Written English: Situational Factors and Linguistic Features*. London: Pinter. [Reprinted in Webster, J. J. (ed.) (2004) *The Language of Science* (*The Collected Works of M. A. K. Halliday*, Volume 5). London and New York: Continuum.]

[53] Halliday, M. A. K. [1990 (2003)] "New ways of meaning: a challenge to applied linguistics", special issue of *Journal of Applied Linguistics* 6 (Ninth World Congress of Applied Linguistics, Greek Applied Linguistics Association). [Reprinted in Webster, J. J. (ed.) (2004) *On Language and Linguistics* (*The Collected Works of M. A. K. Halliday*, Volume 3). London and New York: Continuum.]

[54] Halliday, M. A. K. (1993a) "Analysis of scientific texts in English and Chinese", M. A. K. Halliday and J. R. Martin (eds) *Writing Science: Literacy and Discursive Power*. London: Falmer. pp.124 – 132.

[55] Halliday, M. A. K. (1993b) "Quantitative studies and probabilities in grammar", M. Hoey (ed.) *Data, Description, Discourse. Papers on the English Language in Honour of John McH. Sinclair*. London: Harper Collins. pp.1 – 25.

[56] Halliday, M. A. K. [1997 (2003)] "Linguistics as metaphor", A. Simon-Vandenbergen, K. Davidse and D. Noel (eds) *Reconnecting Language:*

Morphology and Syntax in Functional Perspectives. Amsterdam and Philadelphia: John Benjamins. [Reprinted in Webster, J. J. (ed.) (2004) *On Language and Linguistics (The Collected Works of M. A. K. Halliday*, Volume 3). London and New York: Continuum.]

[57] Halliday, M. A. K. (1998a) "On the grammar of pain", *Functions of Language* 5: 1 – 32.

[58] Halliday, M. A. K. [1998b (2004)] "Things and relations: regrammaticizing experience as technical knowledge", J. R. Martin and R. Veel (eds) *Reading Science: Critical and Functional Perspectives on Discourses of Science*. London and New York: Routledge. pp.185 – 235. [Reprinted in Webster, J. J. (ed.) (2004) *The Language of Science (The Collected Works of M. A. K. Halliday*, Volume 5). London and New York: Continuum.]

[59] Halliday, M. A. K. (2001). On the grammatical foundations of discourse. In Ren, S. , Guthrie, W. & Ronald Fong, I. W. R. (eds) Grammar and discourse: proceedings of the International Conference on Discourse Analysis, University of Macau (in conjunction with Tsinghua University, China), 16 – 18 October 1997. Macau: University of Macau Publication Centre, pp.47 – 58.

[60] Halliday, M. A. K. (2002) "'Judge takes no cap in mid-sentence': on the complementarity of grammar and lexis", the First Sinclair Open Lecture, Department of English, University of Birmingham.

[61] Halliday, M. A. K. (2003) "Written language, Standard language, Global language", *World Englishes* 22(4).

[62] Halliday, M. A. K. (2004a) "On grammar as the driving force from primary to higher-order consciousness", G. Williams and A. Lukin (eds) *The Development of Language: Functional Perspectives on Species and Individuals*. London and New York: Continuum. pp.15 – 44.

[63] Halliday, M. A. K. (2004b) *The Language of Science*. In Webster, J. J. (ed.) *The Collected Works of M. A. K. Halliday*, Volume 5. London and New York: Continuum.

[64] Halliday, M. A. K. (2004c) "Moving and meaning in the earliest months of

life", J. Foley (ed.) *New Perspectives on Education and Discourse*. London and New York: Continuum.

[65] Halliday, M. A. K. (2005a) *Computational and Quantitative Studies*. In Webster, J. J. (ed.) *The Collected Works of M. A. K. Halliday*, Volume 6. London and New York: Continuum.

[66] Halliday, M. A. K. (2005b) "On matter and meaning: the two realms of human experience", *Linguistics and the Human Sciences* 1(1): 83 – 97. London: Equinox.

[67] Halliday, M. A. K. (2008) *Complementarities in Language*. Beijing: Commercial Press.

[68] Halliday, M. A. K. and James, Z. L. (1993) "A quantitative study of polarity and primary tense in the English finite clause", J. M. Sinclair, M. Hoey and G. Fox (eds) *Techniques of Description: Spoken and Written Discourse*. London and New York: Routledge. pp.32 – 66.

[69] Halliday, M. A. K. and Martin, J. R. (1993) *Writing Science: Literacy and Discursive Power*. London and Washington, DC: Falmer Press.

[70] Halliday, M. A. K. and Matthiessen, C. M. I. M. (1999) *Construing Experience through Meaning: A Language-Based Approach to Cognition*. London: Continuum.

[71] Halliday, M. A. K. and Webster, J. J. (eds) (2009) *Continuum Companion to Systemic Functional Linguistics*. London and New York: Continuum.

[72] Hasan, R. (1973) "Code, register and social dialect", B. Bernstein (ed.) *Class, Codes and Control*, Volume 2: *Applied Studies towards a Sociology of Language*. London: Routledge & Kegan Paul. [Reprinted in Webster, J. J. (ed.) (2004) *Language, Society and Consciousness (The Collected Works of Ruqaiya Hasan*, Volume 1). London: Equinox.]

[73] Hasan, R. (1984a) "The nursery tale as a genre", *Nottingham Linguistic Circular* 13. [Reprinted in Hasan, R. (2011) *Selected Papers on Applied Linguistics*. Beijing: Foreign Languages Teaching and Research Press.]

[74] Hasan, R. [1984b (1996)] "Ways of saying, ways of meaning", R. P. Fawcett, M. A. K. Halliday, S. Lamb and A. Makkai (eds) *The Semiotics of*

Language and Culture, Volume 1. London: Frances Pinter Publishers. pp.105 - 162. [Reprinted in C. Cloran, D. G. Butt and G. Williams (eds) (1996) *Ways of Saying*, *Ways of Meaning: Selected Essays*. London: Cassell Academic. pp.191 - 242.]

[75] Hasan, R. (ed.) (1985a) *Discourse on Discourse*. Applied Linguistics Association of Australia: Occasional Papers 7.

[76] Hasan, R. [1985b (1989)] *Linguistics*, *Language and Verbal Art*. Geelong, VIC: Deakin University. [Reprinted London: Oxford University Press, 1989.]

[77] Hasan, R. [1985c (1989)] "The structure of a text", M. A. K. Halliday and R. Hasan (eds) *Language*, *Context and Text: Aspects of Language in a SocialSemiotic Perspective*. Geelong, VIC: Deakin University. [Reprinted London: Oxford University Press, 1989.]

[78] Hasan, R. (1991) "Questions as a mode of learning in everyday talk", T. Lê and M. McCausland (eds) *Language Education: Interaction and Development*. Launceston: University of Tasmania. pp.70 - 119.

[79] Hasan, R. (1992a) "Meaning in sociolinguistic theory", K. Bolton and H. Kwok (eds) *Sociolinguistics Today: International Perspectives*. London: Routledge.

[80] Hasan, R. (1992b) "Rationality in everyday talk: from process to system", J. Svartvik (ed.) *Directions in Corpus Linguistics: Proceedings of Nobel Symposium* 82. Berlin and New York: Mouton de Gruyter. pp.257 - 307.

[81] Hasan, R. (1996) "Literacy, everyday talk and society", R. Hasan and G. Williams (eds) *Literacy in Society*. London and New York: Longman.

[82] Hasan, R. [1999a (2004)] "Society, language and mind: the metadialogism of Basil Bernstein's theory", F. Christie (ed.) *Pedagogy and the Shaping of Consciousness*. London: Cassell Academic. [Reprinted in Webster, J. J. (ed.) (2004) *Language*, *Society and Consciousness* (*The Collected Works of Ruqaiya Hasan*, Volume 1). London: Equinox.]

[83] Hasan, R. (1999b) "Speaking with reference to context", M. Ghadessy (ed.) *Text and Context in Functional Linguistics*. Amsterdam and Philadelphia: John

Benjamins. pp.219 - 328.

[84] Hasan, R. (2003) "Globalization, literacy and ideology", *World Englishes* 22(4): 433 - 448.

[85] Hasan, R. (2004) "Literacy pedagogy and social change: directions from Bernstein's sociology", *Paper Prepared for* 3*rd International Basil Bernstein Symposium*, Cambridge, July 2004. pp.15 - 18.

[86] Hasan, R. (2009a) "The place of context in a systemic functional model", M. A. K. Halliday and J. J. Webster (eds) *Continuum Companion to Systemic Functional Linguistics*. London and New York: Continuum. pp.166 - 189.

[87] Hasan, R. (2009b) *Semantic Variation: Meaning in Society and in Sociolinguistics*, J. J. Webster (ed.) *The Collected Works of Ruqaiya Hasan*, Volume 2. London and Oakville: Equinox.

[88] Hasan, R. and Cloran, C. [1990 (2009)] "A sociolinguistic interpretation of everyday talk between mothers and children", M. A. K. Halliday, J. Gibbons and H. Nicholas (eds) *Learning, Keeping and Using Language: Selected Papers from the 8th World Congress of Applied Linguistics*, Volume 1. Amsterdam: John Benjamins. pp.67 - 99. [Reprinted in Webster, J. J. (ed.) (2004) *Semantic Variation: Meaning in Society and in Sociolinguistics* (*The Collected Works of Ruqaiya Hasan*, Volume 2). London: Equinox.]

[89] Hasan, R., Cloran, C., Williams, G. and Lukin, A. (2007) "Semantic units: the description of linguistic meaning in SFL", R. Hasan, C. M. I. M. Matthiessen and J. J. Webster (eds) *Continuing Discourse on Language: A Functional Perspective*, Volume 2. London and Oakville: Equinox.

[90] Hasan, R., Matthiessen, C. M. I. M. and Webster, J. J. (eds) (2005, 2007) *Continuing Discourse on Language*, Volumes 1 and 2. London and Oakville: Equinox.

[91] Hill, C. (1969) *The Century of Revolution*. London: Sphere Books. pp.1603 - 1714.

[92] Hill, C. (1975) *The World Turned Upside Down: Radical Ideas during the English Revolution*. London: Penguin Books.

[93] Hill, T. (1958) "Institutional linguistics", *Orbis* 7.

[94] Hobsbawm, E. (1997) *On History*. London: Weidenfeld & Nicolson.

[95] Huang, G. [2002 (2006)] "A logical-metafunctional analysis of English translations of the Tang poem 'Qing Ming'", *Foreign Languages and Translation* 1. [Reprinted in Huang, G. (2006) *Linguistic Explorations in Translation Studies*. Shanghai: Foreign Language Education Press.]

[96] Hunston, S. (1993) "Evaluation and ideology in scientific English", M. Ghadessy (ed.) *Register Analysis: Theory and Practice*. London: Pinter. pp.57 - 73.

[97] Hunston, S. and Francis, G. (2000) *Pattern Grammar. A Corpus-Driven Approach to the Lexical Grammar of English*. Amsterdam and Philadelphia: John Benjamins.

[98] Hunt, J. (1953) *The Ascent of Everest*. London: Hodder & Stoughton.

[99] Jennings, P. (1963) "Babel in the nursery", *The Jenguin Pennings*. Harmondsworth: Penguin Books.

[100] Kachru, B. B. (1983) *The Indianization of English: The English Language in India*. Delhi: Oxford University Press.

[101] Kachru, B . B. (1990) "World Englishes and applied linguistics", *World Englishes* 9(1): 3 - 20.

[102] Kandiah, T. (2001) "Whose meanings? Probing the dialectics of English as a global language", C. Tong, A. Pakir, K. C. Ban and R. B. H. Goh (eds) *Ariels: Departures and Returns: Essays for Edwin Thumboo*. Singapore: Oxford University Press. pp.102 - 121.

[103] Kappagoda, A. (2005) "What people do to know: the construction of knowledge as a social-semiotic activity", R. Hasan, C. M. I. M. Matthiessen and J. J. Webster (eds) *Continuing Discourse on Language: A Functional Perspective*, Volume 1. London and Oakville: Equinox. pp.185 - 216.

[104] Klemperer, V. (2000) *The Language of the Third Reich: LTI—Lingua Tertii Imperii* [trans. M. Brady]. London: Athlone Press. [German original—*LTI: Notizbuch eines Philologen*, Leipzig: Philipp Reclam, 1968.]

[105] Koller, W. (1995) "The concept of equivalence and the object of translation studies", *Target: International Journal of Translation Studies* 7(2).

[106] Kress, G. and Hodge, R. (1979) *Language as Ideology*. London: Routledge & Kegan Paul.

[107] Kress, G. and van Leeuwen, T. (1996) *Reading Images: The Grammar of Visual Design*. London: Routledge.

[108] Kress, G. and van Leeuwen, T. (2001) *Multimodal Discourse: The Modes and Media of Contemporary Communication*. London: Arnold.

[109] Lamb, S. M. (1999) *Pathways of the Brain: The Neurocognitive Basis of Language*. Amsterdam and Philadelphia: John Benjamins.

[110] Lamb, S. M. (2004) *Language and Reality*, J. J. Webster (ed.). London and New York: Continuum.

[111] Layzer, D. (1990) *Cosmogensis: the Growth of Order in the Universe*. New York and Oxford: Oxford University Press.

[112] Leech, G. (2000) "Same grammar or different grammar? Contrasting approaches to the grammar of spoken English discourse", S. Sarangi and M. Coulthard (eds) *Discourse and Social Life*. Harlow: Longman. pp.48 – 65.

[113] Lemke, J. L. (1990) "Technical discourse and technocratic ideology", M. A. K. Halliday, J. Gibbons and H. Nicholas (eds) *Learning, Keeping and Using Language: Selected papers from the 8th World Congress of Applied Linguistics*, Volume 2. Amsterdam: Benjamins. pp.435 – 460.

[114] Lemke, J. L. (1993) "Discourse, dynamics, and social change", *Language as Cultural Dynamic: Cultural Dynamics* 6: 1 – 2, 243 – 275.

[115] Lemke, J. L. (1995) *Textual Politics: Discourse and Social Dynamics*. London: Taylor & Francis.

[116] Léon, J. (2000) "Traduction automatique et formalization du langage: les tentatives du Cambridge Language Research Unit (1955 – 1960)", P. Desmet, L. Jooken, P. Schmitter and P. Swiggers (eds) *The History of Linguistics and Grammatical Praxis*. Louvain and Paris: Fetters.

[117] Leopold, W. F. (1939 – 1949) *Speech Development of a Bilingual Child I – IV*. Evanston, IL: Northwestern University Press.

[118] Lewis, M. M. [1936 (1951)] *Infant Speech: A Study of the Beginnings of Language*. London: Routledge & Kegan Paul.

[119] Lim, H. S., Ang, B. K. and Ngim, R. C. (1990) "Hypopituitarism following head injury—a case report", *Academy of Medicine Singapore: Annals* 19(6).

[120] Logan, R. K. (2000) *The Sixth Language: Learning and Living in the Internet Age*. Toronto and New York: Stoddart.

[121] Lukin, A. (2010) "'News' and 'Register': a preliminary investigation", A. Mahboob and N. K. Knight (eds) *Appliable Linguistics*. London and New York: Continuum.

[122] Lukin, A., Matthiessen, C. M. I. M. and Butt, D. (2004) "Grammar—the first covert operation of war", *Discourse and Society* 15: 2 - 3.

[123] Lukin, A. and Webster, J. J. (2005) "SFL and the study of literature", R. Hasan, C. M. I. M. Matthiessen and J. J. Webster (eds), *Continuing Discourse on Language: A Functional Perspective*, Volume 1. London and Oakville: Equinox.

[124] McDonald, E. (2003) "Sound as embodied meaningful behaviour: towards a model of music as a social semiotic system" [mimeo].

[125] McDonald, E. (2005) "Through a glass darkly: a critique of the influence of linguistics on theories of music", J. J. Webster (ed.) *Linguistics and the Human Sciences* 1: 3. London: Equinox.

[126] Macfarlane, R. (2003) *Mountains of the Mind: A History of a Fascination*. London: Granta Books.

[127] McLuhan, M. (1962) *The Gutenberg Galaxy: The Making of Typographic Man*. Toronto: University of Toronto Press.

[128] Malinowski, B. (1935) *Coral Gardens and Their Magic*, Volume 2. London: Allen and Unwin; New York: American Book Co.

[129] Mann, W. C. and Matthiessen, C. M. I. M. (1985) "Demonstration of the Nigel grammar text generation computer program", J. D. Benson and W. S. Greaves (eds) *Systemic Perspectives on Discourse*, Volume 2. Norwood NJ: Ablex [Advances in Discourse Processes 16].

[130] Martin, J. R. (1992) *English Text: System and Structure*. Amsterdam: John Benjamins.

[131] Martin, J. R. (1993) "Life as a noun: arresting the universe in science and humanities", M. A. K. Halliday and J. R. Martin, *Writing Science: Literacy and Discursive Power*. London and Washington, DC: Falmer. pp.221 – 267.

[132] Martin, J. R. (1998) "Beyond exchange: appraisal systems in English", S. Hunston and G. Thompson (eds) *Evaluation in Text*. Oxford: Oxford University Press.

[133] Martin, J. R. (1999) "Grace: the logogenesis of freedom", *Discourse Studies* 1(1): 31 – 58.

[134] Martin, J. R. (2001) "A context for genre: modelling social processes in functional linguistics", J. de Villers and R. Stainton (eds) *Communication in Linguistics*, Volume 1. Toronto: Editions du GREF.

[135] Martin, J. R. (2004) "Positive discourse analysis: power, solidarity and change", *Rivista Canaria de Estudios Ingleses* 49.

[136] Martin, J. R. (2009) "Discourse studies", M. A. K. Halliday and J. J. Webster (eds) *Continuum Companion to Systemic Functional Linguistics*. London and New York: Continuum. pp.154 – 165.

[137] Martin, J. R. and Rose, D. (2003) *Working with Discourse: Meaning beyond the Clause*. London and New York: Continuum.

[138] Martin, J. R. (2007) *Genre Relations: Mapping Culture*. London and Oakville: Equinox.

[139] Martin, J. R. and White, P. R. R. (2005) *The Language of Evaluation: Appraisal in English*. London: Palgrave.

[140] Martin, J. R. and Wodak, R. (eds) (2003) *Re/reading the Past: Critical and Functional Perspectives on Time and Value*. Amsterdam and Philadelphia: John Benjamins.

[141] Martinec, R. (2005) "Topics in multimodality", R. Hasan, C. M. I. M. Matthiessen and J. J. Webster (eds) *Continuing Discourse on Language: A Functional Perspective*, Volume 1. London and Oakville: Equinox. pp.157 – 181.

[142] Matthiessen, C. M. I. M. (1993) "The object of study in cognitive science in relation to its construal and enactment in language", *Cultural Dynamics* 6: 1 – 2.

[143] Matthiessen, C. M. I. M. (1998) "Construing processes of consciousness: from the commonsense model to the uncommonsense model of cognitive science", J. R. Martin and R. Veel (eds) *Reading Science: Critical and Functional Perspectives on Discourses of Science*. London and New York: Routledge.

[144] Matthiessen, C. M. I. M. (1999) "The system of TRANSITIVITY: an exploratory study of text-based profiles", *Functions of Language* 6 (1): 1 - 51.

[145] Matthiessen, C. M. I. M. (2001) "The environments of translation", E. Steiner and C. Yallop (eds) *Exploring Translation and Multilingual Text Production: Beyond Content*. Berlin: Mouton de Gruyter. pp.41 - 124.

[146] Matthiessen, C. M. I. M. (2002) "Combining clauses into clause complexes: a multi-faceted view", J. L. Bybee and M. Noonan (eds) *Complex Sentences in Grammar and Discourse. Essays in Honour of Sandra A. Thompson*. Amsterdam and Philadelphia: John Benjamins. pp.235 - 319.

[147] Matthiessen, C. M. I. M. (2003) *Systemic Functional Theory: The "Architecture" of Grammar*. Macquarie University: Department of Linguistics.

[148] Matthiessen, C. M. I. M. (2004a) "Descriptive motifs and generalizations", A. Caffarel, J. R. Martin and C. M. I. M. Matthiessen (eds) *Language Typology: A Functional Perspective*. Amsterdam and Philadelphia: John Benjamins.

[149] Matthiessen, C. M. I. M. (2004b) "The evolution of language: a systemic-functional exploration of phylogenetic phases", G. Williams and A. Lukin (eds) *Language Development: Functional Perspectives on Evolution and Ontogenesis*. London: Continuum.

[150] Matthiessen, C. M. I. M. (2006) "Frequency profiles of some basic grammatical systems: an interim report", S. Hunston and G. Thompson (eds) *System and Corpus: Exploring Connections*. London and Oakville: Equinox.

[151] Matthiessen, C. M. I. M. (2007) "The 'architecture' of language according

to systemic functional theory: developments since the 1970s", R. Hasan, C. M. I. M. Matthiessen and J. J. Webster (eds) *Continuing Discourse on Language: A Functional Perspective*, Volume 2. London and Oakville: Equinox. pp.505 – 561.

[152] Matthiessen, C. M. I. M. (2009) "Ideas and new directions", M. A. K. Halliday and J. J. Webster (eds) *Continuum Companion to Systemic Functional Linguistics*. London and New York: Continuum. pp.12 – 58.

[153] Matthiessen, C. M. I. M. (2010) "Multisemiotic and context-based register typology: registerial variation in the complementarity of semiotic systems", E. Ventola and A. J. M. Guijarro (eds) *The World Shown and the World Told*. Houndmills: Palgrave Macmillan.

[154] Matthiessen, C. M. I. M. and Nesbitt, C. (1996) "On the idea of theory-neutral descriptions", R. Hasan, C. Cloran and D. G. Butt (eds) *Functional Descriptions: Theory and Practice*. Amsterdam and Philadelphia: John Benjamins. pp.39 – 85.

[155] Mathiessen, C. M. I. M., Lukin, A., Butt, D., Cleirigh, C. and Nesbitt, C. (2005) "A case study in multistratal analysis", *Australian Review of Applied Linguistics* 19.

[156] Mummery, A. F. (1936) *My Climbs in the Alps and the Caucasus*. Oxford: Basil Blackwell [Blackwell's Mountaineering Library 2]. [First published in 1898.]

[157] Needham, J. (1958) "The translation of old Chinese scientific and technical texts", Smith (ed.) *Aspects of Translation*. London: Secker and Warburg.

[158] Needham, J. (1978 – 1995) *The Shorter Science and Civilization in China*. Cambridge: Cambridge University Press.

[159] Nesbitt, C. and Plum, G. (1988) "Probabilities in a systemic functional grammar: the clause complex in English", R. P. Fawcett and D. J. Young (eds) *New Developments in Systemic Linguistics*, Volume 2: *Theory and Applications*. London: Frances Pinter.

[160] O'Halloran, K. L. (2004) *Multimodal Discourse Analysis: Systemic Functional Perspectives*. London and New York: Continuum.

[161] O'Halloran, K. L. (2005) *Mathematical Discourse: Language, Symbolism and Visual Image*. London and New York: Continuum.

[162] Oldenburg, J. (1986) "The transitional stage of a second child: 18 months to 2 years", *Australian Review of Applied Linguistics* 9(1): 123 – 135.

[163] Oldenburg, J. (1990) "Learning the language and learning through language in early childhood", M. A. K. Halliday, J. Gibbons and H. Nicholas (eds) *Learning, Keeping and Using Language: Selected Papers from the Eighth World Congress of Applied Linguistics*, Sydney, 16 – 21 August 1987. Amsterdam and Philadelphia: John Benjamins.

[164] Ostler, N. (2006) *Empires of the Word: A Language History of the World*. London, New York, Toronto and Sydney: Harper Perennial.

[165] O'Toole, M. (1994) *The Language of Displayed Art*. London: Leicester University Press. [2nd edition, revised and enlarged, London: Routledge, 2011.]

[166] O'Toole, M. (2005) "Pushing out the boundaries: designing a systemic-functional model for non- European visual arts", *Linguistics and the Human Sciences* 1(1): 83 – 97.

[167] Painter, C. (1984) *Into the Mother Tongue: A Case Study in Early Language Development*. London: Frances Pinter.

[168] Painter, C. (1989) "Learning language: a functional view of language development", R. Hasan and J. R. Martin (eds) *Language Development: Learning Language, Learning Culture (Meaning and Choice in Language: Studies for Michael Halliday)*. Norwood, NJ: Ablex.

[169] Painter, C. (1996) "The development of language as a resource for thinking", R. Hasan and G. Williams (eds) *Literacy in Society*. London and New York: Longman.

[170] Palin, M. (2005) *Himalaya*. London: Phoenix.

[171] Patrick, J. (2008) "The Scamseek Project—using systemic functional grammar for text categorization", J. J. Webster (ed.) *Meaning in Context: Implementing Intelligent Applications of Language Studies*. London: Continuum.

[172] Pennycook, A. (2001) "English in the world/the world in English", A. Burns and C. Coffin (eds) *Analysing English in a Global Context: A Reader*. London: Routledge. pp.78 - 89.

[173] Phillips, J. (1985) "The development of comparisons and contrasts in young children's language", M. A. (Hons) thesis, University of Sydney, Sydney.

[174] Phillips, J. (1986) "The development of modality and hypothetical meaning: Nigel 1;7½ - 2;7½, *University of Sydney Linguistics Department: Working Papers* No. 3.

[175] Phillips, J. (1988) "The development of comparisons and contrasts: L1 and L2", *Australian Review of Applied Linguistics* 11(1): 54 - 65.

[176] Pilley, D. (1935) *Climbing Days*. New York: Harcourt Brace.

[177] Qiu, S. (1985a) "Early language development in Chinese children", M. A. (Hons) thesis, University of Sydney, Sydney.

[178] Oiu, S. (1985b) "Transition period in Chinese language development", *Australian Review of Applied Linguistics* 8(1): 31 - 43.

[179] Quirk, R. and Crystal, D. (1964) *Systems of Prosodic and Paralinguistic Features in English*. The Hague: Mouton.

[180] Ravelli, L. J. (2006) *Museum Texts: Communication Frameworks*. London: Routledge.

[181] Reddy, M. (1979) "The conduit metaphor: a case of frame conflict in our language about language", A. Ortony (ed.) *Metaphor and Thought*. Cambridge: Cambridge University Press.

[182] Rose, S. (2003) *The Making of Memory: From Molecules to Mind*. London: Vintage Books.

[183] Sarangi, S. (2000) "Activity types, discourse types and interactional hybridity: the case of genetic counselling", S. Sarangi and M. Coulthard (eds) *Discourse and Social Life*. London: Longman.

[184] Sarangi, S. and Coulthard, M. (eds) (2000) *Discourse and Social Life*. London: Longman.

[185] Shannon, C. E. and Weaver, W. [1949 (1964)] *The Mathematical Theory of Communication*. Urbana, IL: University of Illinois Press.

[186] Simpson, J. (1994) *Touching the Void*. London: Vintage. [First published London: Jonathan Cape, 1988.]

[187] Sinclair, J. (1966) "Beginning the study of lexis", C. E. Bazell, J. C. Catford, M. A. K. Halliday and R. H. Robins (eds) *In Memory of J. R. Firth*. London: Longmans. pp.410 – 430.

[188] Sinclair , J. (1991) *Corpus, Concordance, Collocation*. Oxford: Oxford University Press.

[189] Slingsby, W. C. (1941) *Norway: The Northern Playground*. Oxford: Basil Blackwell [Blackwell's Mountaineering Library 7].

[190] Smith, J. H. (n. d.) "Redundancy", *Yorkshire Dialect Society Summer Bulletin*.

[191] Steiner, E. (1998) "A register-based translation evaluation", *Target: International Journal of Translation Studies* 10(2).

[192] Steiner , E. (2004) *Translated Texts: Properties, Variants, Evaluation*. Frankfurt am Main: Peter Lang.

[193] Steiner, E. and Yallop, C. (eds) (2001) *Exploring Translation and Multilingual Text Production: Beyond Content*. Berlin and New York: Mouton de Gruyter.

[194] Stephen, L. (1936) *The Playground of Europe*. Oxford: Basil Blackwell [Blackwell's Mountaineering Library 1]. [First published in 1903.]

[195] Stigliani, W. and Salomons, W. (1993) "Our fathers' toxic sins", *New Scientist* 1903(11): xii.

[196] Stubbs, M. (1996) *Text and Corpus Analysis: Computer-Assisted Studies of Language and Culture*. Oxford: Blackwell.

[197] Stubbs, M. (2000) *Words and Phrases: Corpus Studies of Lexical Semantics*. Oxford: Blackwell.

[198] Svartvik, J. (1966) *On Voice in the English Verb*. The Hague: Mouton.

[199] Svartvik, J. and Quirk, R. (eds) (1980) *A Corpus of English Conversation*. Lund: C. W. K. Gleerup.

[200] Taylor , C. (1998) *Language to Language*. Cambridge: Cambridge University Press.

[201] Teich, E. (2003) *Cross-Linguistic Variation in System and Text: A Methodology for the Investigation of Translations and Comparable Texts.* Berlin and New York: de Gruyter.

[202] Teruya, K., Akerejola, E., Andersen, T. H., Caffarel, A., Lavid, J., Matthiessen, C. M. I. M., Petersen, U. H., Patpong, P. and Smedegaard, F. (2007) "Typology of mood: a text-based and system-based functional view", R. Hasan, C. M. I. M. Matthiessen and J. J. Webster (eds) *Continuing Discourse on Language: A Functional Perspective*, Volume 2. London: Equinox.

[203] Thibault, P. J. (1991a) "Grammar, technocracy and the noun: technocratic values and cognitive linguistics", E. Ventola (ed.) *Functional and Systemic Linguistics: Approaches and Uses.* Berlin and New York: Mouton de Gruyter. pp.281 – 306.

[204] Thibault, P. J. (1991b) *Social Semiotics as Praxis: Text, Social Meaning Making and Nabokov's "Ada".* Minneapolis, MN: University of Minnesota Press.

[205] Thibault, P. J. (2004) *Brain, Mind and the Signifying Body: An Ecosocial Semiotic Theory.* London and New York: Continuum.

[206] Thompson, G. and Hunston, S. (eds) (2005) *System and Corpus: Exploring Connections.* London: Equinox.

[207] Tognini-Bonelli, E. (2001) *Corpus Linguistics at Work.* Amsterdam and Philadelphia: John Benjamins.

[208] Tong, A. K. K. (1999) "The language in Chinese mathematical texts before AD 1300: a case for logical abstraction", *Interchange* 30(4): 433 – 458.

[209] Tong, C. K., Pakir, A., Ban, K. C. and Goh, R. B. H. (eds) (2001) *Ariels: Departures and Returns: Essays for Edwin Thumboo.* Singapore: Oxford University Press.

[210] Torr, J. (1997) "From child tongue to mother tongue: a case study of language development in the first two and a half years", *Monographs in Systemic Linguistics* 9. University of Nottingham: Department of English Studies.

[211] Trevarthen, C. (1977) "Descriptive analyses of infant communicative behaviour", H. R. Schaffer (ed.) *Studies in Mother-Infant Interaction: Proceedings of the Loch Lomond Symposium, Ross Priory, University of Strathclyde, September* 1975. New York: Academic Press.

[212] Trevarthen, C. (1979) "Communication and co-operation in early infancy: a description of primary intersubjectivity", M. Bullowa (ed.) *Before Speech*. Cambridge: Cambridge University Press.

[213] Ure, J. (1971) "Lexical density and register differentiation", G. E. Perren and J. L. M. Trim (eds) *Applications of Linguistics. Selected Papers of the Second International Congress of Applied Linguistics*. London: Cambridge University Press. pp.443 – 452.

[214] van Dijk, T. A. (ed.) (1985) *Handbook of Discourse Analysis*, Volumes 1 and 2. New York: Academic Press.

[215] van Leeuwen, T. (1999) *Speech, Music, Sound*. London: Macmillan.

[216] Ventola, E. (1994) "Thematic development and translation", M. Ghadessy (ed.) *Thematic Development in English Texts*. London: Pinter.

[217] Venuti, L. (1995) *The Translator's Invisibility: A History of Translation*. London and New York: Routledge.

[218] von Baeyer, H. C. (2003) *Information: The New Language of Science*. London: Weidenfeld & Nicolson.

[219] Watts, A. F. (1944) *The Language and Mental Development of Children*. London: D.C. Heath.

[220] Weatherford, J. (2004) *Genghis Khan and the Making of the Modern World*. New York: Three Rivers Press.

[221] Webster, J. J. (2001) "Thumboo's David", C. Tong, A. Pakir, K. C. Ban and R. B. H. Goh (eds) *Ariels: Departures and Returns: Essays for Edwin Thumboo*. Singapore: Oxford University Press. pp.75 – 88.

[222] Webster, J. J. (ed.) (2008) *Meaning in Context: Strategies for Implementing Intelligent Applications of Language Studies*. London and New York: Continuum.

[223] Weir, R. (1963) *Language in the Crib*. The Hague: Mouton.

[224] Wells, Rulon S. (1967) "Distinctively human semiotic", *Social Science Information* 6(6): 103 – 124.

[225] Widdowson, H. (2000) "Critical practices: on representation and the interpretation of text", S. Sarangi and M. Coulthard (eds) *Discourse and Social Life*. London: Longman.

[226] Williams, G. C. (1995) "A package of information", J. Brockman (ed.) *The Third Culture*. New York: Touchstone Books.

[227] Wills, A. (1937) *Wanderings Among the High Alps*. Oxford: Basil Blackwell [Blackwell's Mountaineering Library 3].

[228] Wilsdon, J. (ed.) (2001) *Digital Futures: Living in a Dot-com World*. London and Sterling, VA: Earthscan Publications.

[229] Wilson, E. O. (1998) *Consilience: The Unity of Knowledge*. London: Little, Brown.

[230] Wu, C. (2009) "Corpus-based research", M. A. K. Halliday and J. J. Webster (eds) *Continuum Companion to Systemic Functional Linguistics*. London and New York: Continuum.

[231] Zhu, C. (1996) "From functional grammar and speech act theory to structure of meaning: a three-dimensional perspective on translating", *META: Translators' Journal* 41(3).

主要人名与术语中英文对照表

情感	affect
非洲(的)	Africa(n)
歧义	ambiguity
歧义的	ambiguous
分级	amplification
适用(的)	appliable
评价	appraisal
鉴赏	appreciation
听觉的	auditory
轴	axis
贝特曼	Bateman，J. A.
伯恩斯坦	Bernstein，B.
生物学的	biological
生物学	biology
布龙菲尔德	Bloomfield，L.
大脑	brain
资本主义	capitalism
范畴	category/-ies
童年	childhood
儿童/孩子	child
中国	China
汉语	Chinese
小句	clause

类别语	classifier
连续体	cline
认知的	cognitive
互补	complementarity
计算（的）	computational
计算机	computer
计算	computing
一致式的	congruent
意识	consciousness
识解	construe
内容	content
语境	context(s)
语境化	contextualization
会话（的）	conversation(al)
语料库驱动的	corpus-driven
语料库	corpus
生成	-creating
创造（性）的/创造性	creative/creativity
文化	culture(s)
戴维斯	Davies，P.
迪肯	Deacon，T.
精密度	delicacy
描述性的	descriptive
发展的	developmental
方言（的）	dialect(al)
对话	dialogue
话语	discourse
领域	domain(s)
双重性	duality
埃德尔曼	Edelman，G.

情感	emotion
演绎	enact
能量	energy
英语	Englishes
实体	entity
对等	equivalence
性质语	epithet
民族方法学	ethnomethodology
解释	explanation(s)
表达	expression
费尔克劳	Fairclough，N.
福赛特	Fawcett，R.
弗斯	Firth，J. R.
功能分析	Functional analysis
模糊的	fuzzy
语类	genre(s)
手势	gesture(s)
全球（的）	global
语法	grammar(s)
语法学家	grammarian(s)
语法的	grammatical
语法化	grammaticalization
语法化的	grammaticalized
语法学	grammatics
粒度	granularity
希腊语/希腊的/希腊人的	Greek
韩礼德	Halliday，M. A. K.
韩茹凯	Hasan，R.
历史/历史的	history/-ical
叶姆斯列夫	Hjelmslev，L.

霍斯顿	Hunston，S.
从属的	hypotactic
概念的	ideational
祈使的	imperative
实例	instance
实例化	instantiation
机构（性）的	institutional
人际的	interpersonal
语调	intonation
同位义的	isosemantic
判断	judgement
卡赫鲁	Kachru，B.
卡帕戈达	Kappagoda，A.
兰姆	Lamb，S. M.
语言	language(s)
学习者	learners
学习	learning
范鲁文	van Leeuwen，T.
词汇化的	lexicalized
词汇	lexical
词汇语法	lexicogrammar
词汇语法的	lexicogrammatical
词汇	lexis
语言学	linguistics
听者	listener(s)
读写	literacy
文学的	literary
文学	literature
逻辑	logic
卢金	Lukin，A.

普通话	Mandarin
标记性的（标记性）	marked(ness)
马丁	Martin，J. R.
马克思主义者/的	Marxist
麦蒂森	Matthiessen，C. M. I. M.
表意	meaning-making
表意潜势	meaning potential
元功能（的）	metafunction(al)
隐喻的	metaphoric
隐喻	metaphor
元冗余	metaredundancy
元精密度	metadelicacy
心智	mind
情态/模态（模态）	modality(-ies)
语气	mood
词素/语素/形位	morpheme
多模态的	multimodal
叙述	narrative(s)
奈杰尔	Nigel
名词	noun(s)
个体发生	ontogenesis
奥图尔	O'Toole，M.
聚合的	paradigmatic
并列的	paratactic
语音学	phonetics
语音的	phonetic
音系的	phonological
音系学	phonology
系统发生	phylogenesis
诗歌的	poetic

诗歌	poetry
归一性	polarity
政治的	political
潜势	potential
语用学	pragmatics
概然性的	probabilistic
概然率	probabilities
过程	process
韵律	prosody
原语言	protolanguage
原语言的	protolinguistic
级	rank
体现	realization
语域	register(s)
表征的	representational
资源	resource(s)
节奏	rhythm
索绪尔	Saussure
阶	scale
语义	semantics
语义的	semantic
符号(学)	semiotics
符号的	semiotic
语义生成的	semogenic
转移	shift
符号	sign
辛克莱	Sinclair, J.
情景	situation
口语/言语	speech
口语的	spoken

标准	standard
层次化	stratification
层	stratum
文体学	stylistics
斯瓦特维克	Svartvik，J.
句法的	syntactic
组合的	syntagmatic
句法	syntax
系统	system(s)
系统(性)的	systemic
丁尼生	Tennyson
照屋一博	Teruya，K.
语篇的	textual
语篇	text
理论	theory
蒂博特	Thibault，P. J.
标记/形符	token
翻译	translation(s)
类型学	typology
言辞	utterance
价值	value
变异	variation
变体	varieties
动词	verb(s)
视觉的	visual
卫真道	Webster，J. J.
威尔士的/人	Welsh
措辞	wording
华兹华斯	Wordsworth，W.
书面	written